《中华文化传承十二讲》编辑委员会

顾 问

杨 玲 梁 鸣

主 编

杨学文

副主编

徐 辉 吴永保

委 员

邓记汉 杨 新 李文献 余玉彬 曹少勇
高灯明 黎 园

中华文化传承十二讲

杨学文 主编

ZHONGHUA WENHUA CHUANCHENG
SHIER JIANG

人民出版社

责任编辑：洪　琼

图书在版编目（CIP）数据

中华文化传承十二讲 / 杨学文主编 . —北京：人民出版社，2024.5（2024.11重印）
ISBN 978－7－01－025717－4

Ⅰ.①中… Ⅱ.①杨… Ⅲ.①中华文化－文集 Ⅳ.① K203－53

中国国家版本馆 CIP 数据核字（2023）第 089627 号

中华文化传承十二讲
ZHONGHUA WENHUA CHUANCHENG SHIER JIANG

杨学文　主编

人民出版社 出版发行
（100706　北京市东城区隆福寺街 99 号）

北京中科印刷有限公司印刷　　新华书店经销

2024 年 5 月第 1 版　2024 年 11 月北京第 2 次印刷
开本：710 毫米 ×1000 毫米 1/16　印张：19.5
字数：320 千字

ISBN 978－7－01－025717－4　　定价：148.00 元

邮购地址 100706　北京市东城区隆福寺街 99 号
人民东方图书销售中心　电话（010）65250042　65289539

版权所有·侵权必究
凡购买本社图书，如有印制质量问题，我社负责调换。
服务电话：（010）65250042

目 录
CONTENTS

序一 做中华文化的忠实传承者　　　　　　　　　　杨学文 001

序二 努力实现传统文化的创造性转化、
　　 创新性发展　　　　　　　　　　　　　　　　郭齐勇 011

中华文化传承与中华民族伟大复兴　　　　欧阳康　杨 华 003

美好生活追求与"美政"之美
　　——一个美学问题的前瞻性探赜　郭齐勇　彭富春　黄柏权 022

中华文化与智慧人生　　　　　　熊铁基　马 敏　邱紫华 045

小康社会与荆楚文明　　　　　　江 畅　刘玉堂　孟华平 083

中华文化与中国禅宗　　　　　　　　　　麻天祥　胡治洪 121

四大名著与中华文化	陈文新　鲁小俊	143
新丝绸之路与中西方古老文明	徐涤宇　黄美玲　迪利贝托	182
追寻楚脉	刘玉堂	196
"陆鸣——艺术人生"文化讲座	陆　鸣	206
党的三大法宝在武汉淬炼	杨学文	245
百年党史上的英雄城市 　　**——品读武汉重要党史人物和事件**	杨学文	259
学习党的历史　传承烈士精神 　　**——"我演向警予"红色主题讲座**	夏青玲	281
后　记		291

序一　做中华文化的忠实传承者

杨学文

（一）

　　武汉市中华文化学院是根据中央统战部印发的《社会主义学院工作暂行条例》于2009年6月设立的，自设立以来，积极履行职能，开展了一系列教育培训、学术交流、理论研讨工作，产生了积极影响和效应。

　　从2009年起，先后举办中韩企业（武汉）文化经贸交流会、汉澳文化交流会、香港港九劳工社团青年国情研修班、市港澳台海外统战工作培训班、港澳台青年学生中华文化研习班、港澳台侨代表人士中华文化研修暨国情教育班等中华文化教育活动，深受港澳台侨代表人士欢迎。从2018年起，先后组织青年教师参加中央社会主义学院和广东省社会主义学院举办的"新时代：华侨华人的新机遇新作为"研讨会、参加中央社会主义学院和山东省社会主义学院举办的第十二次全国中华文化学院工作会议暨第九届中华文化论坛、参加北京中华文化学院举办的"新时代文化统战工作创新与发展"座谈会、参加中央社会主义学院和江西省中华文化学院及江西省朱子文化研究会举办的首届、第二届"和文化"论坛、参加中国统一战线理论研究会党外知识分子统战工作理论研究基地"党外知识分子与中国特色社会主义"论坛、参加福建省中华文化学院和福州大学举办的"人文·生态·发展"研讨会等7次全国社院系统中华文化学术研讨会，参会文章先后收录《中华文化和人类命运共同体》(学习出版社2019年版)、《向新文明进发："人文·生态·发展"研讨会论文集》(福建人民出版社2019年版)、《"和文化"与新时代统一战线》(江西人民出版社2019年版)、《"和文化"与中华民族共同体》(江西人民出版社2020年版)等书籍。先后在《武汉大学学报(哲学社会科学版)》《文教资料》《学习月刊》《广西社会主义学院学报》《湖南省社会主义学院学报》等全国公开刊物发表中华文化学术文章25篇。从2018年起，中央社会主义学院《社院通讯》《学习强国》《湖北日报》《楚天都市报》《长江日报》《武汉晚报》，新华社、新华网、新浪网、搜狐网、中国新闻网、CCTV—4《中文国际频道》、湖北电视台《荆楚行》、武汉电视台《武汉新闻》《开卷有益》等媒体网站先后宣传报道活动信息达140余条，产生了积极的社会影响。

（二）

积极创新机制，借助武汉地区和国内师资开展学术交流和研讨活动，是武汉市中华文化学院创新特色。

中共中央2018年12月颁布的《社会主义学院工作条例》要求，

社会主义学院加挂"中华文化学院"牌子,开展"中华文化教育、研究和对外交流工作""传承和弘扬中华优秀文化",探索做好港澳台和海外文化统战工作,进行思想政治和文化引领,讲好中国故事,传播中国声音,以文化共识增进政治共识,增进国家认同和民族认同,弘扬爱国主义精神和中华民族优良传统,铸牢中华民族共同体意识,在凝聚全人类共同价值,推进构建人类命运共同体,为实现中华民族伟大复兴贡献中华文化智慧和力量,成为社会主义学院和中华文化学院的重要职责。

武汉市中华文化学院自 2009 年成立以来,一直致力于面向港澳台代表人士、华侨华人及归国留学人员,开展形式多样的中华文化教育、研究和对外交流活动。从 2018 年起,武汉市中华文化学院先后在武汉大学、华中师范大学、中南财经政法大学、湖北大学开展"中华文化与民族复兴""美好生活与中华文化""小康社会与中华文化""中华文化与中国禅宗""四大名著与中华文化""中华文化与智慧人生""东西方文明交流对话"等多次港澳台侨代表人士电视嘉宾中华文化论坛高端对话和多班次中华文化辅导研习活动,积累和形成了一批文化成果。先后邀请麻天祥、熊铁基、郭齐勇、欧阳康、马敏、陈文新、彭富春、江畅、刘玉堂、邱紫华、杨华、黄柏权、胡治洪、徐涤宇、孟华平、鲁小俊、黄美玲、迪利贝托、陆鸣、夏青玲等国内外著名专家学者和文化艺术家出席中华文化论坛交流对话,在深度阐释中华文化的思想内涵、精髓特质、人文普及、价值追求、道德教化、文化引领等方面发挥了积极作用,在讲好中国故事、传播好中国声音、阐释好中国特色、展示好中国形象,引导港澳台侨代表人士传承和研习中华文化,增强中华文化自信，增进中华民族认同、维护和促进祖国统一，凝聚磅礴的中华民族伟大复兴中国梦力量等方面，发挥了积极促进和示范引领作用。

此书首篇《中华文化传承与中华民族伟大复兴》，系欧阳康、杨华教授的中华文化论坛对话，阐释了中华文化软实力在当今世界竞争中的重要作用，当今社会多元文化与社会主义核心价值观的碰撞融合，提出增进中华文化自信、中华文化认同与实现中华民族伟大复兴中国梦一体推进，设想把武汉建设成为中华文化传承的精神高地，其思想性、教育性、感染力较强。《美好生活追求与"美政"之美》阐述了人民对美好生活的期盼，凝聚着党的初心和使命，中国共产党为人民创造美好生活的奋斗目标寄托着深厚的美学蕴意，从美学角度重新阐释中国共产党的初心和使命，提出党领导人民创造美好生活的"美政"之美蕴意，颇具新意。《中华文化与智慧人生》《小康社会与荆楚文明》《中华文化与中国禅宗》《四大名著与中华文化》等，均从不同侧面阐述了中华文化在各个领域所产生的重要价值和独特作用，有助于我们进一步发掘和阐释中华文化的独特创造、价值理念和时代特色，为增强中华文化的创造力、影响力、感召力，铸牢中华民族共同体意识，为凝聚港澳台侨代表人士文化共识、民族认同、国家意识和爱国精神，提供智力支撑，发挥积极作用。《党的三大法宝在武汉淬炼》《百年党史上的英雄城市》，不仅让我们了解武汉这座英雄城市的百年历史辉煌和历史贡献，而且也让世人了解中国共产党人创造的红色文化与一座英雄城市和一个伟大民族的历史和文化渊源关系。

（三）

纪念建党百年，让我们深感党历来高度重视中华文化传承工作，进入中国特色社会主义新时代，我们更有责任把中华文化传承工作做好做实。

我党历来重视弘扬和传承中华优秀传统文化。1938年10月，毛泽东主席在党的六届六中全会报告《中国共产党在民族战争中的地位》中指出："我们这个民族有数千年的历史，有它的特点，有它的许多珍贵品。……我们是马克思主义的历史主义者，我们不应当割断历史。从孔夫子到孙中山，我们应当给以总结，承继这一份珍贵的遗产。"

进入新时代，习近平总书记更加重视弘扬和传承中华优秀传统文化。习近平总书记在2014年纪念孔子诞辰2565周年国际学术研讨会暨国际儒学联合会第五届会员大会开幕会上讲话指出："中国共产党人始终是中国优秀传统文化的忠实继承者和弘扬者，从孔夫子到孙中山，我们都注意汲取其中积极的养分。"在党的十九大报告中他更明确指出："文化兴国运兴，文化强民族强。没有高度的文化自信，没有文化的繁荣兴盛，就没有中华民族伟大复兴。"习近平总书记把中国共产党对中华优秀传统文化的认识提高到"文化自信"的新高度，把中华优秀传统文化纳入中国特色社会主义体系中，加以整体化认识和深化，凸显新时代增强中华文化传承和中华文化自信的重要意义，高度阐释了中华文化的时代价值。习近平总书记还指出："当代人类也面临着许多突出的难题，要解决这些难题，不仅需要运用人类今天发现和发展的智慧和力量，而且需要运用人类历史上积累和储存的智慧和力量。""中国优秀传统文化的丰富哲学思想、人文精神、教化思想、道德理念等，可以为人们认识和改造世界提供有益启迪，可以为治国理政提供有益启示，也可以为道德建设提供有益启发。"要"努力实现传统文化的创造性转化、创新性发展，使之与现实文化相融相通，共同服务以文化人的时代任务"。习近平总书记对中华优秀传统文化的地位、作用、价值高度肯定，指明了中华文化未来发展的新途径，即要努力实现中华优秀传统文化的创造性转化、创新性发展。

重视文化传承在国家繁荣、民族复兴和人类进步中的独特作用，是中华历史优秀传统。1958年，现代新儒家的重要代表人物牟宗三、徐复观、张君劢、唐君毅4人联合署名发表《为中国文化敬告世界人士宣言——我们对中国学术研究及中国文化与世界文化前途之共同认识》，充分阐释了中华文化与西方宗教政治伦理的根本区别，充分肯定了中国文化的核心价值理念精髓——"天人合一""知行合一"的独特价值和作用。著名国学大师钱穆也在生前最后一篇文章《中国文化对人类未来可有的贡献》中指出："以过去世界文化之兴衰大略言之，西方文化一衰则不易再兴，中国文化则屡仆屡起，故能绵延数千年不断，这可说，因于中国传统文化精神，自古以来即能注意到不违背天，不违背自然，且又能与天命自然融合一体。"即"天人合一"思想。钱穆认为中国文化对世界人类未来求生存之主要贡献就是"天人合一"，高度肯定"天人合一"的价值作用。著名国学大师张岱年认为，中国文化基本精神的主要内涵是"天人合一、以人为本、刚健有为、以和为贵"。在人类文化的宝库中，中国文化的独特价值与作用，不可估量。

党的十九届六中全会形成的《中共中央关于党的百年奋斗重大成就和历史经验的决议》（以下简称《决议》）中指出，"中华优秀传统文化是中华民族的突出优势，是我们在世界文化激荡中站稳脚跟的根基，必须结合新的时代条件传承和弘扬好。"伟大的国家和民族都是在继承前人的优秀成果，不断延续历史的发展进程中形成的。不忘本来才能开创未来，善于继承才能善于创新，只有在延续民族文化的血脉中铸牢中华民族共同体意识，增强文化自尊、自信、自立、自强，才能担负起实现中华民族伟大复兴的历史使命。文以载道，文以化人，增强文化影响力、感染力，才能更好地向世界讲好中国的故事、讲好中国共产党的故事，阐释好中华文化的特色，展示好中国形象，助推中华文化国际传播，促进人类文明交流互鉴，在凝聚全人类共同价值，构建人类命运共同体中发挥积极作用。

（四）

进入新时代，开启全面建设社会主义现代化国家新征程，对中华文化传承者提出了新要求，打造新时代英雄城市，是我们的时代使命和责任。

2021年，中国共产党百年华诞。百年征程波澜壮阔，百年初心历久弥坚。聚焦总结百年党史，党中央召开了十九届六中全会，通过的《决议》明确指出，"以习近平同志为主要代表的中国共产党人，坚持把马克思主义基本原理同中国具体实际相结合、同中华优秀传统文化相结合""习近平新时代中国特色社会主义思想是当代中国马克思主义、二十一世纪马克思主义，是中华文化和中国精神的时代精华"。习近平新时代中国特色社会主义思想根植于中华优秀传统文化的沃土，它所蕴含的理想信念、人文精神、价值追求、道德规范、思维方式和时代引领等方面的理念和精神，实现了追求国家富强、人民幸福和民族振兴的有机统一，是实现中华民族伟大复兴中国梦的精神支柱、力量之源。它把坚持发展马克思主义和弘扬中华优秀传统文化相结合起来，把弘扬优秀传统文化与发展现实文化相结合起来，是中华优秀传统文化创造性转化、创新性发展的时代典范，是中国优秀传统文化的忠实继承者、弘扬者。每一名中华儿女都有责任有义务把中华优秀传统文化弘扬好、发展好、继承好。

武汉是个具有浓郁文化特色的城市。武汉被誉为九省通衢、百湖之市，这里山川秀美，风光独特，充满了地理与人文的灵秀，洋溢着开拓与创新的精神。这里是中华文化，特别是炎帝文化、长江文化的重要发源、发展之地。湖北、武汉历史悠久，文化灿烂，三国文化、荆楚文化、首义文化、红色文化博大精深，影响深远，宛若繁星满天，流光溢彩。市第十四次党代会提出围绕"实力雄厚、创新涌动、文化繁荣、民生幸福、生态宜居、治理高效"六个方面，打造新时代英雄城市，对发掘、宣传、打造武汉文化，提出了明确要求。从建设具有全国影响力的科技创新中心、打造现代产业高地、提升城市功能品质、打造区域协调发展"主引擎"、打造国内大循环重要节点和国内国际双循环战略链接、探索超大城市现代化治理新路子、建设文化强市、打造共同富裕的幸福城市、建设美丽武汉等九个方面，全面开启武汉现代化建设新征程。充满独特文化魅力的现代化武汉的蓝图已经绘就，令世人期待，也是新时代武汉人沉甸甸的历史使命和责任。

此次将武汉市中华文化学院近年来电视嘉宾中华文化论坛高端对话视频录音整理成文字稿，经作者本人修改审定，形成了现在的《中华文化传承十二讲》文集，人民出版社乐于出版此书，乃是传承中华文化的一大幸事。本书在努力"讲好中国故事，传播好中国声音"的同时，也在努力讲好"武汉故事"，讲好"英雄城市"的故事。2020年全国人民从四面八方驰援武汉和湖北，打赢了疫情防控的人民战争、总体战、阻击战，恩重如山，永不能忘，也更增强了我们的"四个自信"，特别是文化自信。"抗疫精神"蕴含的中华民族共同体意识和中华文化的时代精华，深深地镌刻在武汉和湖北人民的心中，也必将成为人类共同的宝贵精神文化财富。

此书汇集多位名师大家手笔，且慷慨登台述学，为弘扬和传承中华优秀传统文化共襄盛举，令人感佩。粗略统计，共有4位"马克思主义理论研究和建设工程首席专家"、13位二级教授，2位"长江学者"特聘教授、1位百家讲坛"学者，2位国家一级演员、戏剧"梅花奖"获得者出席我院参与举办的中华文化论坛对话。儒家大家、武汉大学哲学学院与国学院郭齐勇教授应邀为本书作序，使全书增色不少，在此表示衷心的感谢。联系校稿时，得知"百家讲坛"学者、华中师范大学文学院邱紫华教授于2020年因病在武汉溘然长逝，十分痛心，望迟来付梓之作，可慰天灵。

是以为序。

杨学文
农历虎年正月初六于武汉

作者系武汉市社会主义学院(武汉市中华文化学院)党组副书记、副院长(分管日常工作)

序二　努力实现传统文化的创造性转化、创新性发展

郭齐勇

今天，中国文化的发展面临复杂的情况。从时间轴来看，文化绵延，有传统与现代，过去、现在与未来的历程；从空间轴来看，文化广阔，有东方与西方、中心与边缘、上层与下层、精英与民俗的张力。从时间与空间的交互网络来看，有时代性与民族性、世俗生活与宗教信仰，日用伦常与终极关怀的矛盾。

因此，要"推动中华优秀传统文化创造性转化、创新性发展"，只能立足现实，继往开来，在现实性的基础上调动传统，面向未来，不能迷恋过去，也不能迷信将来。我们要对中国传统的物质文化、制度文化、价值观念文化的内涵、样态与表达，予以改造，赋予时代性，激活生命力。

要"扬弃"中国传统文化。"扬弃"这个词包含着两层意思，即既克服又保留，也即我们常说的"批判地继承"。因此，在理解文化传统的优长与价值时，又必须深具自我批判的精神，正视并检讨中国文化自身的内在缺失、缺弱与缺陷，这恰好是中国文化"两创"课题的题中应有之义。

一、有本有源，开放包容

"海纳百川，有容乃大。"现实中的中国文化，是马中西相融合的文化。社会主义的理论与实践，虽然与古代的社会理想不可同日而语，但仍有千丝万缕的联系。100多年来，在中国的土地上，马克思列宁主义、中国传统文化、西方近现代文化不断融合，形成了今天的中国文化。中国传统文化是马克思主义在中国传播的土壤，两者有契合之处。我们的马中西相融合的现代文化是主体性的文化，是渊源有自的，有本有源的，其根源在中国优秀的文化传统。这一传统开放包容，因此接纳了外来的西方文化，尤其是与其中的马克思主义相结合。马中西相融合的新传统也有了100多年的历史，这是中国文化"两创"的结晶，也是中国文化进一步"两创"的基础。

应当指出，当代马中西相融合的新型文化的建构，包括了对传统文化与西方文化的改造，既非全盘接受，也非全然抛弃。对传统文化最成功的继承和保护，就是不断创新，把外来的、多样的、现代性的内涵融入民族文化的内容与形式中来。对外来文化，特别是西方文化的最成功的引进、吸收和消化，也是与时俱进地发展、创新，把现代性的因素结合到中国文化中来，进而改造现实与传统，重塑当代中国精神。

马克思主义与中华优秀传统文化具有颇多内在契合之处。习近平总书记指出，中华民族在5000多年的历史长河中形成了"讲仁爱、重民本、守诚信、崇正义、尚和合、求大同"的文化传统，倡导"天下为公"，注重"知行合一"，论证"相反相成"，彰显实践的思维方式和大同的社会理想。马克思主义思维方法和价值理念与中华优秀传统文化相融合,是马克思主义在中国广为传播并得到具体发展的基础。应该看到,这是中国化的马克思主义,带有两者的优点与缺点。

我们需要在大的背景,即"天、地、人、物、我"共生的背景下讨论人类与世界文化的生存与发展,以及中国人与中国文化的生存与发展问题。中国文化中有丰富的珍宝,古人的"人与天地万物为一体"的生存经验与生存智慧并没有过时,对现代人依然启发良多。

关键在于深度认识我们的传统。很多学者还停留在五四时期粗浅的文化批判的水平。中国文化有自身内在的理路,有自身的优长与缺失。我们的新文化有主体性,但不盲目自大与盲目排他。对传统,我们应当守先待后,理性批导;对现实,我们应当扩大社会空间,鼓励更多社会组织的生成发展与积极参与。从我们的实践来看,还应当防止乌托邦主义与极左思潮的干扰,警惕并批判民粹主义与民族沙文主义。

二、重视科学逻辑,变革思维方式

我们的传统文化也有很多不足的地方,如知识论与逻辑学的传统、科学的精神、逻辑的分析与细密的论证方法等,是我们的短板。我们没有"为知识而知识""为学术而学术"的传统,尤其是儒家"重政轻技""重道轻器"的倾向,抑制了有科学研究诉求的墨家等流派,包括儒家自身的某些派别与人物。近代以来,通过引进西方文化并学习西方文化的优长,补充了这方面的不足，但还很不充分。

从一般思维方式的分类来看，有线性思维与非线性思维，形式逻辑属前者，辩证逻辑属后者。思维方式又可分为直觉与分析、辐散与聚合、习惯性与创造性的不同。分析与辐散思维有助于思维的周密性。对我们中国人来说，应强调形式逻辑、线性思维的基础教育，重视思维的确定性、程序、步骤与周密性，防止不确定性与思维滑转。直觉思维与创造性思维有一定联系，但我们还是应多强调分析性思维的基础。

当下，数字技术、人工智能等高科技飞速发展。科学技术的突飞猛进，带来新的契机与可能。知识的生产、传播和应用，已经颠覆了传统。大数据、海量存储、便捷搜索等，带来新的学术生长点。在现代，我们要进一步重视、拥抱科技革命，借此改革我们模糊笼统的、大而化之的思维方式。

新冠疫情发生之后，通过运用大数据与人工智能的成果，我国公共卫生、公共秩序的建构成就斐然。在中国社会与文化的发展中，科学、逻辑思维的前景十分广阔。同时，我们又要避免科学主义与技术主义的偏颇，以人文精神相补充与协调。

三、倡导自由全面发展的自由人格

马克思主义倡导每个人自由而全面发展的理想社会。建构与完善民主、自由的价值与制度，是时代赋予我们的任务。近代以来，数代中国知识人为争取自由意志和独立精神，做了不懈的努力。我们鼓励个体人有心灵的自由和独立的个性，不随波逐流、人云亦云，有独立的品格、独特的见解与自主的行为，不依傍他人,不依傍权威。我们反对奴隶性、依附性的人身关系,主张自由地思考,自由地表达、自由地发展,有怀疑、批判的勇气。如果没有自由的思想,也就不会有独立的人格。

正如冯契先生所说,我们要有知、意、情等本质力量的全面发展,进而达到真、善、美的统一,这就是自由的德性。而有了自由的德性,就意识到我具有一种"足乎己无待于外"的真诚的充实感,"我"就在相对、有限之中体认到了绝对、无限的东西,即达到了本体的理境。一般地说,这是通过实践即在人的自由自觉活动中达至智慧之境。由知识到智慧之境的飞跃,是通过自由劳动即自由的感性活动来辩证统合自然原则与人道原则的,又通过认识与实践的辩证过程,包括理性直觉、德性自证的过程,发展人的理性与非理性,统合自由个性与集体精神,奔向个性解放和大同境界的理想目标的。

四、文化生命力在民间,"两创"是过程

从文化的传承来看,民间生活的多样化促进了各地书院的勃兴。这些书院继承传统书院而新创,一般是政商学界相结合,有的作后盾,有的出钱、出力、出师资,和合而成,对今天民间传统文化的教化与传承起了重要的推动作用。这些书院非常活跃,接地气,聚人气,创造了各自成功的经验,让老百姓了解中国文化的历史与现实,在民间社会的基层推动传统文化精神与价值的继承与发展。

中国文化不是过去,而是现在,还要面向未来。时代背景在变化,文化也要变化。不管我们现在的生产方式、生活方式和社

会交往方式等发生了多大的变化，我们的现实关怀还在于中国人。中国文化其实也没有什么高深的道理，它讲的是平实的做人做事之道。儒释道三教，其实还是讲做人做事。中国传统文化在现当代的创造性转化，关键还是在于我们如何做一个现代的中国人。中华优秀传统文化为这样一个新时代的人的精神人格、精神风貌、安身立命提供一些思想背景、根源性的东西。在中国文化"两创"的过程中，我们既反对复古主义，又反对崇洋媚外。

时代变了，我们的精神追求也在变化。但是，变中还有不变的东西，比方说我们曾经倡导很多常识，做人的常识是不会变的。我们做人的底线，至少要遵守底线伦理；然后我们还有基本的人格健全的要求，还有对理想的追求、境界的追求。在人格健全的过程中，可以从传统的文化资源，儒释道、诸子百家、宋明理学中找到一些精神养分、精神根据。中国传统文化在现代这样一个急剧变革的时代，在大家都在求富、国家在求强，即求富求强的大背景下，面临着日新月异的科技革命、机器人、人工智能等提出的挑战。但是不管怎样变化，有一条还是不变的，就是人要与时俱进地发展，人要有真善美的追求和健全的人格养成才能很好地建设现代化的中国。孙中山先生当年就提出以人格建国，立国立人，我们要培养一代一代的人。在这一点上我觉得古今中西都是相通的，根本的就是做人做事之道。

中国文化的"两创"发展本身并不是目的，仍是过程，活生生的"人"的养育与成长才是目的。我们的目的就是现代中国人的自由而全面的发展。"人是目的"，政绩不是目的。尊重人的生命，尊重自由意志，一切为了人民的自由与创造。在这里，我们要吸取中华优秀传统文化中的思想精华，结合马克思主义与西方近现代文化，予以重建。对老百姓仍有一个提升、教化的过程，当然更多的是人民的自我教育，如现代书院就是人民自我教育的很好的形式。现代书院是提高人们的科学、人文与道德素养，安身立命，实现人的自由全面的发展的新的学校。

　　本文曾载《北京日报》2021年11月22日，原标题为《赋予时代性　激活生命力——中国文化"两创"的应有之义》

　　（作者系武汉大学哲学学院与国学院教授，兼任贵阳孔学堂学术委员会主席等。2006年被评为国家级教学名师，2017年被评为世界儒学研究杰出人物，2019年被评为儒学大家。）

讲坛一：2018年4月20日武汉市中华文化学院（武汉市社会主义学院）"中华文化与民族复兴"电视嘉宾中华文化论坛高端对话

嘉　宾：欧阳康，哲学博士，国家教学名师，华中科技大学国家治理研究院院长，哲学研究所所长，哲学学院二级教授，华中学者领军岗教授，博士生导师，国家教育部"长江特岗学者"。兼国务院学位委员会马克思主义理论学科评议组成员，国家哲学社会科学规划办评委，国家教育部社会科学委员会委员，教育部学风建设委员会副主任，中国辩证唯物主义研究会副会长，国际哲学家协会常务理事，亚太地区学生事务协会主席，湖北省人民政府咨询委员等。主要从事哲学尤其马克思主义哲学研究与教学，在国内首倡社会认识论并将其建设为硕士和博士培养方向。代表著作有：《马克思主义认识论研究》（北京师范大学出版社2017年版）、《社会认识论导论：探索人类社会的自我认识之谜》（北京师范大学出版社2017年版）、《哲学研究方法论》（武汉大学出版社1998年版）、《社会认识论导论》（中国社会科学出版社2010年版）、《对话与反思　当代英美哲学、文化及其他》（人民出版社2005年版）、《当代英美著名哲学家学术自述》（主编，人民出版社2005年版）、《当代英美哲学地图》（主编，人民出版社2005年版）、《马克思主义哲学原理 修订版》（合编，高等教育出版社2004年版）、《欧阳康自选集》（华中理工大学出版社1999年版）、《马克思主义哲学原理》（主编，高等教育出版社1999年版）、《社会认识论导论》（中国社会科学出版社1990年版）等。

嘉　宾：杨华，武汉大学中国传统文化研究中心主任。武汉大学历史学院二级教授，博士生导师。教育部新世纪优秀人才（2007年），武汉大学珞珈特聘教授（2012年）。中国先秦史学会常务理事、国家社科基金重大项目首席专家。主要研究中国古代史（先秦秦汉史）、中国古代礼学和经学、中国文化史、楚地出土简帛和楚文化史。代表著作有：《古礼新研》（商务印书馆2012年版）、《古礼再研》（商务印书馆2021年版）、《中国礼学研究概览》（武汉大学出版社2021年版）、《先秦礼乐文化》（湖北教育出版社1997年版）、《新出简帛与礼制研究》（台湾古籍出版公司2007年版）、《楚国礼仪制度研究》（湖北教育出版社2017年版）、《中国文化史》（合著，高等教育出版社2007年版）、《中国文化史经典精读》（合编，高等教育出版社2014年版）。

主持人：武汉广播电视台新闻综合频道（WHTV-1）主持人　付存操

中华文化传承与中华民族伟大复兴

欧阳康　杨　华

主持人： 习近平总书记在党的十九大报告中指出："没有高度的文化自信，没有文化的繁荣兴盛，就没有中华民族伟大复兴。"为了深入学习贯彻习近平新时代中国特色社会主义思想，由武汉市中华文化学院主办，中共武汉市委统战部海外联络处和武汉广播电视台《开卷有益》栏目组协办，今年将推出三期中华文化高端电视访谈节目对话。今天我们推出第一期高端对话，主题是"中华文化与民族复兴"。我们非常荣幸地邀请到了两位知名专家，为大家介绍一下。第一位是国内哲学社会科学界知名学者、华中科技大学原党委副书记、国家治理研究院院长、教授、博士生导师欧阳康先生。第二位是武汉大学中国传统文化研究中心主任、历史学院教授、博士生导师杨华先生。让我们以热烈的掌声欢迎两位专家学者做客本次高端对话。今天我们的主题是"中华文化和民族复兴"，二位在这一领域都是非常有建树的学者和专家了，那请问二位教授是如何定义今天的主题的？

欧阳康： 谢谢主持人。各位观众大家，上午好！非常高兴来到武汉市中华文化学院，也特别祝贺我们本次高端对话能够开启。我觉得这是一个非常好的设计。首先是主题非常好,中华文化与民族复兴,这一主题应该说是中华民族一个永恒的追求,而且今天我们来讨论它有一个特别的意义,因为今天我们是站在了一个特殊的时代节点。200年前的5月5日(即1818年5月5日),在人类历史上诞生了一位伟人,叫卡尔·马克思,我们即将迎来他的200周年的华诞。在他30岁的时候,也就是170年前,他和恩格斯合写了一部重要的作品,叫《共产党宣言》,随之开启了国际共产主义运动。马克思主义思想深刻影响了世界,也影响了中国。马克思主义传入中国引起了中华民族的现代革命,尤其是开启了伟大复兴之路,在1921年诞生了中国共产党,在1949年产生了新中国,也正是在40年前,我们新中国又开启了改革开放的伟大历史征程。当时一场关于实践是检验真理唯一标准的大讨论,由一次哲学意义上的讨论引发了社会思想的大解放。40年来,中国的改革开放取得了巨大的成就,习近平总书记说我们今年要认真回顾和总结。在这样一个历史背景下,中华民族伟大复兴这样一个辉煌而宏伟的话题,现在已经取得了前所未有的成就,成为当代中华民族的一个时代性使命,所以我们今天来讨论它具有特别重要的意义。同时我也要感谢主办方设置这样一个话题。这里有一个首要的问题,就是什么叫做中华民族的伟大复兴?我想有两个基本的条件。第一,这个民族在历史上曾经兴盛过,如果没有兴盛过,谈不上复兴。第二,兴盛了但又曾经衰败了。如果它一直兴盛着,也无所谓复兴,这两点恰恰都是我们中华民族最充分具备的。据有的历史经济学家研究,从唐宋到1840年,中国的GDP在全球大概占到33%,可以说,在当时世界经济体系中,中国是三分天下有其一,但是很遗憾,从1840

年开始，由于帝国主义入侵，我们就开始严重衰败了。到1949年，我们在世界经济中的比例大概只占到了4.6%。我有时候回想这段历史，心中就特别沉重，从33%降到4.6%我们只用了109年的时间，这是我们中华民族在近代史上的一次磨难。正是因为有了这样一个磨难，我们今天的伟大复兴才显得格外重要。今天中国经济在世界占到多大的份额呢？到2017年为止，我们大概占了将近15%，这是一个非常了不起的进步。在这样的背景下，我们来讨论中华民族的伟大复兴，给了我们一种深刻的历史启示，那就是一个民族如何能够真正和长期地保持自己的生命和活力？全球化的背景下，如何能让我们的中华民族优秀传统文化走向世界、走向未来？所以我觉得这个话题非常好。谢谢！

主持人：所以这也是我们今天讨论的主题之一，杨教授您怎么看待我们今天这个主题？

杨华：好，谢谢主持人，谢谢各位！我也非常高兴能够参加今天这样的活动。正如刚才欧阳教授所说，我们今天的主题非常具有现实意义和当代价值。中华文化实际上有几千年的传统，更精确地讲，从公元前2400年开始就有了中华文明。可以看出，中华文明的历史非常悠久，它也是人类历史上唯一未曾间断的、一直延续至今的文明。在历史上，尤其是唐宋时期和元明时期，都对人类文明作出重大历史贡献。进入到近代以来，中国陷入丧权辱国、瓜分豆剖的状态。我们每一个学习中国近代史的人，都感到这是一段辛酸血泪史。今天中国的经济实力、政治实力、军事实力都进入到世界前列。我们今天再来谈论中华文明的时候，就会有另外一种心情。这跟一百多年前康有为、梁启超谈论中华文明和民族复兴的心情是完全不同的。这是我们今天讨论这个话

题的背景之一。另外，我想特别指出，中华文明的内涵是非常丰富的。它不仅仅是华夏族群的文明，也是以汉族为主体的多民族融合的文明。它对于我们今天的民族和谐、国家统一，具有非常重大的现实意义。我想，今天我们谈论的话题恰逢其时，谢谢！

主持人：正如刚才欧阳教授所言，中华文明从当初的兴盛到后来的衰落，用了109年的时间。那么我们要再用多少年的时间走向伟大复兴，这是一个历史使命的问题。其实对于每个人来说，都是一种责任和担当，所以今天我们是怀着别样的心情来探讨这样一个主题。那么在刚刚结束的第十三届全国人大一次会议上，习近平总书记特别强调，要以更大的力度、更实的措施加快建设社会主义文化强国。那么在这其中，有一个东西就显得特别重要，那就是文化软实力，它到底扮演什么样的角色？在世界竞争中，它的重要性体现在哪些方面？

欧阳康："文化软实力"（Soft Power）的概念是最早是由美

国哈佛大学教授约瑟夫·奈提出来的。我们看一个国家在世界上的力量和影响，一般会比较多地关注它的经济、政治、军事、科技实力等，但是，奈告诉我们，其实还有一些更重要的东西，那就是文化。文化构成了民族精神的内涵，而且深刻地影响了这个民族，甚至影响了整个世界。文化软实力这个概念提出了以后，引起了广泛的社会关注。正如刚才杨华教授所言，一个民族的根是否深厚、扎实而且具有活力，基本上决定了这个民族的生命和在世界民族之林的影响力。改革开放以来，我们国家走过的这样一条中国特色社会主义现代化道路，实际上是以经济建设为中心，关注经济问题，然后关注科技问题，然后关注制度问题、文化问题。通过40年的努力，现在，我们非常欣慰地看到，我们国家形成了经济建设、政治建设、文化建设、社会建设、生态文明建设五位一体的总体布局。这实际上也反映了一个民族、一个国家对自身发展的高度自觉和对世界形势的科学判断。我们现在不仅仅追求GDP的总量和增速，更重要的是追求我们发展的质量和结构，追求文化软实力。而这一方面，中华民族在世界上是真正说得起话的，而且是能够让我们在世界上产生更大影响的。因此，提高国家文化软实力，看起来是软的，实际上是最硬的；看起来是隐性的，实际上是最显现的；看起来好像不那么容易被发现，实际上它无时不有、无处不在。所以说，在大力提升中国政治、经济、科技、军事等硬实力的同时，大力提升中国的文化软实力也是更为特殊和重要的。

主持人：其实，文化软实力体现在各个不同的方面，它的重要性毋庸置疑，那具体体现在哪些方面？杨教授。

杨华：文化软实力实际上是一个国家综合实力的一部分，它是基于军事、经济实力、科技实力等硬实力之外的重要内容。这一概念的提出,将它提高到了与硬实力同等,甚至比其更为重要的位置。今天,越来越多的人开始从关注国家军事、经济力量等有形的硬实力,转向关注制度影响力、国际话语影响力和国民素质等无形的力量。我们可以举出很多例子。从新闻报道我们知道,中国有些企业走出国门,在国外做工程,做贸易,可是有些时候,到最后临门一脚,合同没有签成。究其原因,并不是我们的价格不公道,也不是因为我们技术不好,实际上是文化软实力出了问题。在某种程度上,这已经制约了中国硬实力的发展。关于"中国形象",尤其是国民素质这方面,不能令人满意。当世界的聚光灯聚焦中国的时候,怎样向世界展示一个大国国民的形象,我觉得这是文化软实力建设中非常重要的一方面,这不仅应当是国家文化建设的一个重要内容,也是实现中华民族伟大复兴的重要组成部分。

欧阳康: 就文化软实力的内容而言,我想大体上分为三个层面:第一,文明健康的生活方式、生产方式和交往方式等。这是比较显性的方面,不仅仅涉及具体的生产过程和产品,更涉及生产生活中的制度、精神、文明状态等,它们也决定我们在人类文明体系中所占有的地位和所发挥的作用。第二,人民的精神家园。这是比较抽象的方面,这个精神家园是每个人最后需要寻找的根,是我们之所以为这个民族的成员,为这个文化体系的成员,为这个国家成员的根据,也是中华民族成员最为根本的特性。第三,贯穿于生产生活方式和精神家园之中的,实际上是一种价值观。价值观决定了一个社会及其成员以一种什么样的理论、原则、思想、方法来看待世界,看待自我,来规划世界,规

划自我，最终来改变世界，改变自我。这个价值观对民族文化的发展方向起着引领的作用。这三个层面构成了一个整体，表征着人们的文化自尊与文化自觉，也决定着人们的文化自信与文化创造，实际上也构成了中华民族伟大复兴的文化发展道路并引领着未来文化发展方向。

主持人：就像欧阳教授刚才说的那样，其实文化软实力大到一个国家的整体形象，小到每个公民自身的思想修养，都要跟上经济、科技、军事硬实力的发展速度，那么，杨教授您怎么看？

杨华：我觉得欧阳教授刚才讲得非常好。一国国民对这个国家的信任程度，对这个国家的认同程度，以及他自己的幸福感，也是国家文化软实力的重要表现。如果一个国家非常发达，但是人民对于本国文化了解不够，就会出现思想涣散、行为不端乃至出现分裂的危机。记得约瑟夫·奈此前接受中国记者采访时曾表示，中国向来以拥有悠久的传统文化而著称，可是这些传统资源还没有完全转化为今天我们所说的文化软实力，这无疑引发我们的思考。中国优秀传统文化是巨大的资源，是中国文化软实力的基础。如何在优秀传统文化的基础上开掘这些资源，从而提升中国的软实力，增强中国的吸引力和影响力，让老百姓在经过百年来的文化屈辱之后，把传统文化转化成当今建设中国的正能量，从这个角度来讲，这正是以后我们需要努力的方向。

主持人： 两位教授都不约而同地提到了一个关键词，那就是价值观，尤其是核心价值观。那么在当今世界，信息化浪潮扑面而来，全球资源流动加剧，多元文化相互激荡，在这些形势下，培育和弘扬社会主义核心价值观又遇到哪些挑战？怎样让社会主义核心价值观与多元文化积极融合？

欧阳康： 在我看来，社会主义核心价值观标志着一个民族的思想进步和成熟，它是社会主义核心价值体系的内核和精髓。中国走向改革开放以后，不同文化相互交织与重叠，世界上各个国家的思维方式和行为方式也都走进来了，其中一些是自发进来的，一些是我们请进来的。现在的问题是如何去看待它们，这就涉及历史上我们文化建设的一些重大问题。古代中国是有传统的核心价值观的，那就是孔夫子一直强调的"仁"学，然后我们讲"五常八德"，讲"仁义礼智信"，讲"孝悌忠信、礼义廉耻"……这些都是儒家文化长期具有的精神内核，但是近代以来，它们都受到不同程度的冲击。从五四运动起，我们开始了对中国传统文化的反思，包括鲁迅先生呼吁中华民族要来认识和反思自己的国民性，包括胡适先生比较极端地提出要全盘西化，全盘西化当然是不应该也不可能，但是五四运动彰显了科学与民主等现代文明精神，它让中华民族开启了向世界学习的开放心态的历程。在后来的革命战争时期，我们努力推崇马克思的革命英雄主义价值观。新中国成立以后，我们努力塑造社会主义核心价值观。在当代中国，中国文化建设面临的挑战来自三个方面：第一，外来文化的冲击。外来文化既有精华，也有糟粕，我们对待外来文化要准确把握其有利于转化为中华优秀文化的哪些方面和内容，而绝不仅仅是靠"拿来主义"。第二，马克思主义的传入。1917年俄国十月革命的一声炮响，给中国送来了马克思主义，我们将其运用于中国的实际，创造出中国化的马克思主义，使之成为中国共产党的指导思想。第三，中国传统文化的恢复和弘扬。在这里仅仅简单地复活传统文化是不可能解决当代中国的复杂问题的。所以，当下我们的核心价值观建设面临着这三个方面的同步变革和创新。习近平总书记在党的十九大报告中指出，要"深入挖掘中华优秀传统文化蕴含的思想观念、人文精神、道德规范，结合时代要求继承创新，让中华文化展现出永久魅力和时代风采"，强调了对中华优秀传统文化进行"创造性转化和创新性发展"。我认为这才是对在当下如何更好传承和发展中华优秀传统文化的科学指导。同时又要对外来进步文化进行借鉴融合，作出符合中国特点的借鉴和选择。在此基础上还要不断探索马克思主义中国化的新路径，对当代中国乃至世界进行全新的思想理论传播，创造性发展那些能够引领中华民族更好地走向未来的思想体系和价值观。我曾经在《光明日报》上发表过一篇文章，叫《中国价值观与中华民族伟大复兴》，在我看来只有真正构建起"中国价值观"并使之成为当代中国社会民众普遍认同和遵循的价值认同，中华民族伟大复兴才有了主心骨，自立于世界民族之林才有了安身立命之本。

杨华： 我们在吸收人类一切共同的优秀文化价值的同时，

要注重当今社会主义核心观和中华优秀传统文化根基之间的关联，也就是说，24个字的社会主义核心价值观绝不是无源之水、无本之木，无论是从国家层面、社会层面还是个人层面，24个字所诠释的价值观都有着相当久远的文化土壤，它是当代中国民众的共同思想和价值追求。比如中国古代讲和谐、讲和合、讲天人合一时，就特别注重人与自然界的和谐，这些对于当代中国生态环境治理都有着重要的启示意义，在讲人与社会和谐、个人自身内心的和谐时，也都具有非常丰富的内涵和非常悠久的传统。当务之急，是如何积极地转化这些优秀传统文化。

欧阳康：24个字的社会主义核心价值观已经是人类文明迄今为止不管是西方还是东方、中国还是外国的各种优秀文化元素的一种整合，现在我们要做的是把它们统一到中华民族伟大复兴这样一项伟大事业中来。

杨华：举个例子来说，20世纪90年代，全世界宗教学者和文化学者齐聚法国巴黎，共同探讨建立全球普遍伦理的理论与实践问题，也就是试图寻找全球伦理的底线价值。基督教认为，应该把上帝的福音传遍全世界。也有人认为，己之所欲，推己及人，就是把自己喜欢的东西推广给别人。最后，大家找到了人类许多宗教和伦理传统都具有的，并一直维系着的一条基本的底线原则："你希望别人怎样待你，你也要怎样待别人。"这实际上就是《论语·颜渊》里面的孔子的话："己所不欲，勿施于人。"这就意味着，应该抛弃一切形式的自我中心主义，抛弃一切形式的自私自利，这就是我们儒家文明对人类共同价值观的一个贡献。这样的例子还有很多，值得我们深入挖掘。这句话还有后半句，孔子说，如果做到这一点，就会"在邦无怨，在家无怨"。今天，如果大家都按照这种多元互尊的原则处理一切关系，国家之间、族群之间、地区之间、个人之间，不是会变得更加美好和谐吗？

主持人：中华文化因其博大精深、源远流长应该得到我们每一个中华儿女高度的认同感和自豪感，但是在当今受到多元文化的冲击下，如何提高大家对于中华文化高度的认同感？

欧阳康：对于中华文明和文化的认同是当代中国面临的一个重大问题，在历史上和现实中，由于各种各样的历史因素，带来了对于中国传统文化的种种怀疑和质疑，这种质疑在当时的时代背景下是有它合理性的，因为这是历史和时代的产物，表明中华传统文化的复杂性，而当代中国的文化认同，更重要的就是让中国优秀传统文化活化，把它真正纳入当代中国文化体系中，使之在新的文明文化体系中更好地发挥作用，因为仅仅依靠中国传统文化的历史形态，那是远远不够的，也就是说直接运用老祖宗的法子来解决当代问题，那是根本行不通的。我到世界哲学大会发言中讲中国智慧，当时我给他们讲天人合一，讲家庭和谐，讲团队精神，尤其是讲他们感兴趣的中庸之道，他们就觉得这些都是能够成为人类文明当前发展所需要的大智慧。同时我们讲中华文化自信，还要让中华文化真正站在人类文化的高地，让大家感觉到，我们不是一个简单的小中华文化，我们是一个大中华文化。我们这个大中华文化是符合人类文明发展规律的，这个时候我们才有能力和世界对话。文化话语权主要取决于我们的实力，包括硬实力和软实力。首先是硬实力，没有今天中国的GDP总量成为世界第二大经济体，世界上谁会尊重我们？没有辽宁号航母等军事实力的提升，可能很多国家就不会把我们当回事儿，再比如说没有强大的科技实力，我们很难走在世界生产和科技体系的前沿，现在看来我们正是在这方面遇到了发展瓶颈。这么多年来，我们一直关注的是中低端的制造业，中国虽然现在享受着世界第二大经济体的荣耀，却在现代高科技领域的核心基础——"中国芯"上，暂时与我们的"中国心"相隔。再者就是在硬实力的基础上同时配合发展软实力，我们过去长期在经济发展方面一枝独秀，单兵突进，而没有实现整个社会文化的全面发展，所以党的十八大以来，党中央将文化自信与道路自信、理论自信和制度自信一道列为"四个自信"，并且将文化自信看做是更为基础和更为根本的自信，对文化建设高度重视，全面规划，整体实施，我觉得这是十分可喜的。我们越来越深刻地认识到，最终我们在当今世界格局中的地位在很大程度上取决于也决定着我们在人类文明体系中的站位。

杨华：我觉得无论是在中央，还是在地方，还是在学校教育层面，当今对中国传统文化的认识已经提高到前所未有的高度。比如，国家层面有"十三五"规划，中共中央办公厅、国务院办公厅印发了《关于实施中华优秀传统文化传承发展工程的意见》，教育部下发了《完善中华优秀传统文化教育指导纲要》，弘扬传统文化基本上成为一项国策性的工程，我觉得非常好。将中华优秀传统文化转化为当代文化软实力，必须从青少年做起，加强他们对中华传统文化的亲和感和认同感。比如，最近央视热播的中国诗词大会、汉字听写大会，我觉得都是非常好的形式。首先，我们对于传承下来的优秀传统文化的内容进行抢救性的发掘，包括很多非物质文化遗产。其次，要让传统文化中的价值观和行为方式，转化为青少年内在的自我需求和行为准则。再次，还要想办法推动中华优秀传统文化的对外传播，对于中国价值、中国智慧不仅要向国内青少年进行生动的诠释，还要立足本国而面向世界，很高兴我国政府在这方面已做了很多尝试，无疑，我们还要作出更多的努力。

主持人：确实，我们是不缺乏厚重的历史和厚重的文化，但是在这个过程中，怎么样让大家更好地接受，并且能够有更深的认同感，可能创新方式方法是十分重要的。我们将视野回归到武汉，武汉也是不缺乏厚重的历史文化底蕴的，怎么样让武汉文化占据中华文化的高地，两位教授有什么好的建议？

欧阳康：武汉是中华文化重镇之一，从当年的盘龙文化到荆楚八百年文化再到黄鹤文化，武汉乃至湖北都是有足够的深厚历史文化资源的。同时武汉还有一份重要的文化资源，那就是我们的革命文化资源。推翻中国千年封建帝制的辛亥革命是从武汉开始，并深刻地改变中国了历史的进程，武汉因此被称为辛亥革命的首义之地，辛亥革命可以说是中华民族伟大复兴的现代发端。从这个意义上讲，武汉的革命历史文化资源是非常厚重的，不仅仅是这些，实际上武汉还是洋务运动的重镇，留下了著名的"汉阳造"等，在中国工业发展史上有特殊地位。如何根据武汉的多类别多层次多阶段的厚重历史文化资源的特色与实际利用情况，来做好武汉文化建设的整体规划和全层次全方位构建，更好地发挥历史文化资源作用，这是目前摆在武汉文化建设面前的重要问题。我们特别注意到，这些年来，随着国家政策倾斜和发展布局的优化，随着中部崛起重要战略支点的构建，武汉的社会发展和市民的整体精神风貌都发生了革命性的改观，我们也在这份改观中获得很大的享受，这要感谢政府和社会方方面面作出的努力。那么如何能够把这样一项工作做得更好呢？我认为需要有更多的像武汉市中华文化学院这样的机构来推动，去发掘更加丰富的资源,创造更加多彩的内容,以大家喜闻乐见的形式展现出来,这既需要有学理性的对话,也需要有感性的认知。我曾经建议武汉东湖生态旅游风景区的领导,在我们五千年中华文明的丰富内容中找出一些有代表性的关键点,以东湖绿道为载体和背景,以多种新的感性形式生动地展现出来,把东湖绿道建成中华文化之道、荆楚文化之道。当然最核心的,还是要看武汉在中国的中部崛起中能不能更好发挥重要战略支点作用,这里最关键的是我们要继续解放思想,为文明进步提供思想引领,在制度和治理体系上创新,为文化创新提供制度支持,在社会治理方面走在前列,为文化建设提供主体力量,推进经济繁荣发展,为文化发展提供强大经济实力,促进大武汉文化整体性发展。

主持人: 欧阳教授的建议是多方面,体系化的,那杨教授有没有很好的建议?

杨华: 武汉在长江之"中",是地理位置的中心地带,也是长江流域多种文化的中心之一。长江和黄河对应,两大流域共同形成南北互动、包容多元的中华文明。我认为有几点值得注意。其一,武汉有大量的历史文化资源,我们还注意得不够。例如,武汉拥有好多历史文化街区和优秀的古村落,此前城建单位和开发商很不注重相关的保护工作,为了经济利益,大拆大建大开发,带来很不好的负面结果。我们今天首先应当采取措施,对这些历史街区、历史建筑、古代村落进行抢救性的保存和保护。比如,对于如何保护中山大道沿线的历史文化建筑,我就参与其中,提出了一些建议。做到经济建设价值与历史文化价值并重,这不仅是武汉、中国的难题,也是世界性难题。其二,我觉得武汉应该开发更多的文化创意产品。就其价值和意义来看,文化创意产品丝毫不亚于工农业产品和其他产品，应当呼吁更多的投资商，把他们的资源聚焦到带有本地特色的文化创意产业上，使得武汉的文化内涵得到发扬，并向全国乃至全世界辐射，这些都是我们应该做的事情。

讲坛二：2018年10月23日武汉市中华文化学院（武汉市社会主义学院）"美好生活的追求需要美学"电视嘉宾中华文化论坛高端对话

嘉　宾：郭齐勇，武汉大学哲学学院与国学院二级教授、博士生导师，中国传统文化研究中心荣誉主任。2006年被评为国家级教学名师，2017年被评为世界儒学研究杰出人物。曾任国际中国哲学会（ISCP）会长与副执行长、教育部高校哲学教指委副主任、中国哲学史学会副会长、中华孔子学会副会长。代表著作有：《中国哲学通史（先秦卷）》（江苏人民出版社2021年版）、《传统文化的精华》（商务印书馆2020年版）、《中国哲学的特色》（商务印书馆2020年版）、《中国哲学史十讲》（复旦大学出版社2019年版）、《中国人的智慧》（中华书局2018年版）、《中国思想的创造性转化》（上海教育出版社2018年版）、《现当代新儒学思潮研究》（人民出版社2017年版）、《中国文化精神的特质》（生活·读书·新知三联书店2018年版）、《儒学与现代化的新探讨》（商务印书馆2015年版）、《中国哲学智慧的探索》（中华书局2008年版）、《中国儒学之精神》（复旦大学出版社2009年版）、《熊十力哲学研究》（人民出版社2011年版）、《文化学概论》(武汉大学出版社 2014 年版) 等。

嘉　宾：彭富春，武汉大学哲学学院二级教授、博士生导师，第十、十一届全国人大代表。民革中央委员、民革湖北省委会副主委、民革武汉市委会主委、第十二、十三、十四届武汉市政协副主席、武汉大学美学研究所所长。师从现代西方著名哲学家海德格尔晚期弗莱堡弟子博德尔教授，获哲学博士学位。代表著作有：《论大道》(人民出版社 2020 年版)、《论儒道禅》(人民出版社 2019 年版)、《论慧能》(人民出版社 2017 年版)、《论孔子》(人民出版社 2016 年版)、《论国学》(人民出版社 2015 年版)、《论老子》(人民出版社 2014 年版)、《论海格尔》(人民出版社 2012 年版)、《漫游者说》(武汉大学出版社 2011 年版)、《美学原理》(人民出版社 2011 年版)、《论中国的智慧》(人民出版社 2010 年版)、《哲学美学导论》(人民出版社 2005 年版)、《哲学与美学问题：一种无原则的批判》(武汉大学出版社 2005 年版)、《无之无化：论海德格尔思想道路的核心问题》(上海三联书店 2000 年版)、《漫游者说：一个哲学家的心路历程》(团结出版社 2016 年版) 等。

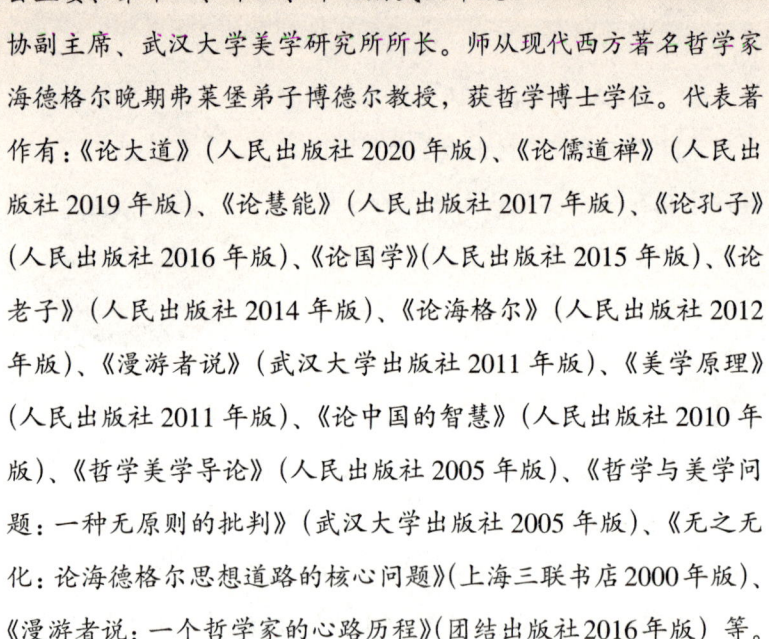

嘉　宾：黄柏权，湖北大学大学历史文化学院院长、二级教授、博士生导师，国家社会科学基金学科评审组专家、湖北省宣传文化战线"五个一批"人才、湖北省新世纪高层次人才工程

高层次人才、湖北省政府津贴专家,中国西南民族研究学会副会长,湖北三峡文化研究会副会长。主要从事南方民族历史文化和地方历史文化研究。代表著作有:《土家族历史文化散论》(世界图书出版公司2014年版)、《土家族非物质文化遗产研究》(合编,崇文书局2012年版)、《武陵土家人》(重庆出版社2004年版)、《湘鄂西本家族》(合著,民族出版社2003年版)、《悠悠洗车河》(河北教育出版社2003年版)、《土家族白虎文化》(中国文联出版社2001年版)等。

主持人: 武汉广播电视台新闻综合频道(WHTV-1)主持人 尹晨芳

美好生活追求与"美政"之美

——一个美学问题的前瞻性探赜

郭齐勇　彭富春　黄柏权

主持人： 2012年11月，习近平总书记在十八届中央政治局常委同中外记者见面时讲话指出："人民对美好生活的向往，就是我们的奋斗目标"。在2018年4月习近平总书记在博鳌亚洲论坛开幕式上指出，改革开放这场中国的第二次革命顺应了中国人民要发展、要创新、要美好生活的历史要求。中国共产党为人民创造美好生活的奋斗目标寄托着深厚的美学蕴意，人民对美好生活的期盼也凝聚着党的初心和使命。

为纪念改革开放40周年，为了激发广大港澳台同胞、海外侨胞爱国主义热情，进一步提高中华文化自信和民族自豪感。中共武汉市委统战部、武汉市中华文化学院、民革武汉市委会、武汉广播电视台、武汉图书馆、武汉海外联谊会、武汉欧美同学会、武汉大学港澳台办公室、台湾研究所等单位部门，举办了这场"美好生活的追求需要美学"电视嘉宾中华文化论坛高端对话活动。在这里，我代表主办单位向大家的到来，表示热烈的欢迎和衷心的感谢，欢迎大家！我们希望通过这次活动,以文化的方式、以美学的角度激发人们对美好生活的期盼和向往。

今天我们邀请到的三位高端对话嘉宾是:

武汉大学哲学学院与国学院二级教授、博士生导师、国学院院长郭齐勇,欢迎您!

武汉大学哲学学院二级教授、博士生导师,武汉大学美学研究所所长彭富春,欢迎您!

湖北大学历史文化学院二级教授、院长、博士生导师黄柏权,欢迎您!

朋友们,我们今天为了"美"这个共同的追求而来,那么究竟什么是"美"呢?"美"的本质和意义究竟在哪?什么样的事物能够引发我们的"美感"?那我们作为一个体又如何给周边的人,给我们这个社会,给我们这个时代增加"美感"呢?我们首先有请彭富春教授为大家做"美学"导引。

彭富春: 大家上午好!关于"美",我想这是最激动人心,也是最令人陶醉的一个词。那么,什么叫"美的本质"和"美的本性"呢?我想用两句话概括:第一,"美"是存在的完满世界;第二,"美"是人生活追求的最高目标。第一句话,美是存在的完满世界。这个存在是什么呢?就是世界的存在,是生生不息、不断变化的。但是当世界达到最完美、最完满的本性的时候,这就到了一种美的境界,这是从世界的存在角度来讲的。第二句话,美是人生活追求的最高目标,这是从人自身的存在角度来讲的。虽然我们生活在世界上有本能的需要,有物质的需要,还有精神的需要,但是当我们的生活达到顶端的时候,这就是一种美的境界。所以,从日常生活来讲,我们不仅

要吃饱饭，而且要吃得美，也就是追求美味；我们穿衣服，不仅要遮蔽自己，让自身获得温暖，还要穿得漂亮，穿得美，这是最外在的东西。当然，最根本的还是我们灵魂的美、整个生活的美。所以，"美的本性"就是世界的完满、完满的世界以及人生活追求的最高目标。第二个问题，什么样的事物能够吸引我们？什么样的事物使我们感到它是美的呢？我想这个美的事物，可以从外在到内在，一步一步地对它进行推引。首先，美的事物的外在一定是很漂亮的。比如说，它有美好动人的音乐、多样的色彩，非常变化多端，同时又合乎规律。但是这些外在的东西能够吸引人还只是比较低级的方面，更重要的是我们追求它的内在美。比如说，一个人的灵魂是美的，一个人的精神是美的，他的为人处世是美的。所以，美好的东西一定是由外到内，一直到最后就是我们刚才讲的"美自身"。"美自身"是真理，是"道"。中国古代讲大美，是天地自身的美；西方的美，是上帝自身的美。当然，现在对我们来说，有一种超越个人，一种世界本身的美，我们完全陶醉于其中，把自己消融到美的陶醉之中。至于第三个问题，我觉得也是非常重要的，关系到我们每个人。我们自己的言行怎么美呢？我想这需要个人不断地学习，不断地陶冶自己。我们首先要注重自身的形体，身体的训练、仪表的训练、穿着打扮的训练，这都是很重要的。但是最根本的，更能体现人的存在的，还是我们的灵魂和我们的行为。这个行为是我们自己的活动，更多的是与他人的交往。我们在不断与他人交往的过程中，显示自己美好的道德、美好的情操、美好的心灵。我觉得这些东西不但需要作为一个目标，而且它整个的实现过程也是很重要的，需要通过美的熏陶，通过美育。美育除了音乐、绘画、文学艺术作品之外，还包括现实的美好人物、美好事物的榜样对我们的指引。我对美一直是这样的想法，我们一般讲的美都是艺术上的美，比如说，音乐学院讲的美、美术学院讲的美。但是我所主张的美，是一种大美；我所主张的美学，是一种大美学。这样一种美，这样一种美学，并不只是在艺术殿堂里的世界，也不只是哲学家、美学家的事情，而是和我们在座的每一位息息相关的事情。说到最后，美是生活的最高目标，也希望我们在座的每一位，都成为一个美好的人，有一个美好的生活！

主持人：谢谢！美是生活的一部分，是生活最高的目标。所谓的审美品位，就是理论上的一个审美的标准。几千年来，中华民族的审美标准有着怎样的发展和完善的过程？我们能不能从博大精深的中华文化中去寻找美学思想形成的轨迹？接下来我们请郭齐勇教授为大家做分享。

郭齐勇：谢谢，谢谢主持人，谢谢彭老师、黄老师，谢谢在座的各位女士、各位先生。关于美的标准啊,这应该是各个时代不同的人啊,有不同的标准,赵飞燕美不美?"美"(观众)。杨贵妃美不美?"美"(观众),但是赵飞燕要是到隋唐时代,也并不美,杨贵妃如果是在秦汉时期,她也不美,所以审美的标准啊,不同的时间、空间,不同的时代,人们对于美的追求,对于美的定义,或者彭教授刚才讲的,对于"美的体验",是不一样的。同一时代,不同的人,他对美的审美标准也是不一样的,但是刚才彭教授讲了,关于什么是美?恐怕还是有人类的一些共识性的一些东西。比如说孔夫子,孔夫子怎么定义美?孔夫子品评诗歌,古代的《诗经》呀,他说,"韶乐,尽善也,又尽美也"。他说:"古乐,美则美矣,还不够尽善。"他就是说,美和善,这都是价值,它要连在一起来讲,这就是朱光潜先生讲的,他说:"如果从伦理学的角度来说,美、仁德其实就是善。如果是从艺术的角度讲呢,爱、同情心、仁德就是美。"它是"美善相乐","美善相乐"不是孔夫子讲的,是荀子讲的,可见真善美啊,特别是美和善,是联系得很紧的,所以孔夫子讲尽善、尽美。我们儒家美学,尽善尽美,它把这个善,把仁德、仁爱,把仁者与天,仁者天地万物为一体,强调"老吾老以及人之老,幼吾幼以及人之幼"。这就是彭教授刚才讲到的,人格美、心灵美、爱、大美。大美学其实就这个意义上来讲,这也是中国传统文化,中国的主流。儒家思想的美学观还有一个看法就是,充实美、和谐美。孔子以和谐为美。孟子讲"充实之谓美",把善充实到自己的身心就是美。如果要说"美的标准"的话,这个事物美不美好?我们考察它的话,看它是不是具有好的、善的、和谐的内涵。你看我们北京城,现在还保留着明清两代

的——北京的中心区，保留着城市的结构布局。老北京城基本上是在一条中轴线上。老北京体现了南北中轴线对称的一个城市的美，对称的美、综合的美。还有，我们很多的绘画、诗歌，具有这样一种美。因此，充实美、和谐美，美善相辅相成，是儒家美的一个标准。那道家就不一样了，道家讲自然美，什么是美？它认为雕琢之后的东西不美，自然之谓美。"天地有大美而不言，四时有明法而不议。"我们怎样言天地之大美，言天地之美，就是说，天地的美，自然的美，美在哪里？我们东湖的美，我们三峡的美，我们武当的美，美在哪里？美在它的自然状况，美在它不施雕琢、素朴，自然而然，这是道家的美学观的一个核心的观点——自然之谓美，它不是人为的。另外道家的美学观，像庄子的美学观还有一个特点呢，他特别强调超越。儒家常强调美丑的划分、对立，但是道家要超越这个对立，他们认为美和丑都是相对的。你说这个美女美不美？美。王嫱美不美？美。西施美不美？美。现在我们有成语"沉鱼落雁之容，

闭月羞花之貌"。我们代庄子用现代话语调侃："鱼啊，鸟兽啊，花啊，月啊，都跑了，不看你这个美，不欣赏你这个美，因为你这个美女的美，是局部的、一定时空的人认为的美，但是换一个参考系，换一个尺度，人家认为一点都不美。"动物去看你这个美女，美不美？它就吓死了，跑了，不美。所以，美是相对的，丑也是相对的，美丑是可以转换的。道家庄子的美学，给我们提出了一个新的尺度和标准。佛家的美学呢，也很有意思，它和佛教的心灵相关。儒家如果讲"尊敬"的"敬"，道家就讲"安静"的"静"，佛家就讲"干净"的"净"。"净洁"，"净洁"之谓"美"，心灵的"净洁"之谓"美"，要超脱俗世，比道家更加超越。超越"真、善、美"与"假、丑、恶"的对立，它达到了最高的一种和谐。人们体验到精神境界的美。其实美呢，是一种境界。我们只是略微地说一说中国的美学。彭老师、黄老师，他们是专家，著作等身，有很多很多的著作，大家去读。彭教授告诉大家要去读，读古典、读西方，读书让我们提升我们的审美，提升我们美的情趣，提升我们美的自觉。我就先说到这里，谢谢。

主持人：谢谢！下面请黄柏权教授给我们分享，如何从美学的角度来认识这场被习近平总书记认为的"中国第二次革命"的改革开放。

黄柏权：习总书记提出的"改革开放是中国第二次革命"，给中国带来了很大的变化。从美学上来讲，可以从四个方面来说明。第一个方面从"美政"来说。因为"美政"促进了国家的发展繁荣，郭教授讲了"善"，"善政"也是一种美。《国语·楚语》上讲了一个故事，伍举和楚灵王到章华台去欣赏美的时候，楚灵王问伍举："章华台美不美？"伍举就说："美要不干扰他人的生活，给老百姓以幸福的生活，使老百姓安居乐业才是最美。"说明"善政"才是国家的大美。改革开放以来，通过拨乱反正，以经济建设为中心，后来又建立了社会主义市场经济。特别是党的十八大以来，国家进一步提出了新时代的发展战略，强化法治建设，全面依法治国、从严治党，通过"美政"使国家得到了发展，国家的综合国力得到了提高。中国现在是世界上第二大经济体，军事实力、科技实力、文化实力都有显著增强，这是从"美政"来说。第二个方面从"和谐美"来说。刚才郭教授讲"和谐就是美"。改革开放以来国家实施了一系列团结、和谐的民生政策，比如，在民族政策上进一步完善了平等、团结、互助、和谐的政策，56个民族在中华民族大家庭里面和睦相处，共同团结奋斗，共同繁荣发展；从地区来说，东部地区先发展起来，东部地区支持中西部地区发展，进而促使地区之间的平衡发展；再从城乡来说，国家非常注重城乡的协调发展，特别是近年来的乡村振兴战略，这就是要促使城市发展以后反哺农村,和谐发展带来了国家的繁荣和稳定。第三个方面从"生活本身就是美"来看。车尔尼雪夫斯基说过"生活就是美"。改革开放以来,国家经济发展,社会进步,老百姓的生活发生了翻天覆地的变化。有一组统计数据说,从1978年到2017年,我国人均收入每年平均增长7.8%,从原来的几十元增加到现在的两万多元,老百姓的衣食住行都有了很大的变化。20世纪70、80年代,大家都穿着非常单一的服装,现在大家穿的服装丰富多彩,家里有了电视机、移动电话;大部分家庭都有汽车。现在,城镇汽车的普及率大概是每100户30多辆。人们的生活水平提高了,比如只要有广场就有大妈在跳广场舞,这种景象是以前没有的,所以生活是美的。另外,只要有假期,一家人就出去旅游,不但在国内旅游,还在世界各地旅游,说明人们的生活更加美好。第四个方面从"自然也是美"来看。国家改革开放的40多年,在注重经济建设、政治建设、文化建设、社会建设的同时更加注重生态文明建设。特别是党的十八大以来,生态文明建设已经写进了党的报告,作为"五位一体"布局总体之一。通过生态文明建设,保护青山绿水,使天更蓝、山更绿、水更清、空气更清新,自然环境更加美好。所以从这四个方面来说,改革开放40多年来,在"美"的理念指导下,通过"善政",通过"和谐"发展,通过提高生活水平,通过加强生态文明建设,使整个国家更加美好,人民生活更加美好。

主持人: 著名社会学家费孝通先生在他80大寿的寿辰聚会上说了这么一句话:"各美其美,美人之美,美美与共,天下大同。"这十六个字我们应该如何从美学的角度去理解它呢?下面

我们请三位教授为我们做解读，先请郭教授解读。

郭齐勇：刚才彭教授和黄教授其实都讲到了，美在哪里呢？美在我们的心里，美在哪里呢？美在现实之中。主持人讲到，有时候我们往往不够自觉，没有觉识到我们现实的美、心灵的美。清代有一位女诗人叫郭六芳，她写过一首诗《舟还长沙》："侬家家住两湖东，十二珠帘夕照红；今日忽从江上望，始知家在画图中。"这位诗人原本不知道现实中自己家庭的美，忽然有一天从江上坐船去看，配上了珠帘，配上了夕照，她惊讶她的家就在画图之中啊。所以，我们怎么样理解美在现实中呢？各美其美，我们把自己的形体美、语言美、心灵美、性情美和人格美，建立起来，我们看自己，看我们所处的环境，看我们的现实，尽管有些不如意的地方，但是我们觉识到，就像黄教授刚才讲到的，我们改革开放40多年来，我们觉识到，美就在我们身边，美就在我们的心中，美就在我们凡俗的、平凡的生活中。儒家有一部经典叫《中庸》，"中庸之道"的主要精神是"极高明而道中庸"，最高明的境界在哪里呢？其实就在我们凡俗的生活中，关键是我们怎么体验，我就说这一点。

主持人："各美其美"是对个人来说的，要让自己的生活变得更加的完美，变得更加的美好，还可以能通过自我修养来做到。那"美人之美"又该如何理解？怎么才能做到"美人之美"？有请彭教授解读。

彭富春："美人之美"就是对别人的美，表示赞同、欣赏。那么为什么我有我的美，同时又能赞美别人的美呢？这在于，我能向他人敞开，他人也能向我敞开。因此，我能够承认别人，接受别人，欣赏别人。这样我与他人的关系，就是能够相通的，就达到了一种美的境界。但是费老的这四句话，还不是很究极。为什么这么说呢？在这个世界上，不仅有个性的美，还有共同的美。比如说，唐诗宋词，大家都觉得美；宋元山水画，大家都觉得美；另外在自然界，太阳升起和落下，长江、黄河、三峡、东湖，大家都觉得美。这都是一种共同的美，对所有人都有效，对所有人都适用。那么与共同的美相对应的是，我们具有共同的美感。无论是男人还是女人，无论是年老还是年少，对于这些共同的美，都会引起内心的共鸣。每个人的美感虽然有差异，但也是共同的。所以除了承认美和美感的个体性和差异性之外，还要承认它的共同性和同一性。我们在同一当中找到差异，同时在差异当中找到同一，这才是真正的美。

主持人：那么我们该如何理解"美美与共，天下大同"？有请黄教授解读。

黄柏权："各美其美、美人之美、美美与共、天下大同"是费先生在1990年80岁生日与东京老朋友聚会上提出的。"美美与共"实际上就是承认文化的多样性,承认多样,包容差异。对中国来说,56个民族有各自的风俗习惯,有各自的文化,要相互包容,因为我们是一体的,要承认一体。就世界来说,有不同的社会制度,有不同的价值理念,也需要相互包容,要承认差异。只有这样,我们才能达成一致,最后实现人类共同的目标,实现天下大同。

主持人:下面的时间我们就留给场上的来宾,大家有什么问题,关于"美的追求"有什么需要沟通的,可以现场向三位嘉宾提问交流。好,这位女士。

观众一:习近平总书记曾在多种场合提出"努力实现传统文化的创造性转化、创新性发展""文以载道""文以化人"等,在2018年全国宣传思想工作会议上又提出"育新人、兴文化"的宣传思想工作使命;孔子也曾提出"人能弘道,非道弘人"。请郭教授帮助解读下,在当下,我们如何实现传统文化的创造性转化、创新性发展,以服务新时代"以文化人"任务?

郭齐勇:谢谢你的提问,提得非常好。"人能弘道,非道弘人",说明主体——人,在这样一个客观形势面前,才有主体性,挺立人的主体性,可以推动文化的发展。党的十八大以来,习近平总书记提出的对传统文化的"两创"——创造性转化和创新性发展,特别是习近平总书记讲的"以文化人",怎么把它联系起来看,就是说,对于传统文化的创造性转化、创新性发展,对"以文化人、文以载道",我们怎样在现时代来加以分述,加以细节地了解,我想至少有以下三点:第一点就是,我们还是要有文化自觉,文化自觉是文化自信的一个前提,往往我们对自己古代的文化,对自己的宝藏不够了解,我们当然要拥抱世界文明，首先我们要弄清自己的家底，我们的儒释道，诸子百家呀，我们的中国文化、地方文化，如荆楚文化等，有很多宝贵东西，这些我们还没有来得及了解它，应平实地去了解它，还有一些书没有读，还有一些音乐没有听，还有一些绘画等文物、艺术品没有去品鉴，所以我们要好好地去理解，我们要有文化的自觉，我们才能真正建立起文化的自信，这是我们"两创"的一个前提。第二点就是，彭教授刚刚强调的，就是对于他者的理解，我们要拥抱西方文明，拥抱世界文明。因为今天我们这个时代，如我们各位的穿戴，我们现在武汉市的习俗，已经是不分彼此了，不分中西了，已经融合在一起了。因此我们要把西方的、印度的、阿拉伯的、日本的，外域文化的、外地文化的、他民族文化的一些优长的东西要拿过来，要学习。鲁迅先生讲"拿来主义"，我们要消化吸收外域文化，这是第二点。第三点呢，我们还要创造性地综合。因为我们还要有自己的东西，还要把它综合起来，要提炼起来，要消化变成自己的东西。古代的精华只能说明祖宗的高明，不能说明我们的高明。当然，我们也不能要求古人有现代思想。如要求距离现在2500多年前的孔子、老子要有民权思想，不理解自由人权就不高明，这也不对，我们不能强加古人。有很多事做得不好，是我们今人的责任，不是孔子、老子的责任。我们要了解古人。我们还要理解外国人，外国人的文化，理解外来的文化的优长和缺失。最后一方面，作为"两创"来说，作为"以文化人"来说，要建构我们社会主义在新的时期真正的中华文明，这是非常宽容的、宽厚的，非常有底气的，同时要有自己的新见，我们要在前人的基础上，要在世界文明的基础之上，要有自己的建树，要有自己的心得，要有自己的见解，要超越。比如我们前面讲到的美学的问题，我们要有一种审美的条件，怎么样构成一种审美条件呢？我们刚才讲的，郭六芳的诗啊，想到我的家是很美啊，换一个尺度来看，珠帘啊，夕照啊，它变成一种隔，一种间隔，审美是需要有间隔的，需要有心的距离。因此我们要积极地建构社会主义的新的文化，我们还要有一种距离，还要有一种尺度，或者是一种建构，来理解我们如何把自我和他者结合起来，有一种新的建构，综合性创新、创造性发展，我不知道这样能不能回答你的问题。谢谢你！

观众二：习近平总书记曾指出："人民对美好生活的向往，就是我们的奋斗目标。"党的十九大报告中指出："我国社会主要矛盾已经转化为人民日益增长的美好生活需要和不平衡不充分的发展之间的矛盾。"习近平总书记在2016年5月17日全国哲学社会科学工作座谈会讲话指出："世界上没有纯而又纯的哲学社会科学。世界上伟大的哲学社会科学成果都是在回答和解决人与社会面临的重大问题中创造出来的。"哲学或者说美学要关注现实问题、回应"人民对美好生活的向往"，就不能忽视对"什么样的生活值得人过"，或者说"人应怎样过有价值的生活"等问题进行思考。那么请问彭教授，在学理层面上，"美好生活"的哲学或美学维度应该是什么样的？在实践层面上，中国共产党应如何全面推进新时代治国理政方略、解决发展中不平衡不充分的问题，切实加快推进改革开放，更好地保障改善民生，让人民群众有更多的获得感、幸福感？

彭富春：谢谢你的提问，你的提问内容很广，我想一个一个来回答。其实我读大学的时候，也是一个文学青年。因为当时我的梦想是当诗人或者文学家，后来才转而学习哲学、美学的，所以在这里我们并没有太多的差别。第二，你提到习近平总书记指出，哲学社会科学与它时代的关系。他讲的是对的，没有哪一个时代的哲学是不与它的时代现实相关的。当然，哲学和其他社会科学具有差异，比如说，与法律、经济有些差异，哲学有时候并不是直接而是间接地反映这个时代。尽管这样，作为学院派研究的哲学，也可能与这个时代脱节。比如说，我们研究西方哲学、中国哲学，西方哲学和中国哲学相去甚远，古典哲学和现在有 2000 年的距离，但是这只是哲学研究的一个领域。所有中国哲学、古典哲学、西方哲学的研究的目的是什么呢？最终都是围绕我们当下的现实。也就是说，哲学要能够启发、推动我们这个时代，产生属于我们这个时代的哲学。否则，它就只是纯学院的研究，不具有现实的意义。所以在我们这个时代，我们需要新的中国的智慧、新的中国的美学。这种新的中国的智慧、新的中国的美学，应该是吸收了中西思想的精华，并且立足于当代中国现实所产生的。至于第三个问题，人民美好的生活和美学有什么关系？我想"美好生活的追求本身"是一个大美学问题。我在前面谈到，美学不仅是书斋里的事情，是哲学家、美学家和文艺学家研究的问题，还是我们现实生活中最迫切的问题。我认为习近平总书记提出的"人民对美好生活的向往，就是我们的奋斗目标"，它不仅是一个政治问题，还是一个哲学问题，也是一个美学问题。这样的追求可以将它概括为"中国梦"三个字，但是这个"中国梦"不是一般的中国梦。我们对于梦可以进行很多类型的分析，我们一般做的梦，都是希望"做美梦""做最美的梦"，"中国梦"就是"中国的美梦""最美的中国梦"。这个"最美的中国梦"，从国家的层面来讲，是政治、经济、文化、社会、生态等方面能够得到完满的发展；从个人的层面来讲，是每个人都能拥有幸福感、获得感、人的尊严，感觉自己过的是美好的生活。因此，我们刚才所讲的"中国梦"，从国家的层面来看，就是国家的美梦；从个人的层面来看，就是人人的美梦。美学应该参与到对这个时代的思考，分析国家和个人生活的需要，也就是我们讲的美的需要。它的现实是什么？它的问题是什么？同时，又如何来解决它？最后，美学不仅是描述的科学，而且应该是规范的科学。我所讲的科学是广义上的，是一种知识系统。所以美学到最后会有一个指引，是对我们所处时代的指引。比如说，我们现在究竟应该过一种什么样的生活方式呢？一方面，我们穿唐装、汉服或者女性穿旗袍，但是这些东西究竟是不是我们这个时代最时尚的服饰，我认为是很值得怀疑的；另一方面，我们穿西方的西装、夹克、牛仔裤，这都是可以思考的。但是我认为现在不是简单地恢复到汉、唐的生活方式就是最美的。网络上有"宋代的美学领先世界一千年"的说法，我觉得这个有点虚夸，因为我们绝对不可能回到宋代；或者反过来，让我们觉得欧美的生活方式最好，但是这未必适合我们中国人。所以，我们的美学一定要好好研究"中国梦"，然后对我们的现实提出美学指导。

观众三： 英国当代著名历史学家阿诺德·汤因比曾在《展望21世纪》中与池田大作对话指出："就中国人来说，几千年来，比世界任何民族都成功地把几亿民众，从政治文化上团结起来。他们显示出这种在政治、文化上统一的本领，具有无与伦比的成功经验。"事实上，大家都知道，包括中国儒家思想在内的中国传统思想文化中的优秀成分，促进了中华民族"多元通融、和合一体",并为几千年来延续、团结、发展、壮大提供了重要滋养。那么请问黄教授,中华民族"多元通融、和合一体"发展的精神支撑是什么?中国古代传统思想文化对它产生了哪些重要的影响?

黄柏权:人类面临许多复杂的问题,汤因比与池田大作在《展望21世纪》中的对话,试图找到人类21世纪发展的解决路径。你提到的中国传统文化特别是儒家文化里面"多元通融、和合一体"思想,它的精神、价值,我从几个方面来思考。第一,中国传统文化特别是儒家文化蕴含了包容、吸纳的气度,中国传统文化里面吸纳了儒家的"仁爱"思想、法家的"法治"思想、墨家的"大公无私"思想、道家的"自然无为"思想,还吸纳了外来佛教的"慈悲为怀"和奉献精神。同时它还学习了周边各个少数民族的优秀文化,通过综合、吸纳、摄取以后形成了中国特有的文化。这种文化一直传承下来,影响到今天。这是它的包容和吸纳。第二,中国传统文化、儒家文化里面的"仁爱"思想,就是讲仁、讲爱,这种思想一直影响到今天,人类最终目标都是要获得幸福的生活,都需要关心,这种思想对我们影响很大。第三,中国传统的社会治理思想也是优秀文化的组成部分,比如"齐政施教""因俗而治",这种执政理念一直贯穿在中国2000多年的统治中,这种统治方式不仅把中华民族56个民族都统一到一个大家庭中,大家相互理解、相互包容、相互学习,共同进步。它还影响到周边各个国家,特别是东亚国家。前面讲的,儒家的和合思想影响着中国人的思想,那么它产生了什么样的影响?第一,它使中华文明延绵不绝、延续到今天。我们经常说世界四大文明古国,现在只有中国的5000年文明一直延绵不断传承下来。

它与我们这样的一种文化精神是有关系的。第二，中国的统一的制度，秦朝统一以后，一直到今天我们都坚守这种国家统一的制度。第三，就是中国的多元文化——文化的多元性、多样性。从封建社会的"因俗而治"到今天在一体的前提下承认文化的多元、多样性，对今天的思想文化仍然是有影响的。这些思想，首先是我们今天坚守文化自信的根基，我们有文化自信是因为我们有优秀的传统文化；其次也是我们未来发展的精神动力，我们能够持续不断地发展的一个很重要的原因就是有优秀的传统文化和思想。再次是民族复兴的源泉。现在我们提出中华民族伟大复兴，因为我们历史上强大过。历史上的这些文化不仅影响我们自身，还影响到世界许多国家。池田大作和汤因比的对话里还讲到，几千年来，中国通过政治和文化的力量，把中国几亿人凝聚在一起。他们认为，未来人类要避免集体自杀，唯一途径是世界要统一。现在各民族中具有最充分准备的，是2000年来培育了独特思维方式的中华民族。汤因比认为，中国人在漫长的历史中已经证明了依靠文化和文明的力量可以将亿万人民、根据文化情感纽带的联系而组织在一个以天下主义和世界主义为文明基准的国家。只有中华文明，才能真正给予世界永久的和平。为什么在这样的背景下说这个话，因为中国文化有这样一种与生俱来的文化的、政治的力量，把所有人团结在一起，而这也是未来实现世界大同的政治和文化力量。

主持人：让我们愉悦的就是美。记住一句话，好生活的追求需要美学。非常感谢三位教授今天带来的关于美学的分享。最后，请三位教授总结一下今天的对话。

郭齐勇：美在生活中，美在现实中，看我们怎么去体验。

彭富春：美是存在的完满世界，美是人生活的最高目标。

黄柏权：美，浸润我们的心灵，充盈我们的生活，普惠我们人类。

本文部分曾载《武汉大学学报（哲学社会科学版）》2020年第4期

讲坛三：2019年9月9日武汉市中华文化学院（武汉市社会主义学院）"中华文化与智慧人生"电视嘉宾中华文化论坛高端对话

嘉　宾：熊铁基，著名历史学家、道家道教文化研究专家。华中师范大学历史文化学院教授，博士生导师，道家道教研究中心主任，享受国务院特殊津贴。长期从事中国古代史的教学与研究工作，主攻中国古代思想文化史，尤其致力于道家文化的研究。代表著作有：《熊铁基文集》（第1—9卷）（华中师范大学出版社2021年版）、《秦汉文化史》（新世界出版社2018年版）、《第二、三届全真道与老庄学国际学术研讨会论文集》（合编，华中师范大学出版社2017年版）、《中国庄学史（上、下册）》（主编，人民出版社2013年版）、《汉代学术史论》（高等教育出版社2013年版）、《秦汉道家与道教》（合著，三秦出版社2012年版）、《熊铁基学术论著选》（华中师范大学出版社2012年版）、《老子集成　第1—15卷》（合编，宗教文化出版社2011年版）、《秦汉官制史稿》（合著，齐鲁书社2007年版）、《二十世纪中国庄学》（主编，湖南人民出版社2006年版）、《道教文化十二讲》（合编，安徽教育出版社2005年版）、《中国老学史》（福建人民出版社2005年版）、《秦汉新道家》（上海人民出版社2001年版）、《中华文化通志　秦汉文化志》（上海人民出版社1998年版）、《治国帝王》（合编，长江文艺出版社1997年版）、《传统文化与中国社会》（主编，华中师范大学出版社1993年版）、《汉唐文化史》（湖南出版社1992年版）、《楚国故事》（合编，河北人民出版社1981年版）等。

嘉　宾：马敏，华中师范大学教授，博士生导师。曾任华中师范大学历史文化学院首任院长、华中师范大学副校长、校长、校党委书记。现任国家教材委员会专家委员、教育部社会科学委员会委员，中央马克思主义理论研究和建设工程教材编写组专家，国家社科基金（历史）评审组成员，湖北省炎黄文化研究会会长。从1992年起享受国务院政府特殊津贴，曾被国家教委评为"跨世纪优秀人才"，教育部"全国优秀教师"、获国务院"全国先进工作者"。主要从事中国近现代史的研究。代表著作有：《过渡形态：中国早期资产阶级构成之谜》（华中师范大学出版社2013年版）、《官商之间：社会剧变中的近代绅商》（天津人民出版社1995年版；华中师范大学出版社2003年版）、《商人精神的嬗变：辛亥革命前后中国商人观念研究》（华中师范大学出版社2013年版）、《基督教与中西文化的融合》（华中师范大学出版社2013年版）、《拓宽历史的视野：诠释与思考》（华中师范大学出版社2012年版）、《微言希声：马敏谈史论学集》（华中师范大学出版社2016年版）、《中国近代商会通史》（全四卷），（主编，第一作者，社会科学文献出版社2015年版）、《教育之道与管理之道》（华中师范大学出版社2013年版）、《中国文化教程》（主编，华中师范大学出版社2013年版）、《湖北文化故事》（主编，湖北美术出版社2015年版）、《湖北文化纵览》（主编，湖北美术出版社2018年版）、《西方文化教程》（合编，华中师范大学出版社2013年版）、《炎帝神农与耕读文化学术研讨会论文集》（合编，武汉出版社2018年版）等。

嘉　宾：邱紫华，华中师范大学文学院教授、东方美学与文化研究所原所长、博士生导师，享受国务院"政府特殊津贴"，中央电视台"百家讲坛"主讲。代表著作有：《东方美学史（上、下册）》（商务印书馆2003年版）、《东方艺术哲学》（武汉大学出版社2017年版）、《禅宗精神与后现代精神的"家族相似"》（华中师范大学出版社2019年版）、《东方美学原理》（华中师范大学出版社2016年版）、《触摸印度的千手千眼》（华中师范大学出版社2014年版）、《印度古典美学》（华中师范大学出版社2013年版）、《人格的弱点：历史大变局中的悲剧人物》（京华出版社2011年版）、《东方美学范畴论》（中国社会出版社2010年版）、《禅悦如风》（世界知识出版社2009年版）、《禅与中国文化》（中国人民大学出版社2009年版）、《东方艺术与美学》（高等教育出版社2004年版）、《悲剧精神与民族意识》（华中师范大学出版社2000年版）、《思辨的美学与自由的艺术》（华中师范大学出版社1997年版）、《论人物形象理论的发展》（文化艺术出版社1988年版）等。

主持人：华中师范大学新闻传播学院播音与主持系主任　白嗣新

中华文化与智慧人生

熊铁基　马　敏　邱紫华

主持人： 非常高兴能够在金秋九月和大家相聚在桂子山，相聚在华中师范大学，与大家共同来探讨中华传统文化对我们人生的启迪和影响。中华民族有着上下五千年连绵不断的传统文化和历史。就是因为这样的历史和文化，使得我们的民族发展绵绵不息而且充满了生机活力。

为了进一步重新认识和阐释中华文化智慧，让港澳台代表人士能够认识到中华传统文化的独特价值、人文精神和思想内涵，提升文化自信，实现中华优秀传统文化的创造性转化创新性发展。华中师范大学、湖北省中华文化学院、武汉市中华文化学院联合举办"走进华师·中华文化与智慧人生"电视嘉宾中华文化论坛高端对话，让我们在校港澳台青年学生和中华文化学者有一个近距离交流和沟通的机会，让他们能够更好地认识到中华传统文化的魅力。

清华大学前校长梅贻琦老先生曾经说过，"所谓大学者，非谓有大楼之谓也，有大师之谓也"。对于一个大学而言，最重要的精神价值内核就在于这些大师。今天我们电视嘉宾高端对话请到了三位非常重要的大师，他们一直致力于研究中国传统文化和历史，让我们有请三位教授上台。首先请允许我介绍一下他们。

第一位非常重要的老师，就是我们华中师范大学的历史研究界的泰斗，更重要的是，他也是我们学校师生心目中一位特别可爱的学者，他就是著名历史学家、道家道教文化研究专家、华中师范大学历史文化学院教授、博士生导师熊铁基教授。第二位做学问也很厉害，口碑也非常好，他就是我们华中师范大学历史文化学院的首位院长博士生导师，曾任华中师范大学副校长、校长、党委书记，现任国家教材委员会专家委员、教育部社会科学委员会委员、中央马克思主义理论研究和建设工程教材编写组专家马敏教授。第三位是华中师范大学文学院教授、博士生导师、东方美学与文化研究所所长、中央电视台百家讲坛的主讲人邱紫华教授。我刚刚跟大家说到，今天之前我跟老师们都见了面，其实不仅仅是见面，我还尝试着去了解各位老师的研究领域，我虽然发现大家的研究领域差异很大，但是其中有一点是共通的，就是大家对于传统文化的兴趣、认知和理解是相通的。今天我们在座很多是刚刚进校的学生，我特别想知道，我们三位老师也在这么年轻的时候，对于传统文化的入门兴趣点是从哪开始的？是从什么时候开始的？

首先请熊教授跟我们分享一下，可以吗？

熊铁基：校学工部韩君华部长请我给在校的港澳台青年学生作一次传统文化辅导，我就答应了。前段时间，我向台湾东吴大学的两位年轻教授，了解了一下，我们台湾学生对中华传统文化是个什么样的了解，是个什么看法？他们就告诉我，台湾一直都使

用"国学"这个词，凡是与中国古代传统文化有关的，都称为国学。东吴大学中文系一年级要求修国学导读，就是教育刚入学的学生要学习了解中国古代传统文化相关的，即是国学，并将"国学"划分为经、史、子、集四部。台湾这10多年来，课程大面积减少了中华传统文化的内容，也就是台湾有些人要搞所谓的"去中国化"，取而代之的就是台湾现当代文化及文学，所以台湾青年学生多半对传统文化、对探讨自己的人生有什么意义和作用，会感到有一些陌生。然后我问他们大学课程，大学课程变化也很多，现在的课程开设传统文化的比较少，各个学校情况也不一样。现在民进党执政，也有意不传播中华传统文化。我就问了一下，我说那你们这个地方"去中国化"，大知识分子多不多，所谓大知识分子，就是教授以上，有点年纪的，他们说一半一半。2000年我第一次去台湾，刚好是陈水扁大选，陈水扁上台之后，开始"去中国化"，后来就"去"得越来越厉害。今年是2019年，19年了，大概就是与在座的青年学生出生成长的这个年代同步，"去中国化"就"去"了19年，你们所面临的传统，就是这19年的传统，就是这么一个状况。所以我说对你们讲一讲传统文化，也是很有意义的。但实际上我对传统文化又不太了解，又没有什么好的见解，我还不太懂。我个人认为，我们中国传统文化怎么讲？一般就是认为儒佛道，儒学、佛学、道学，我看在我身上都有影响。小时候我们读《三字经》，"人之初，性本善。性相近，习相远。苟不教，性乃迁。"这几句话，我曾经突然想到，它意义很大。人之初，性本善。性相近，习相远。人刚出生时，本性都是一样的，都是善良的。"性相近，习相远"，善良的本性彼此都很接近，后来因为学习和生活的环境不同，使人与人之间的差别越来越大。"苟不教，性乃迁"，如果不及早接受良好的教育，善良的本性会随着环境影响不断改变，也就是说如果不加强教育，这个善良本性就会发生变化。这就是我受儒学传统的影响，大概就类似这样。当然不是说就从这几句话学到的，我所生活的那个年代，我所经历过的，都是在这种思想指导下进行的。道教我也懂一点，特别近晚年，学习道家东西比较多，也不一定精，学习和钻研的内容也很少。佛教我更不懂，那应该请教邱老师，邱老师是这个领域的专家，这儒佛道的影响在我身上都有，一辈子都有影响。但是我今天想讲一个比较突出的问题，就是我们中华人民共和国即将迎来70华诞，中华人民共和国过去是4万万同胞，4亿到6亿人口左右，现在是14亿。在这种情况下，中国的这个传统中间，还有一个很重要的选择。我觉得我们中国有两个传统，一个是几千年的儒佛道传统，还有一个就是近代的马克思主义传统。毛泽东主席讲过，十月革命一声炮响，给中国送来了马克思主义，这是 20 世纪初的事。这个思想到我们中国共产党成立，到成立了中华人民共和国，到现在 70 华诞，这是将近 100 年的时间，而特别是新中国成立 70 年以来，就像毛泽东主席他老人家讲的，领导我们事业核心力量是中国共产党，指导我们思想的理论是马克思列宁主义，所以我认为我们现在有两个传统，这两个传统在我的身上体现得特别明显。解放以后，1952 年我就读于华中师范大学，学什么呢？学的马列主义理论，当时的马列主义里面，除了开设一些基本课之外，还有就是苏联的一些作品。列宁斯大林的著作之外，还包括一些苏联专家学者的，还包括一些小说，如《钢铁是怎样炼成的》《卓娅和舒拉的故事》等，这是苏联传来的影响，我们当时是作为马列主义这个传统来解释的。《钢铁是怎样炼成的》有一句很重要的名言："一个人的生命是很宝贵的，人的一生应该是这样度过：当他回忆往事的时候，他不会因为虚度年华而悔恨，也不会因为碌碌无为而羞愧。"这个思想我觉得影响了我一辈子，我这一辈子走过来，刚才邱老师问我多大年纪，我说 86 岁半，这个影响一直在我身上，这与我们传统的思想相似，我觉得我在年轻的时候就有，我最近正在写回忆录，我年轻的时候就想过出人头地，当然入了大学之后，思考个人英雄主义，到为共产主义奋斗终身，从出人头地到个人英雄主义，再到我们人生怎么度过，是虚度年华，还是碌碌无为的，变成为共产主义事业奋斗终身的思想，这个传统的形成有这么一个过程，我就觉得我们这个国家目前还有这么两个传统存在，在我身上就体现了这两个传统。

刚才《三字经》讲的，人的本性是一样的，就是"性相近"，"习相远"是因为后天的教育，导致人与人之间习性差别较大。"苟不教，性乃迁"，如果不教育，本来性善的东西就会改变、变坏。从我们历史的发展过程来讲，人都是向善的。如果不进行教育的话，善良的本性就会变坏，所以我觉得三字经应该重新理解一下，有大的文章可以做。对待现在的一些问题，就是如何学习？《三字经》也讲了一些话，什么教不严师之惰，子不教父之过，还有孟母三迁，等等，这些都是讲教育问题。我们现在来上大学就是来受教育，是吧？接受什么样的教育，你怎么样去学习，有一些不同的思想，或者甚至有一些不好的思想，已经染上了一些所谓不一定好的思想。那么我们就可以在这个教育过程中"苟不教、性乃迁"，教育之后就可以"性不迁"，或者变得更好，跟着这个相应好的方向转化。这就是我们来学习的重要性，所以台湾来的同学也好，香港、澳门来的同学也好，我们来学什么，我们来了之后，样样都会感觉到变化。

主持人：通过熊教授的导引，我们大家都在感受教育的过程。谈到《三字经》，我觉得大家可能多少会背一点，传统文化追本溯源，从小到大的认知体悟，我想对大家是很有启发意义的。下面请马书记和邱教授给我们分享一下。

马敏：我是1977年进入大学的，就是我们国家恢复高考后第一届大学生，那时我就在华师读书，当时叫华中师范学院。熊教授是我的老师，他教过我，所以在熊老师面前我始终是学生。刚才听熊老师一席话，我很受教育，因为我们第一个主题就是讲这个母语传统文化，就是说自己怎么样接触到传统文化，传统文化对自己的人生有些什么影响。刚才熊教授讲到，从开始，他从小就受这个启迪，我觉得很好。

对于我来说，我接触到传统文化的过程有点奇怪，怎么奇怪呢？实际上我在高二的时候，当时在成都，我是四川人，我在成都六中上学，那个时候我的文科很好。那个时候，大家知道，"文革"后期搞一场运动叫什么"评法批儒"，就是要高度地评价法家，批判儒家。在这个时候，他们为了找一个学生代表来搞这个"评法批儒"，结果找到我，就叫我看法家的历史、儒家的历史。在全校来讲法家，批判儒家。我一个高二学生，居然那个时候又看了很多东西。我记得当时写了一个很厚的讲稿，结果我就在全校讲了一下，又让我到成都的很多学校讲，讲出名了。但是，讲着讲着，我觉得不对。觉得为什么要批儒家呢？儒家讲得很好，是吧？儒家讲立身处世，讲我们中华传统文化怎么回事，儒家讲得很好。所以讲来讲去，我从一个所谓"批儒"这个目的出发，最后到了爱儒、服儒，衷心地佩服儒家，就是这个过程，使我们接触了传统文化，而且终身地爱上传统文化，特别是优秀的传统文化。所以，我是这样很独特接触起来的。

　　传统文化对自己有什么影响呢？我觉得有两点，第一点叫做明智，智慧的"智"。习近平总书记讲，历史是一面镜子，鉴古知今，学史明智。所谓明智，就是说通过历史文化的学习，我们可以了解到很多几千年来历史上发生的事情，我们可以从中学到很多历史的智慧，人生的智慧，怎么做人，怎么治国，怎么理政？兴亡衰替有什么经验教训等。所以，通过这个学习，的确可以知道我们中华民族从哪里来，我们现在在哪里，我们要往哪里去，中华民族的伟大复兴是什么？我们可以把它搞清楚，也就是习近平总书记所讲过的，传统文化是我们民族的根和魂。只有通过传统文化的学习，才能找到我们的"根"，具有自己的"魂"，这个太重要了。再就是，我觉得学习历史使我学会一种思维，叫什么思维呢？就是一种纵向的历史思维。它教给我们思想的厚度、深度，我们看问题能够纵向地来看，不光是横向，不光是比较浅地来看，而是有一个几千年历史的深度来看问题。

第二个作用，我叫做励志，志气的志。就是说，通过传统文化的学习，往往可以使你在人生中间充满了一些动力，使你在最困难的时候，有一些文化上的支撑。现在的高中历史教材马上就要使用了，至9月份，已经在六个省市使用了。在这个中间，我就强调，我们编这个教材，最重要的是要教会学生历史意识，通过这个教材的学习，要爱这个国家，爱这个民族。我觉得这个就是传统文化对我们的作用，就是励志。关于这个，我体会最深刻的就是我在当知青的几年。1974年到1976年底，大概两年半的时间，我曾经在我们国家的一个最艰苦的地方，叫四川凉山彝族地区，我在这儿插队两年半。这个地方是非常艰苦的，我们那个时候的老百姓，说实话，在大雪天，连鞋都没穿的。现在已经很大地改善了。在这样很艰苦的条件下，你怎么样度过你的人生？所以，那个时候我就觉得像我们《周易》讲的："天行健，君子以自强不息。"我觉得对我影响很好，要自强不息。再艰苦的时候，也一定可以搞下去，要自强不息，要有自己人生的奋斗目标。也有一句来自《诗经》："艰难困苦，玉汝于成。"或者来自《孟子》讲的"生于忧患，死于安乐"，"天将降大任于斯人也，必先苦其心志，劳其筋骨，饿其体肤，空乏其身，行拂乱其所为"。像这样的东西，人总得要经过很多艰苦的奋斗和磨炼，才能够成功。你看今天有很多例子，像习近平总书记、李克强同志，他们不是当过知青吗？习近平总书记在梁家河的这种磨炼，对他一生的成长太重要了。老实讲，我们也是这样，那个时候很苦的。遇到粮食灾荒，就是青黄不接的时候，有时候一两天吃不上饭，只能靠吃糠咽菜度日。一次在抗洪时，我们几个知青和解放军一起冲在前面去堵缺口，结果被洪水一下子冲下去了。当时水很急，差点把命丢了，解放军战士冲过来把我救起，算活了过来。在这些时候，我就经常在日记里面写一点古人的警句名言激励自己，所以，我觉得优秀传统文化可以励志。

再一个，我所熟知的传统文化中，我自己非常喜欢的，就是诸葛亮《诫子书》里的一句话，叫做"淡泊明志，宁静致远"。我请人把这个写了一个条幅，挂在我书房墙上，我的书房就命名为淡泊斋。我觉得这些优秀传统文化可以激励人的一生。我经常喜欢讲一句话："在人生的每一个阶段做最好的自己。"当知青就"扎根基层"，当工人就拧紧螺丝钉，当学生就读好书，当老师就教好书，当校长就做一个负责任的校长。那么，怎么做最好的自己呢？这中间是要有动力的。这个动力，我觉得很多来自传统文化对自己的一种激励。所以，这便是我自己与传统文化或者是传统文化对我的影响。我就讲到这儿，谢谢大家！

主持人：谢谢马书记，刚刚两位老师作了分享，也请邱教授作分享。

邱紫华：熊教授是我的前辈，他是我学术上发展前进的一个标杆，一生致力于学问。我们马校长，他的人品人格，让我一直很敬仰。他在很多工作上处于困难的时候，我总是坚信他能做得非常好，坚信他的人格力量，坚强而且非常伟大。我今天讲的传统，我和传统文化的渊源也有点奇怪。我读初中的时候，我们有一个语文老师（今后，我们在座的青年学子们，你们当老师一定要给学生注意教育方法，好老师影响一生），这个老师喜欢文学，他就跟我讲，"熟读唐诗三百首，不会作诗也会吟"。那时我想当作家，所以我就死命地去背唐诗。很多东西，因为初中那几本教材只有那几本，我自己业余地就背唐诗，结果三百首很快就背完了。

后来初中毕业的时候，同学们要离校了，大家相互送一些小礼物作留念。我该怎么办呢？我就把唐诗抄下来，送给他们。就是这个无意当中，对我们中国的文学，这种拟人的世界、美的音律、美的意境产生了深深的热爱，爱了一辈子，后来就走上了文学这条路，这是我和传统文化的第一次接触，第一次接触影响了我一生。我到了华中师范大学，从副教授、教授到博导，我上课的时候再背唐诗或者再背古人的诗词，信手拈来。

我没有时间再去找书去背了，这样基本上就是用了一辈子，锻炼我的记忆力，锻炼我的情感。所以这是第一次接触，后来又发现西方的俄罗斯文学、法国文学、德国文学、英国文学非常有魅力，又扑进去扎到西方文学。所以从那个时候起，我就开始热爱西方文学，所以西方文学作品我几乎读光了，这无意当中也是我后来当大学老师在中文系讲课，研究悲剧喜剧、分析文学作品信手拈来。那时要发展、怎么发展呢？我在读研究生的时候，我就注意了一个现象，在美学原理或者世界艺术史上，几乎没有我们中国的地位。

西方美学史没有一个人谈到中国，而且我们中国的审美，我们的艺术比西方还要早，所以我就感觉这个现象很奇怪。后来我就发现了整个中国、印度，包括埃及、波斯，东方是失语的，我就感觉作为学术来讲，这个是突破空白的地方，要突破。没人做了的地方，你要去做，所以我就决定转向东方。决定转向东方以后就发现了走到一个荒凉的境地。因为我们国内没人搞东方,没人搞埃及研究,搞波斯研究,搞印度研究。我的整个研究学术功底是来自于什么呢?来自希腊罗马,西方美学、西方艺术。在这个过程中我就发现了我们所学的西方的美学,西方的艺术理论解释不了中国的、印度的艺术现象,他们主要是谈一谈,不能令人信服。比如说我们中国文学当中有个审美心理,叫"通感"。什么叫"通感"呢?就是我们中国人善于将不同的感受转化为另外一种来表达。比如说唐诗《客思》中"促织声尖尖似针",蟋蟀叫着声音睡不着,像针扎在你心里边一样,他用这个来比喻。宋代词人宋祁《玉楼春·春景》"红杏枝头春意闹",春天的花儿开放是没有声音的,但是他用"春意闹",用这个闹字,好像一群小生命在熙熙攘攘地竞相开放,觉得哄闹起来,像这种通感的表达方法,德国哲学家康德把它叫"通感"。我们中国的学者钱钟书先生,专门写了通感这种心理现象。

这是中国美学一个重要的现象,西方人没谈,所以就有很多东西都隔膜了。为了研究中国、研究东方,很多东西我就要转向传统文化,这是一个方面。后来在传统文化学习当中,比如说我要研究的东方美学、东方艺术,我必须要研究这方面的国家,如印度、埃及,研究印度我发现一个问题,古印度有婆罗门教,古印度佛教是反对它的,是另外分出来的,他与古印度佛教都有基本哲学和思想理念,但是古印度佛教传到中国来,就成了中国佛教。中国佛教对我们中国传统文化有重大的冲击和填补,充实了我们古代传统文化。大家想一想,如果把莫高窟,把洛阳龙门石窟、山西的云冈石窟、重庆的大足石刻,如果把这些佛教艺术石窟、雕塑壁画以及很多佛教经典抽去了以后,我们中国古代传统文化还剩多少？还有多少？

所以这点就引起我注意，我就必须要研究印度佛教、研究中国佛教。中国佛教与印度佛教有什么不同？中国佛教为什么叫佛教的中国化，表征是什么？标志是什么？就发现是中国佛教——禅宗，禅宗影响了日本。今天的日本，我个人来讲，他现在是20世纪大发展，但是20世纪以前，日本文化是中国文化的亚文化，影子文化，你可以说日本文化当中你要去找中国的元素，或者中国的影响，可以说无一字无处、无一字无来历。所以，你搞懂禅宗，你才理解日本文化，这下就串起来了，我就进入了传统文化。后来再发现，这么大年纪了，混了这么多年了，我居然对自己祖先所写下的那些经典，基本是个盲人，或者只是一般地寻章摘句，作为点缀式的。所以近几年我就花很大工夫读儒家的十三经，读周易，花了一年多读周易，做笔记，看了多种版本进行思索比较。所以我正在写多卷本东方美学史的中国卷，这个就花了很大功夫。对传统文化的学习，对我有什么好处呢？我不敢说学贯中西，我是学习中西。但是我就发现中国的传统文化有一种不可抹去、抹去不了的魅力，就是我这刚才给大家汇报这几年回到了东方文化的研究，回到对中国古典哲学宗教进行系统的学习。可能我们国内有很多大家，世界有很多，包括美籍华人当中很多传统文化、国学方面非常优秀的大家，我都向他们学习。但是如果要问是传统文化，尤其是我们当中感觉最迷人的或者最感觉实用的，是什么思想呢？我个人认为值得向我们年轻朋友谈一谈，应当是学习儒家。刚才熊老师谈到了儒释道，实际上是儒家、佛教、道家，最主要是这三个体系，还有墨家、法家等诸子百家。不难发现，最能支撑我们民族的精神脊梁的，是这三大文化，但作为我们整个中华民族的民族精神能挺住我们脊梁的，我个人认为是儒家。

为什么我对儒家情有独钟？我个人认为儒家最重要的，作为一个中国人，或者作为一个华人，作为一个世界公民，要学习东方、学习中国的思想，还是要首先学习儒家，为什么呢？这个很简单，我带的博士生当中，很多博士都三四十岁，成了家。我是劝大家先不要学佛、禅，因为它毕竟是一种避世哲学；道家，我的理解也很多是避世，它究竟讲什么呢？自己心里边的宁静，道德的自我修养，站在哲学的层面看待人生世界。

儒家是非常经世的，它是入世的，是对社会现实的一种文化思潮。所以儒家最引起我注意的是，这里可以给年轻朋友们推荐两个问题：第一，儒家的"家国"意识；第二，儒家的人格塑造。什么叫"家国"意识呢？没有"小家"，就没有"大家"，"小家"就是我们自己的家，"大家"就是老百姓或者说是整个国家。所以儒家强调，首先要把家庭搞好，就是要把你的家庭关系弄得和睦幸福，这就有儒家的"齐家、治国、平天下"之说，一个人没有这种把家弄得整整齐齐、和和美美、顺顺当当的才能，也就不用谈治国了。按照儒家的理解，把家庭关系搞得很紧张，支离破碎，或者说搞得剑拔弩张的人，也就没有资格治理国家，更无法使黎民百姓丰衣足食、安居乐业、天下太平，这就是儒家的"家国"意识。所以家是基本单位，一定要把家搞好。那么家就是什么呢？把家庭关系、家庭秩序搞好，儒家就提出了什么呢？就是"孝、悌"两个观点。孝，我们有些人理解是怎样的呢，就是我们子女对长辈的一个尊重。不是这样的，其实，"孝"与"慈"是相对应的，也是互动的，就是父母要慈爱，子女要孝敬，它是双独、双向的。现在,我们有些人解释为单向的,就容易被歪曲为服从,子女对父母的服从,父母对爷爷奶奶的服从,对祖先的家族家长的服从,这种理解是片面的。这是双向互动的,一个是"慈",一个是"孝"。父母对我好,我们要尊重父母,彼此都有责任。父母要养育我们,我们要赡养父母,就这么简单。我们对家族的祖先长辈叫恭敬顺从,所谓"恭敬不如从命",所以"百善孝为先",不能把这个颠倒。"悌"就是兄弟之间的关系,也就是哥哥要怜爱弟弟,弟弟要尊重哥哥,要信服哥哥,它是双向的。如果把这个"孝、悌"专门理解为是一种上对下的命令,这就容易导致儒家成为专制统治者的工具,这一点要搞清楚。所以我们讲家国意识,你有家,就要爱这个家,才能爱"大家","大家"就是黎民百姓、整个国家,也就是爱国家。

儒家哲学里面最核心的观点是什么呢?仁,仁爱。所以儒家宣扬仁爱,就要仁慈,要有怜悯之心。恻隐之心,人皆有之,这是孟子讲的。什么叫恻隐之心呢?可怜人家,同情人家,那如果"仁"和"礼"("礼"也就是礼节礼仪、典章制度)发生矛盾的时候,儒家的观点是什么呢?首先是要"仁","仁"是第一位的。所以这就是我们讲的,柳下惠坐怀不乱的故事,《荀子·大略》里有记载。在一个大风雪天,柳下惠穿那件棉大衣,看见瑟瑟发抖冻得快死的一个瘦弱的妇女。柳下惠让她坐在自己怀里,用体温给妇女取暖,使妇女得救。最后遇到什么呢?男女授受不亲,我们这样把一个女人搂着算个什么样?但是古人他是讲仁是第一,救人是第一,柳下惠就把妇女抱着怀里面用大衣裹起来,就坐了一晚上。后来天亮了,城门开了,妇女得救了,非常感谢他,说你救了不光是我一个人,还救了我的母亲。因为她母亲眼睛瞎了,需要她赡养。所以，儒家这个故事说明什么呢？儒家讲仁，讲恻隐之心。我们看见人家一个小孩在井边玩耍，很有可能随时掉下去的话，你就根本就不会考虑他是否是一个姓张、姓李、姓王的孩子，你就会马上去伸手把他拽出来，来救他。这叫什么呢？恻隐之心，人皆有之。所以孟子讲，"老吾老，以及人之老；幼吾幼，以及人之幼"，是什么意思呢？我的老人就是您的老人，也是天下人的老人，是吧！我的儿子是我的儿子，又是你们的儿子，是天下人的儿子。那么你们的孩子，你们的老人，也就是我的。儒家提倡是什么呢？博爱。孙中山也提倡博爱精神，天下为公。儒家精神的仁义博爱，以仁为中心，辐射出去。在一个家庭里面互相关心，互相爱，互相体贴，是吧？父母对子女，子女对父母，这个家庭和谐，就能齐家了嘛！能齐家的人，才能治理好一个国家、一个团体的。治理好一个团体、一个国家，当时国家很小，就是"诸侯国"或"邦国"，你就能平天下，平天下不是征服天下，是什么呢？让天下人信服，心服口服地接受你这一套治理理念，让老百姓丰衣足食、安居乐业、天下太平。这就是儒家为什么讲"家国"意识的原因，后来，"家国"意识形成我们后人的一种责任。我必须爱我这个家，必须保护我这个家，必须把我的这个家弄得很幸福。这是在告诫一个家长、一个男人、一个女人应当担当，这就是家庭意识，从家推及开，就是百姓，所有的百姓大众，在这个百姓大众上面才有国家君主。所以儒家的仁是立足于百姓，民本主义的，老百姓是根，我们现在叫群众，人民群众就是天下的老百姓，这里就是儒家的仁义的根本。如果有一个领导或者是一个君主，你对老百姓的生活漠不关心，很淡漠，这个君主就不是好君主，所以由此就形成我们中国一个什么呢?"家国"意识。从古到今儒家宣扬这方面的人很多,就是爱国的、爱家的。主要是从家谈到国,而且有一种责任。像南宋爱国诗人陆游老了以后,退休后写了一首诗叫《春日杂兴》,我就感觉我们很多退休老年人可以参考下。他说"身为野老已无责",一个退休的、下野的、没有当官的老人已经没有什么责任了,是吧?家里面已经交给孩子了,社会上我也不当官了,也不当领导。所以,"身为野老已无责,路有流民终动心"。我在路上看见没饭吃的流民、流浪者、逃荒的人,我心里面总是哀痛,都想怎么帮助他们。这就是什么呢?从小家到大家,从个人到百姓家国意识。那么当我们国家或者我们面临灾难的时候怎么办呢?必须要有这个家,就要保卫这个家,保卫这个国,这就是这么来的。所以儒家宣扬的是什么呢?天下不是一人一家的天下,只有道德高尚的人,才能够领导这个天下。孔夫子说,"三军可夺帅也,匹夫不可夺志也"。《礼记·儒行》里边,儒家的学者要有什么行为?信念呢?"苟利国家,不求富贵。"陆游的诗《病起书怀》有一句"位卑未敢忘忧国"。我们是草根、老百姓、穷人,但是爱国爱家是我们的责任。我们必须关心国家的事,家庭的事。所以最近香港发生一系列事儿(2019年香港修例风波,反中乱港势力借反修例之名诱导青少年暴乱事件),我当时正住在鄂西山区里面沉浸式创作《禅宗精神与后现代精神的"家族相似"》这本专著。目前,已纳入华中师范大学出版基金丛书学术著作系列,华中师范大学出版社即将出版。现在,就有人说你关心那个事干什么,你手上有钱过日子就行了,与你有什么相关,这就是我身上抹不去的儒家"家国"意识。所以学习儒家,不论我们中国人,乃至其他国家的人,可以将其作为一种世界思想遗产,都可以扩散的，爱自己的家庭，爱自己的老百姓，爱自己的人民，爱自己的国家，上升到爱国意识。这是儒家一个很核心的思想，它的基础就是仁爱。

另外一个就是我们讲的责任感。儒家宣扬这个思想是为什么呢？追求塑造的是什么呢？理想人格。什么叫理想人格呢？就是四个字，"内圣外王"。就是我们的内在精神世界要像圣人一样的崇高纯净高远，但是我外在的行为与能力办事，或自己的才能，就要像什么呢？像国君，像王侯一样，强有力能干。"内圣外王"本来是庄子的话，但是儒家把他引过来，就是儒家希望他的儒学，学儒的人，学儒的信仰，要当"内圣"，"内圣"是什么呢？大概就这几个思想，第一，要有高远的人生理想。我有时候到外面给一些高校的学生讲课，我特别感慨，为什么呢？我特别强调这一点，所以对港澳台的同学们也一块分享，就什么呢？年轻要立志。刚才我们的马教授、熊教授，他们都是年轻就立志的，包括我也立志，要有志向。港澳台那最近我没去，不敢说那边学生的情况。我们大陆的一些年轻人，我现在了解一些什么呢？比较自私自利，正如北京大学中文系钱理群教授说的那样，他们是精致的利己主义者。就是眼睛都看着自个，他们是独生子女，社会家庭要为他们服务，处处为自己的利益考虑，没有什么志向。现在一些沉迷玩手机的、网游的青年人，尽是狂欢，看不出对一个家国的忧患，看不出对自己人格的塑造。以前我们流行一句话，"不想当元帅的士兵不是好士兵"。一个民族如果是这么一个想法就是非常麻烦的。所以儒家精神就是什么呢？就是有要立志，在中国，最大的志是什么呢？就是《左传·襄公二十四年》里面有一段话，谈的就是什么呢？"太上有立德，其次有立功，其次有立言，虽久不废，此之谓三不朽。"就是在时间长河中永远不会褪色，永远不会消失，这叫不朽。什么叫立德呢？就是从中国历史上看，从古到今给社会、各家庭、对群体树立道德标杆的人，制定非常好政策的人。就美国来讲，比如说美国首位总统乔治·华盛顿，他们当时的《独立宣言》，以及1789年的法国资产阶级革命，他们倡导的现代国家体制，这都是立德。还有树立道德标杆，树立中华民族一个基本的道德结构，所以立德就是树立道德风范，我们中国古代周公，乃至以后孔子、孟子都是这类杰出的人才。一直到明代的王阳明等，他们都是道德标杆。所以我们中国直到20世纪之后，包括很多学者、很多政治家都是有道德风范的，这叫立德不朽。什么叫立功不朽呢？为国家、为民族做了巨大的贡献，拯救了这个国家，拯救了这个民族，保护了很多百姓和家庭的人，永垂不朽，是吧？所以你看秦皇汉武、唐宗宋祖，他们就是为国家立功，为我们华夏民族、为中华民族立功的人。伟大的抗日战争，以毛泽东同志为主要代表的中国共产党人，以及那些抗战的国民政府的将士们，他们就是立功不朽，十四年抗战死掉那么多人，使我们中华民族没有亡国灭种，这就是立功不朽，我们要永远记住他们。还有一个是立言不朽，就是著书立说，宣扬你的思想。孔子、孟子、司马迁、班固这些人，是永垂不朽的。你学历史绕不过他，这是思想家。所以无论他的作品、无论他的著作藏之于名山或者束之于高阁，后人总要学习、运用他们。所以儒家宣扬的一个人就要有这种抱负，就是要立德、立功、立言不朽，现在很多人光是讲消费、讲欢乐，将个人这样的一种情绪宣泄，这是不正确的，这是不符合我们中华民族老祖宗的期望的，所以这个要有远大的志向。外王是什么呢？

外王就是你要有能力。现在我们社会当中，很多人身居高位，但是无能，各个国家都有，不光是中国。身居高位没有才能，没有治理国家的本事，没有治理一个学校，治理一个城市的本事，他会把这个搞得很乱很糟，所以这种人也不是儒家欣赏的。所以"内圣外王"是要有能力，不光是你的文凭，不光是你的学历，要有实际办事能力和才华，才能齐家治国平天下。所以儒家，最迷人的、最值得同学们学习的、了解的、给我们人生、人格塑造有启发的，或许就是这两方面。

我记得我去过台北圆山的忠烈祠，我就看见民主革命时期的那些推翻清王朝的，我们国家的英雄，如黄花岗起义牺牲的72烈士，我就一一给他们鞠躬。为什么呢？他们是以风范高尚，就是天生风范，山高水长，我们永远不会忘记他们。你再看看女革命家秋瑾，秋瑾是辛亥女杰，巾帼英雄，32岁就被砍头了，她好好一家，丈夫王廷钧任京官，兵部侍郎，为清朝武官正二品，生了一儿一女。她北京的家不要，她要出去求解放，解放自己，解放中国妇女。当时她的老师，是日本人，京师师范大学的。她的同学、父亲就跟她讲，你这个个性不适应到日本，日本的女人都很顺从驯服的，你这个个性敢于离婚，敢于女儿儿子都不要的，和家庭决裂的，你这个性格只能到美国去。结果她当时就到日本去，参加黄兴组织的留日学生革命活动，后来在日本也见到孙中山，回来就在绍兴被清军抓了砍头。在她创作的七言律诗《感时》中说，"雄心壮志销难尽，惹得旁人笑热魔"，像着了魔似的，要去干革命工作。这就是我们讲的儒家精神所在，守死善道，舍生取义。所以这个方面我们英雄人物太多了，我们港澳台地区、我们大陆学生都要好好学习。

我认为我们现在的学传统文化不是一种形式，不是穿着儒学的服装，就是儒者，或者说儒家思想入骨髓了，不是这样的。我刚读研究生的时候，以为自己就是个什么人物，不得了。后来拿到一份台湾1979年高考的语文卷子，人家给我做，看你是学文学的，你很有才华，你能做多少分？我自己做完算了一下，大概五十二三分，我很多答不下来。因为台湾这个国学功底贯通得非常扎实。比如说同样一句话是孟子讲的、荀子讲的、韩非讲的，他一下全部出现。你要读原著，我们现在的年轻人不愿读原著，要读原著。我们现在学传统文化，刚才给大家介绍了儒家文化。大家一生再忙，不管你从事什么，可以读两三本书，是吧？《论语》《孟子》《大学》《中庸》都可以，当然读其他的，也可以，我就谈谈这些。

主持人：刚刚邱教授跟我们谈到了很多，我觉得折射到了当代社会，就是这种传统文化在我们现当代社会中，我们怎么去学习它、运用它，怎么去用优秀传统文化中的经典养分去校正我们的思想行为和价值观。

我们马书记就是研究现代史的，应该对这个有很多自己的想法，跟我们来分享一下。

马敏：就刚才邱教授讲的我补充两点，也是自己的看法。然后，再来谈谈刚才你说的一个问题，最后再请熊教授帮我们总结。

刚才邱教授谈这个就是关于人格塑造，就是传统文化，有一个作用，谈得非常好的一点，就是我们要注重儒家思想，长期以来，儒家思想可以说对我们中国人整个思想人格影响很大。直到今天，其实我们有好多人生信条，很多东西，其实就是儒家的东西。那么在这个中间,邱教授刚才谈到三不朽,儒家追求的理想人格——"内圣外王",我很赞同。另外,这个三不朽,为什么讲"太上有立德,其次有立功,其次有立言"?他讲这个顺序是有道理的。我觉得它说我们做人,首先是要解决德的问题。我们讲"以德树人","以德树人"就是你首先要明确你做什么人,怎么样做人,做一个好人,是吧?

这个问题我们常常讲,就是说人品和学品应当是一致的,你人品高尚,学问才能真正做得好。所以,对我们个人来讲,首先要解决的是立德。立了德之后,才能认真去做事立功,当官,那你就得好好给老百姓服务办事。如果当学者,就得好好写书,好好教书,这些我觉得都是立功。当然,从大的方面讲,就是治国平天下,这是最大的功。把你自己的事情做好,叫不叫立功呢?当然也是的。还有一个层次就是立言,这个也很重要。一个人一辈子总要给后世留下一点什么东西?这就是所谓立言。在这个方面,我觉得对我们做老师的特别重要。所以,现在对于我自己来讲,我首先追求的是立德,当一个好人;其次,立功,当时出来为学校服务,为大家做点事儿;现在退下来了,应该着重于立言,即要教好书,做好自己的学问。

我做了4年副校长,14年的校长、书记,一共18年,但是值得,这是立功。现在我退下来了,我要干一个什么事儿呢?我要好好地写书,把自己的学术做出来。我觉得,对我个人来讲,是三部曲,那也不一定做到了,但是要朝这个目标奋斗。我觉得这是我的一些想法。第二点补充,刚才邱教授讲到,我们要注重儒家,我觉得这个很对。但是我觉得中国传统文化中间,儒释道三家都有可取之处,都有各自的特色,当然儒家是最重要的,这个我可以这样对我们中国人来讲。但是有的人讲,我们应该"以儒治世,以道治身,以佛治心"。治世、治身、治心,三方面要结合,因为所谓"以儒治世",经世治国、经世济民,它有这样的追求,要有一番作为。但是道家呢?它追求隐退山林,修炼自己的身心,我觉得也值得推崇。另外,佛家是什么呢?主张要远离红尘,脱离苦海,立地成佛,追求来生。如果说道家是看得开,那佛家就是放得下。好多事情都说放下了就放下了,不再去操那份心了。邱教授是禅宗大家,比我更懂,什么事情且把它放下,舍去,超凡脱俗,静心礼佛,心领神会,从而进入佛的大千世界、极乐净土。所以,我觉得整个中国文化,它追求的就是一种拿得起、看得开、放得下的人生态度,三个方面兼顾,那就很全面了,这是我的一点补充。

另外,我觉得谈到传统文化与当代价值的追求,这一点我是深有体会。现在我们可以说是科技、物质都是稳定了、大发展了,发展也越来越快。当然在这个中间的的确确出现了人文精神失落的一面。我们人文精神的发展、文化的发展赶不上物质的发展。所以,现在造成了什么呢?我们面临一系列的危机,我们要有这种危机意识。生态危机、社会危机,包括道德的危机、精神的危机、价值的危机都有。这个怎么样去破解,怎么样做到合起来?我觉得这个是大有文章可做的。首先我们要看一看,到底这些危机,包括香港前不久的"修例风波",我觉得它也包含有这些危机,个人与社会怎么去协调,这个发展中间怎么样处理,很多问题,这些问题怎么来的?我自己有一个观点,我们中国现在处在一个大的转型时期,就如习近平总书记讲的,就是面临世界百年未有之大变局。这个变局,它的实质内容是什么呢?我个人觉得就是一种转型。什么转型呢？我们说早一点，近代，如果再说前一点，实际上是从明清以来，中国就开始从一个传统的农业，向一个工业社会、现代社会转型，这个过程是剧烈的、同时又很艰苦。梁启超曾经提出一个很著名的论断，叫做过渡形态论。什么叫过渡形态呢？他说中国的今天，就像一条船，我们要从传统农业社会的此岸，行至现代工业社会的彼岸，但我们并没有到达，处于两头都不到岸的中流，不上不下，忽上忽下，所以有很多的矛盾，十分难受，这就是所谓的过渡时代。近代中国人包括他自己都是过渡时代的过渡人物，有的很纠结和痛苦。我们到今天结束过渡时代没有呢？我觉得还没有完全结束，因为中国的现代化并没有完全实现，还在此过程的中间。正因为如此，我们可以从传统文化中汲取很多智慧，结合时代的新发展、新要求，努力去实现中国的现代化。

前几年我写过一篇文章，同时做过一个讲座，叫《回归宁静：重读梭罗〈瓦尔登湖〉》。我在文章和讲座中提到，在社会急剧转型时期，我们要摆脱世俗的许多烦恼，冲破功利主义的束缚，就必须像梭罗当年主张的那样，要回归宁静——内心的宁静。如何才能回归宁静呢？必须做到四个回归：

一是要回归自然。过去我们讲人定胜天，与天斗、与地斗，斗得不亦乐乎，这个不对！我们中国的传统文化是要顺其自然，天人合一。今天我们认识到这个了，所以，要提倡绿色发展，习近平总书记讲"绿水青山就是金山银山"。绿色发展，我们首先要回归到自然，要与自然相统一，要顺其自然地进行发展。我们自己今天在这样一片喧嚣中间，在这样一片五色迷茫、五音迷耳的情况下，我们该怎么做呢？我觉得要真正地回到自然，就是要以自然的方式与自然去交流。我们很多人很久都听不到鸟叫了，闻不到花香，成天应酬，忙忙碌碌一生，这个不太妥。我觉得我们还是要重新听得到鸟语，闻得到花香，看得见流水，这样重拾一份好的心情，这个太重要了。今天邱教授和熊教授，我们到这个领域，我比你们两位年纪要小一点，我觉得这个时候重新到大自然间去走一走，真有这种感觉，好好地交流、对话。如李白有一首诗《独坐敬亭山》，诗云："众鸟高飞尽，孤云独去闲。相看两不厌，只有敬亭山。"我很欣赏这首诗。这就是邱教授说的禅境、禅心，只有在这种状态下才可以做到"一花一世界""一石一禅心"，从而实现心灵回归。

二是要回归简约。大音希声，大道至简。很大程度上，回归简约就是回归到最简单、最朴素的生活。我们中国有一句话，"满招损，谦受益。"很多事情不能太满。只有谦虚，怀着一颗谦卑的心，才会真正受到益处。曾经有一个故事，有一个企业家或老板，他去寺院里面问一个高僧说，"我最近烦恼得不得了，什么企业借贷，钱也不够了，好多人要辞职了，一天到晚忙呀，做不过来，心中烦了，怎么办？"高僧也不答话，就说，"客官你先喝杯茶。"拿个茶杯，给他倒茶，一直倒，茶就开始满了，快要漫出来了，不能再倒了。高僧笑而不答，继续再倒一点，茶就流出来了。这个时候高僧讲，"你之所以烦，因为你的人生就像这只茶杯，装得太多了，岂有不漫之理，岂有不烦之理！"怎么办？很简单，做减法。你少往里面倒一点水，不要倒那么多，不要太满，你的人生就会圆满，就这个道理。所以，我觉得有时候要真正回归到一种简朴的生活，叫做知足常乐。有一句话，文明的极致就是返璞归真。简约的方式就是我们要尽可能地减少那种物欲，对物质的占有、追求，成天劳心劳力去追这些东西，剩下什么东西呢？给自己的精神多留点空间，让精神更富足。就如德国诗人荷尔德林所言，人诗意地栖居在大地上。海德格尔也讲过，叫做诗意地栖居。就是说，我们要以简约的生活方式，满怀理想，满怀诗意，生活在更高层次的精神生活中，这个很重要。如果把这一点想通，你回归到一种简约，像梭罗带着斧头住在湖边，自己建房子，自己打猎，自己供养自己，他觉得很满足。他在这儿参透人生，想到了很多东西，我们不妨试一试回归到简约。

三是要回归本分。我们今天都是做很多事，不是自己本来该做的，忙忙碌碌不知道为什么。真正回归到本身，就是人各有职、人各有志，做好本职工作，踏踏实实、一步一个脚印地去把你自己的事做好，这样我们社会就真正能够安宁，人心也能够宁静。我们的教育现在也很浮躁，老师天天忙课题，学生忙什么呢？考试呀，要找工作，刚刚进学校就要找工作了，也是一天不安宁。所以，我们怎么能够静下心来？好好地读点书，老师来好好地教书，这就叫做回归到本分。我的老师章开沅先生，他讲过，他说大学要实现两个回归，一个就是要回归到大学的主体，另一个要回归到大学的本分。大学的主体是什么呢？大学要按照大学教育的规律来办，而不是今天一个课题，明天一个什么任务。成天忙忙碌碌过后，什么都不知道，到头来交不出账。所以，我们要按教育规律办事。再就是要回到教育的本性。教育的本性是什么呢？是树人，是育人，是读书，要把人培养好，这才是我们最根本的任务。所以，我们必须扎扎实实、老老实实地回归到我们的本分，中国大学才能够真正跻身于世界一流。另外，我们老讲工匠精神，工匠精神是什么呢？就是把一件事情、一件工作做到极致，全心全意地投入，穷年累月地追求，最后把它做到极致。所以，我们讲这个回归，我觉得就回归到这里。本分，那就是叫做十年磨一剑。我们在座的包括熊教授、邱教授，我们写一本书，真正在学术上站得住脚的书，我想一定是要花费十多年的工夫，有时还不止，甚至三十年。我现在主编一本关于中国近现代博览会历史的书，写了快三十年，目前大家还在写，共三卷本。这些东西都是要花费很多力气的。

　　四是要回归本源。什么是本源？本源就是中华文化，特别是优秀的传统文化，这是我们的大本大源。朱熹讲，"问渠哪得清如许，为有源头活水来。"这个源头在哪里呢？就在我们自己的文化传统之中，要从这里面去寻觅根与源。我们只有回到中华文化五千多年连绵不断的历史中间去，才能够寻求到我们民族长远的、生生不息的命脉所在。如果寻求到中国文化的根与源，并主动融入进去，建立起充分的文化自信，就能够真正对你的人生、对你的事业充满信心。所以，只有从中国传统文化中不断汲取宝贵的文化养分，我们才能够获得一种好的心情，像陶渊明一样，"采菊东篱下，悠然见南山"，还有"结庐在人境，而无车马喧"。这是一种超脱的心境，只有回到我们文化的本源中间去才能够获得。最近我研究在印度的一个英国传教士马士曼，他把《论语》翻译成了英文，19世纪，尽管只有一半，但是，对梭罗、爱默生的启迪都很大，他们的很多思想都是汲取中国的智慧、东方的智慧。作为一个中国人，我们还不能回到自己的本源中去吗？所以，我觉得我们真正要发扬传统文化，在当今变动不居的世界中，能够站得高，行得远，必须要四个回归：回归自然、回归简约、回归本分、回归本源。

主持人： 谢谢马教授，"四个回归"听起来简单，但是想要真正做到，应该是一个渐进、需要付诸行动实践的过程，要对自己有很严格的要求。愿我们在座的各位可以尝试学习。谢谢马教授的精彩分享。

熊教授，您还有什么愿意跟我们分享的吗？今天见到的这些港澳台籍大学生，他们马上就要开始一段新的大学生活，您能不能跟大家说几句？

熊铁基： 这个题目区别很大，这两位老师都做了认真的准备，做了精彩的回答。邱教授是以儒家思想为主，讲了传统文化必须汲取优秀的东西与精彩的东西。马教授总结了四个回归，这都是从传统文化中引申出来的。中国传统文化博大精深，有精华的部分，也有糟粕的部分，最难的是做好区别，所以很难讲出一个很完善的东西来指导你们今后怎么做？邱教授着重从儒家的角度，实际上这是中国传统文化的一个分支，儒家确实起到主要作用。我们说中国传统文化主要由儒释道三部分组成，道家思想对人生有什么影响？道家的作用体现在哪里？就是道家的人生智慧。

现在大家泰斗不要随便用？真正的大家和泰斗非常之少。传统文化值得学习的东西多得很。还有邱教授有研究的佛教禅宗，中国化的佛教，就是中国人创造的。他也就是吸收和改造了中国传统文化，主要是道家，变成了禅宗。从学术上讲，这个问题研究得多。我们一方面要深入研究传统文化，另一方面又要用传统文化指导我们的人生。怎么指导呢？这要靠大家自己去努力。大家来到这里，面临一个新的环境，样样都会新鲜，过几天，还要上武当山，感受道教文化。我们每到一个地方，我们每做一件事情，都会有一些新鲜感觉，这种新鲜感觉结合到你生活当中，你怎么来领会。我们暑假前学校有一部分老师到台湾去走访了一下，我就问了一下，我说你到台湾去有什么新的感受？他们说感受多得很，择要讲几句，他说人家的教育很好，东海大学校园里环境清洁，就是他们学生做的，这是台湾大学的劳作课。你们现在到大陆来，没有劳作课，军训都减少了。现在还有些同学在操场军训晒太阳，比你们辛苦得多，这就是你们面临的新情况，自己怎么感受，自己怎么接受，刚才邱教授讲到的"立德、立功、立言"也好，就是将来回首往事的时候，不要觉得这个虚度年华而悔恨，不要感觉碌碌无为而羞愧，这样就行了。还是《三字经》中讲到的，"性相近，习相远。苟不教，性乃迁"给你们开出药方。现在就是要求你们严格地学习，没有什么灵丹妙药，就是大家认真边学边思边问。后辈学者应该怎么学？学、思、问，孔子讲，"学而不思则罔，思而不学则殆"，要勤动脑筋。在现实生活中遇到的问题，它都与传统有关系，传统文化和文化传统不是一回事，我们现在经历的、体会的就是文化传统，我们要读的经史子集，这就是传统文化。像《论语》《孟子》《老子》《庄子》都是传统文化，或者说是传统文化的载体。

主持人：谢谢熊教授。刚才熊教授和马教授、邱教授讲，特别想听下同学们有什么想法，或者说有什么样的问题。我们今天有一个现场互动的环节，台下有没有同学关注传统文化的，想提问的请举手。

观众一：尊敬的熊教授好，我是来自武汉欧美同学会归国留学生代表。我知道，熊教授是当今国内研究老庄学的大家，我也喜欢读《老子》，请问中国传统文化对于当代社会最核心的价值是什么？年轻人在多元化、碎片化的文化传播中怎样才能树立自己的传统文化价值呢？谢谢！

熊铁基：这个问题较大，最核心的价值怎么概括，现在有专家学者也在总结。有一次，我在湖北省国学大讲堂讲传统文化，讲了之后，也有人问我，我们应该如何实践传统文化。我随口答了一句，爱国、敬业、诚信、友善。我们这里有24字的社会主义核心价值观，其中有8个字是对国家层面的价值目标——富强、民主、文明、和谐；有8个字是对社会层面的价值取向——自由、平等、公正、法治；还有8个字是对个人层面的价值准则——爱国、敬业、诚信、友善。这个总结非常准，很到位。从学理上讲，中国人是追求立德立功立言，还是道家、佛家呢？所以我说的24个字的总结概括，那还是动了一番脑筋的，很有意义，值得探讨。刚才两位教授总结的，儒家的也好，"四个回归"也好，就是做事要认真，读书要用心，诚信友善，做人诚实。

主持人：谢谢熊教授。下面看哪位同学还有问题，请举手提问。

观众二：我是来自香港籍的入校新生。邱教授，您好！大家知道，古巴比伦、古埃及、古印度和中国是世界公认的"四大文明古国"，中华文明是世界上唯一没有中断的文明，其他三个古国文明都未逃脱中断或灭绝的命运，如何理解？

邱紫华：其实现在我们东方的，从埃及、阿拉伯、伊斯兰、希腊罗马到波斯、印度文化我也比较熟悉。大家知道，古巴比伦王国于公元前8世纪被亚述帝国吞并，新巴比伦王国又于公元前6世纪又被波斯帝国所灭，此后，古巴比伦文明消失。古埃及于公元前6世纪被波斯帝国所灭，公元前4世纪又被马其顿王国征服，结束了延续3000年之久的法老时代，古埃及文明从此中断。古印度文明，也称为"哈拉帕文明"，从公元前30世纪到公元前18世纪逐渐衰落并灭亡。公元前20世纪，印度西北入侵的游牧民族雅利安人，向古印度南扩张，公元前4世纪，在恒河流域建立了以摩揭陀为中心的统一国家，雅利安人实际上是中断了古印度文明。刚才那个同学说得非常好，为什么中国文明没有中断？这个原因非常复杂，我认为应该综合地看，就是中华文化的一种互相的吸引力，或者叫做一个综合能力。这个在春秋战国时期，就形成了一个非常繁华的文化体系，诸子百家，实际上诸子百家，包括阴阳家、名家、兵家等都起了作用。中国文化有一个特点，它有某种趋同性，中国文化是什么呢？它是华夏民族繁衍过来的，趋同性的基础就是我们讲的伦理亲情感情，古代以来把家庭的血缘伦理关系、中华伦理关系放在第一位，就是我们讲的家国意识，但是这个东西各个学派都对它进行了诠释和补充。所以，中国文化刚才熊老师谈得非常深刻的，没有什么纯粹的儒学者，没有什么纯粹的道家，没有什么纯粹的佛家。其实中国的整个文化形态是杂家，大杂家，是各种要素的互相牵制、互相补充、互相促进，最后一个丰富的文化传统，就形成了一个什么呢？中华文化的融入。任何统治者军事上很嚣张，有力量，强有力。他进来以后，必须被中国这个巨大的"胃"消化，他要统治，必须要适应这个体系上生存生活的本性，否则统治不了。所以他就要在文化上迁就或者顺从被征服民族的文化。比如清代文化就是这样，清朝入主中原以后，全盘接受中华文化尤其是华夏文化。这里引用黑格尔讲解历史哲学中的一个原典，奴隶和奴隶主的关系。奴隶主是很厉害的，可以任意打杀奴隶。奴隶主长期使用这个奴隶，长期依赖奴隶以后，奴隶主几乎什么事都不用做了，他必须要靠奴隶来给他做。如果没有这个奴隶，他连饭都吃不了，路都走不了，生活没办法。外族入侵，也是这个道理。他想扎根，这个政权建立下去，必须依靠人民，靠中国的老百姓。中国老百姓独特的伦理意识，各种中华制度，比如我们讲的血缘、孝悌、亲情、感情之类的，还有我们整个对祖先的崇拜。这一切它都要顺从，它没法改变。印度这个国家我去过，去了发现，印度半岛整个西部就是阿拉伯伊斯兰，现今的巴基斯坦，真正的印度河流域是今天的巴基斯坦，所以印度半岛已经被挤压到了只有三分之二了，印度的所有的建筑、服饰就是纯粹的雅利安文化的，就是印度半岛的南部，靠近斯里兰卡部分，都是一个混合的文化，我们中国文化也是这种混合文化。我们叫开放，大家看中国的乐器，古代是最远古的编钟、瓷器，我们这个埙、箜篌，所有的二胡、琵琶这些拉弦乐器，都是来自波斯或者叫中东。所以中华文化它是一个开放性的，不断在吸收，但是我们华夏民族文化的主干在那儿，它就屹立不倒。可以征服一个国家，占领土地，但是征服不了文化。所以"文化自信自强"绝不是一句空话。

我们年轻人更应当对我们民族文化传统进行学习，增加我们的自信心。我个人年轻时候仰慕西方，唯有西方好，我对希腊罗马哲学，康德、黑格尔哲学，我还出版了《论人物形象理论的发展》《悲剧精神与民族意识》等书籍。黑格尔哲学是我的研究领域，那时比较崇拜他的学说。后来四五十岁以后才回归中国哲学、中国宗教，发现中国人的智慧，整个西方现代后现代思想家把我们东方的，把我们中国老庄的资源融为他们的，变为他们的，启迪他们。我确信中国智慧应有一席之地，后来我写了《禅与中国文化》《东方艺术与美学》《东方艺术哲学》等书籍。刚才马教授谈到的简约主义，我最近正在写这篇文章，现在世界上很流行的简约主义，美术上的，也是受中国古代尚简哲学（崇尚简朴的哲学）的影响。为什么中国文化无论是元代、清代，整个中国文化的基因、血脉的整个结构，它改变不了，今后也是这样。因为中国文化几千年已经形成了强大的生命力，这不是军事力量可以消灭的。

英国有个大历史学家汤因比，他写了一个《历史研究》，里面有一个基本的理论，建议朋友们看一看。通过他的视野，来看中国的传统文化。他说世界有22个文明，很多先后都在历史中中断了，只有少数的文明没有中断。为什么？他提出著名的历史哲学理论，叫"挑战与应战理论"。为什么苏美尔、巴比伦、犹太人的东西，以及前年我在埃及，就很感慨，当地人现在都不会埃及文了，古埃及的象形文都不会，都是伊斯兰文字，语言都是这样，中断了，他们自己都解说不了埃及文化。汤因比谈到，一个民族面对自然灾害的挑战、面对社会军事的挑战，他敢于积极应战，这个民族就是富于抗争性的民族。一个民族面对严重的挑战，规避退让，这个民族就完了。中华民族这个文化就一直保持到今天，汤因比专门谈到了中华民族的生活环境是很差的，在黄河流域不是水灾，就是旱灾，结果中国古人利用它们修水利，中国水利建设是世界第一的，所以，他指出，中华民族每当出现严重挑战的时候，其就敢于积极应战。

观众三：我是来自台湾籍的入校新生。马教授，您好！刚才您提到"拿得起、看得开、放得下"这个理论，我在想，人生好像一个波浪一样，有顶点，有低潮。正因为这样子，正如马教授刚才说的，把那个茶杯不要倒满。那我们要怎么拿捏那个合适的度，在快满的时候停止，达到两宜的程度，实现中庸之道。

马敏：我很赞同邱教授讲的。正如刚才这位同学提到，我们民族文化为什么能够延绵数千年之久呢？是不是儒家文化起作用呢？我觉得不完全如此。儒家文化是起到了很重要的作用，尤其是汉代罢黜百家，独尊儒术，但这个"尊"是主要政治上的，它并没有在文化上真正一统天下。中国文化是一个多面体，既有儒家文化，也有道家文化、佛教文化，不断吸纳很多东西，不断丰富自己、壮大自己，然后才能够生生不息地发展。

我们中国文化为什么具有拿得起、看得开、放得下的传统？怎么来理解它？我觉得我们刚才讨论的是关于中国传统文化在塑造中国人的人格特征时所起到的整体作用。这个整体作用，需要从儒释道三家的各自特点和主张来理解，当然还有很多，如阴阳家、名家、杂家，它都能吸收，由此形成了我们中国人的整体性格。所谓拿得起，就是儒家的入世主义，做人要有担当，追求三不朽，立德、立功、立言；所谓看得开，就是要有包容、大度的人生态度，寻求自然的解决之道、人生之道；所谓放得下，就是要心胸开阔，不斤斤计较，不执着于一时之得，一事之得，尽可能往长远处看，往事情的积极方面看，追求更高的精神境界。这种文化特性和人文精神，应该落实到具体的生活中，落实到每个人做人的态度中。我们应有自己独特的人生追求和人生价值。我们追求的人生价值是什么呢？是知识，是真理，是自己心灵的满足，求知欲的满足。我们最幸福的时候是什么呢？是你写书出成果的时候，是你所教的学生成才的时候。

我们中国人很讲究"度"，就是所谓中庸，不偏不倚。另外一个，我们要掌握适时。刚才我谈到那个故事，高僧加茶水，这个度在哪儿呢？茶倒得要刚好，不要漫出来。一旦漫出来了，茶再好你也喝不着了。所以在允许的情况下，你可以得到更多一点，人生更圆满一点，这是可以理解的。但是，过犹不及，一旦这个东西漫出来，超过了一定的"度"，反而就得不到了。所以，好多事既不要过度，也不要过分。中国文化中讲求拿捏好"度"非常重要。这个便是中国智慧、中国哲学的精华之一——中庸之道。

主持人：可以看出，今天大家都很有热情来共同分享自己对于传统文化的一些理解。我非常认同其中的一个教育理念，就是好的大学教育，当学生离开校园，也许他们忘了某种技能，但是他们学会了学习的能力，学会了思考的能力，还学会了应对复杂的问题和社会的这种能力。如何用传统文化的力量面对我们自己的人生和现代生活。非常感谢三位教授的分享，谢谢大家。

讲坛四：2020年9月22日武汉市中华文化学院（武汉市社会主义学院）"小康社会与荆楚文明"电视嘉宾中华文化论坛高端对话

嘉　宾：江畅，教育部长江学者特聘教授，湖北大学哲学学院教授、博士生导师，湖北大学高等人文研究院名誉院长，湖北省道德与文明研究中心、中华文化发展湖北省协同创新中心主任，享受国务院特殊津贴贡献专家，国家马克思主义理论研究与建设工程《伦理学》学科专家，国家社科基金评议组专家，清华大学道德与宗教研究中心研究员兼学术委员；国际价值哲学学会（ISVI）前会长、中国伦理学学会副会长、中国价值哲学研究会副会长、中国文化建设与评价研究会常务副会长、湖北省伦理学学会名誉会长、湖北省传统教育研究会会长、湖北省双创文化基金会理事长。研究领域：伦理学，价值哲学，西方哲学，文化问题。代表著作有：《新时代中国幸福观》（新华出版社2020年版）、《中国传统价值观及其现代转换（上下册）》（社会科学文献出版社2020年版）、《论中国价值文化发展》（科学出版社2018年版）、《自由的哲学论证：康德批判哲学解读》（科学出版社2017年版）、《西方德性思想史概论》（人民出版社 2017 年版）、《西方德性思想史（古代卷、近代卷、现代卷上下）》（人民出版社 2016 年版）、《论当代中国价值观》（科学出版社 2016 年版）、《中国梦与中国价值》（合著，武汉出版社 2016 年版）、《论价值观与价值文化》（科学出版社 2014 年版）、《幸福与优雅》（合著，人民出版社 2012 年版）、《德性论》（人民出版社 2011 年版）、《幸福与和谐》（人民出版社 2005 年版）、《走向优雅生存：21 世纪中国社会价值选择研究》（中国社会科学出版社 2004 年版）、《现代西方价值哲学》（湖北人民出版社 2003 年版）、《理论伦理学》（湖北人民出版社 2000 年版）、《幸福之路：伦理学启示录》（湖北人民出版社 1999 年版）、《江畅自选集》（华中理工大学出版社 1999 年版）、《西方价值观念与当代中国》（湖北人民出版社 1997 年版）、《自主与和谐：莱布尼茨形而上学研究》（武汉大学出版社 1995 年版）、《开拓心域的大陆：弗洛伊德》（福建教育出版社 1995 年版）、《现代西方价值理论研究》（陕西师范大学出版社 1992 年版）等。

嘉　宾：刘玉堂，湖北省社会科学院原副院长、研究员、博士生导师，华中科技大学、武汉理工大学、北京工业大学、湖北工业大学、长江大学等高校兼职教授，中国楚文化研究专家，先后担任纪录片《楚国八百年》及青春历史剧《思美人》历史顾问。代表著作有：《楚脉千秋》（主编，华中师范大学出版社 2020 年版）、《楚国经济史》（湖北教育出版社 2019 年版）、《法史问津》（湖北人民出版社 2017

年版)、《楚国水利研究》(合编，湖北教育出版社 2017 年版)、《楚国交通研究》(合著，湖北教育出版社 2012 年版)、《楚国法律制度研究》(主编，湖北教育出版社 2012 年版)、《远古人类文化的演化地》(合著，湖北人民出版社 2011 年版)、《武汉通史 秦汉魏晋南北朝隋唐卷》(主编，武汉出版社 2005 年版)、《楚市商贾 楚国的商业与货币》(合著，湖北教育出版社 2001 年版)、《铁马冰河：楚国军事史话》(合著，湖北教育出版社 2001 年版)、《中华文化通志 荆楚文化志》(合编，上海人民出版社 1998 年版)、《楚国经济史》(湖北教育出版社 1996 年版) 等。

嘉　宾：孟华平，湖北大学特聘教授、博士生导师，兼任中国考古学会理事、中国考古学会新石器专业委员会副主任委员、中国社会科学院古代文明研究中心专家委员会委员、湘鄂豫皖楚文化研究会常务理事、武汉大学博士生导师。入选国家文化名家暨"四个一批"人才、"万人计划"哲学社会科学领军人才及第二届湖北文化名家，被评为"文化部优秀专家"、"湖北省有突出贡献中青年专家"，享受"国务院特殊政府津贴"。代表著作有：《长江中游史前文化结构》(长江文艺出版社 1997 年版)、《秭归庙坪》(合编，科学出版社 2003 年版)、《天门龙嘴》(主编，科学出版社 2015 年版)、《湖北史前城址》(合编，科学出版社 2015 年版)，合编《天门邓家湾》《武昌放鹰台》《秭归东门头》《随州金鸡岭》《武当山遇真宫遗址》等。

主持人：武汉电视台新闻综合频道（WHTV-1）主持人　付存操

小康社会与荆楚文明

江 畅 刘玉堂 孟华平

主持人：朋友们，2020年是全面建成小康社会的决胜之年。全面建成小康社会，这是我们协调推进"四个全面"战略布局目标，也是我们对于未来的一个美好夙愿和向往，体现了我们党的初心和使命。正如习近平总书记在党的十九大报告当中所说的一样，"文化是一个国家、一个民族的灵魂。文化兴国运兴，文化强民族强。没有高度的文化自信，没有文化的繁荣兴盛，就没有中华民族伟大复兴。"有着3000多年悠久历史的荆楚文化是我们中华文化之源，荆楚文明也是我们中华文明之根。荆楚大地上所蕴含的这些文化精神，一直都在影响着一代一代的中华儿女。如今我们如何将这些优秀的传统文化创造性转化和创新性发展呢？今天的这次活动由湖北大学、武汉市中华文化学院（武汉市社会主义学院）、武汉市海峡两岸交流促进会共同举办，我们邀请到了三位知名嘉宾，他们是教育部长江学者特聘教授、湖北大学高等人文研究院名誉院长江畅教授，感谢您的到来。还有一位是湖北省社会科学院原副院长、湖北大学特聘教授、中国著名楚文化研究专家、湖北省首届最美社科人刘玉堂教授，欢迎您。还有一位是国家文化名家暨"四个一批"人才、湖北大学历史文化学院孟华平教授,欢迎您。同时今天与会的还有来自于武汉市海峡两岸交流促进会以及武汉市台湾青年创业就业服务中心、武汉海峡两岸台湾青年创业基地、台湾创业青年代表,还有武汉欧美同学会的代表,以及武汉海外联谊会的出国归国留学生,港澳代表人士,湖北大学校领导、相关机构负责人以及历史文化学院的师生代表,还有市委统战部的各位领导和市民革中青骨干培训班的学员,以及市直统战系统单位的代表,省、市中华文化学院的领导干部,一并对大家的到来表示衷心的感谢和热烈的欢迎。此刻让我们以热烈的掌声有请三位嘉宾来到舞台上入席就座。今天我们的主题是"小康社会与荆楚文明",所以一开始我们要提到的就是"小康社会",2020年是我们全面建成小康社会的决胜之年,这是我们党和国家向人民交出的庄严承诺,"小康社会",我们到底应该怎么来理解?这个问题我想请江畅教授作分享。

江畅: 谢谢主持人。各位领导,各位港澳台青年朋友们,很高兴有机会参加"小康社会与荆楚文明"对话会,这个选题我认为非常有意义,小康社会,按照我们国家"两个一百年"的奋斗目标,明年要全面建成小康社会,这是在中国历史上前所未有的,这是一个非常重要的话题。荆楚文明刚才说是有3000多年,如果我们把它追溯到炎帝神农那里去,那可能就有5000多年了。这个历史和中华文明它是同根同源的,它的起点也是一样的。特别是荆楚文明,近代以来从辛亥革命开始,在中国、在世界影响非常大。所以我们来讨论这个问题,特别是抗疫表彰大会,从习近平总书记发表重要讲话,到昨天湖北省抗击新冠肺炎疫情表彰大会,今天是武汉市抗击新冠肺炎疫情表彰大会,进一步

彰显了荆楚文明的这样一个伟大的精神。我们今天不仅是要讨论这两个问题，而且还要揭示这两者之间深刻的内在联系，所以我觉得这个选题特别好。刚才主持人谈到，就是我们如何来理解"小康社会"，"小康社会"它可以这么说是中华民族几千年来梦寐以求的一个美好理想。"小康"这个词最早是出自诗经，《诗经·大雅·民劳》里有一句话叫做："民亦劳止，汔可小康。"意思是说什么呢？我们老百姓非常辛苦，所以要给他一点休养生息的时间，这个时候它只是表达了一种愿望，而不是一种社会理想。第一次把它作为社会理想的是孔子，孔子所整理的"五经"当中的一部经典《礼记》，在礼运篇中，记载了这样一个事情。孔子有一次出席鲁国的国君搞的一次祭祀活动，鲁国国君完全不讲过去的那种礼制礼法。他大发感慨，跟他的学生子游，到平台上散步。他就说，现在礼制不通行了，他就谈到了"大同社会"和"小康社会"。"大同社会"是一种什么样的社会呢？他说这个"大同社会"，就是大道之行，天下为公，这样一个社会就是一个非常好的社会。这个社会就是在尧舜的那个时代。他说的大道之行，这个大道是指什么呢？就是按照儒家的文化，因为孔子是儒家的始祖，也是主要代表。儒家理解这个道，"道"有天道、地道、人道。这个大道之行，就是说这个"三个道"都是通行的、通畅的，而且是统一的。就是在尧舜那个时代，这个大道是通畅的，而且彼此之间是协调的。用我们今天的话说就是天人合一、人与自然和谐那一种状态。这个状态下，社会不是某一家的，而是所有老百姓的、全体国民的，所以天下为公。这个社会选贤任能，讲信用，讲和睦，就是这样一种社会，但是他就感觉到尧舜之后，社会就发生变化了，这个大道就堕落了。所以《礼记》说，"今大道既隐，天下为家，各亲其亲，各子其子，货力为己"。社会已经改变了，不再是天下为公的。在这样一种情况下，这个社会就出现了混乱，出现了战争。这个战争当中出现了几个非常优秀的人，就是夏商周三代，他说的有六个君主，就是大禹、商汤、周文王、周武王、周成王，还有周公，后四个是在周代。就是在这样一个社会当中，有这么六个人是优秀的，德才兼备的，所以在他们掌权的时候，就出现了他所说的小康状态，为什么会出现这个小康状态？他认为他们就是讲礼制，这个社会就得到比较好的治理，就有序。这样一来，有序以后，这个社会状况就比较好。在他看来，这个小康社会没有大同社会好，但是比他所处在一个春秋时代要好得多。因为春秋时代是礼崩乐坏，整个社会陷入了混战，所以他讲的小康社会是这样一个理想。孔子之后，这样一种小康社会也就深入人心。两千多年以来，中国人无论是官方还是民间老百姓，都把小康之家看作是我们社会生活的一个追求。在进入现代社会以后，第一次把小康社会提出来作为一种理想的，是邓小平。他在1979年接见日本首相大平正芳的时候就谈到，我们国家要实现四个现代化，我们四个现代化的概念和你们那个现代化概念有很大区别的，他说我们不过是个"小康之家"，即使达到这个水平，也只是一个不太理想状态。即使不理想状态，我们还得下很大功夫才能达到，这个概念就开始了，当时谈的是1000美元，就是达到小康状态。1980年，邓小平又进一步补充说，到本世纪末人均国民生产总值达到800至1000美元，进入小康社会。1982年，邓小平又指出，小康是指国民生产总值达到1万亿美元，人均800美元。从经济发展的情况来看。小平同志提出这个以后，1987年党的十三大就正式提出了三步走战略。第一步，实现国民生产总值比1980年翻一番，解决人民的温饱问题。第二步，到本世纪末，使国民生产总值再增长一倍，人民生活达到小康水平。第三步，到下个世纪中叶，人均国民生产总值达到中等发达国家水平，人民生活比较富裕，基本实现现代化。1997年，党的十五大首次提出"两个一百年"的奋斗目标，到建党一百年时，使国民经济更加发展，各项制度更加完善；到世纪中叶建国一百年时，基本实现现代化，建成富强民主文明的社会主义国家。到党的十六大、十七大就明确提出了全面建设小康社会。到党的十八大就进一步强调要全面建成小康社会，就开始启动了这样一个宏大计划，特别是进行了脱贫攻坚工作。到党的十九大，就与十六大、十七大、十八大不同，这个小康的概念表述不完全一样，但它基本含义还是一样的，大致是六个方面，经济更加发展、民主更加健全、科教更加进步、文化更加繁荣、社会更加和谐、人民生活更加殷实。小康的含义，我们今天讲的这个小康应该就是党的十九大讲的这六个方面。

主持人：谢谢。您悉数了我们对小康社会的一个个追求。从过去到现在几个阶段，也让我们清楚地认识到，对小康社会包括孔子提出的大同这样的一个概念的追求当中，是大道至简，知易行难。所以我们经历了这么多年的追求，而今年最终提出全面建成小康社会这样的一个目标。我们还需要做些什么呢？

江畅：小康社会，应该说它最初提出实现的是2020年，后来正好和建党100年结合起来，就是2021年。我们在全面建成小康社会这样一个奋斗当中，已经取得了巨大的成绩，这个是举世公认的！我们现在说的最后的时间是建党100年，差不多还有一年的时间，在全面建成小康社会方面我们仍然还有不少的工作要做。特别是脱贫攻坚，党中央采取了很多的措施，我们非常有信心，到明年可以把这最后一批贫困问题解决。我认为，我们的小康最伟大的成就，是使中国摆脱了几千年以来一直没有解决的那样一种普遍贫穷的状态，这就是它最伟大的地方。所以，我们下一步要更有冲劲、更努力，就是打通最后一个环节，把这个事情做到位。另外，就是新中国成立100周年的时候，实现中华民族伟大复兴和社会主义现代化，就是我们在实现小康的过程中，还要努力为下一个目标奠定基础。我们在享受小康成果、成就的时候，还要为后面的发展打好基础，任重而道远，有很多工作需要做。

主持人：您看其实每个时代都会有自己的追求，有自己的向往。春秋时期争霸，战国时期改革变法，到我们现在这个时代，同样有自己的追求。包括您说到的，全面建成小康社会，还有中华民族伟大复兴的中国梦这样一些追求。您怎么来理解中华民族伟大复兴和我们荆楚文化之间的联系。

江畅：这也是一个比较难回答的问题。因为我们说中华民族伟大复兴，在座可能都知道有一个比较有影响的，在世界历史上叫做西方的文艺复兴。如果我们理解了西方的文艺复兴，再来谈中华民族的伟大复兴就比较好理解，文艺复兴打着复兴的旗号，吸收古希腊罗马那些文化当中的合理的因素、基因，根据新的时代来弘扬、发扬光大，所以我们今天的中华民族伟大复兴，也是这样的，但和它不同的一个地方是什么呢？就是我们中华民族在历史上曾经辉煌过，曾经是世界最发达的、实力最强的国家，古希腊文明和我们中国那是不能比的。我们的伟大复兴，有两层含义。第一个含义，我们在社会主义现代化的进程中，在中华民族伟大复兴的进程中，要吸收中华优秀传统文化，对炎黄文化要加以创造性转化和创新性发展，使它弘扬、传承下去，这就是我们中华民族复兴中的一个重要方面。它又是给我们整个社会发展提供精神动力的。另外一方面，就是我们中华民族有很长时间，至少从唐代到宋代，我们国家是世界上最强大的国家。所以我们还有这样一个含义，就是我们今天已经成了经济大国，我们不仅要成为经济大国，还要成为综合实力强大的国家。也就是包括经济、政治、文化、社会，还有生态，五个方面都要强大，那才是真正把中华民族复兴得像过去在世界中的那样一种地位。所以我想这样一个任务，它是非常艰巨的，我们小康社会的全面建成为此奠定了很好的基础，但是我们要真正达到，在未来30年内，实现中国梦的目标，还要做很多。

主持人：确实如此。刘玉堂教授，您是研究荆楚文化的专家，曾经是《楚国八百年》电视剧的顾问，也是很多历史文献作品的顾问和代表。今天我们在荆楚大地上来谈荆楚文化。那您觉得这个荆楚文化在中华文明的发展史上它有着怎样的影响和地位呢？

刘玉堂：谢谢主持人。2018年4月27日，习近平总书记陪同印度总理莫迪，参观湖北省博物馆精品文物展的时候，他说了这些话，荆楚文化是悠久的中华文明的重要组成部分，在中华文明发展史上地位举足轻重。习近平总书记到过全国很多地方，包括此前江泽民同志也到过湖北省博物馆，看过同样的展览，都说过类似的话。习近平总书记在其他的地方也说过当地文化是中华文明重要组成部分，但是他没有用"举足轻重"这个词，我们掂量一下，两位领导人参观湖北省博物馆，他们对荆楚文化给予非常高的评价。现在我们想回应一下习近平总书记关于荆楚文化在中华文明发展史上地位"举足轻重"的论断，究竟表现在哪些方面呢？我个人觉得，可能主要在以下四个方面。

第一个就是政治与军事。在政治上，首先楚国的屈原，他的爱国忧民的精神，可以说塑造了中华民族的精神。屈原在《楚辞》里面写道："亦余心之所善兮，虽九死其犹未悔"，这是爱国。我为了我的国家和我的人民，即使让我死上九次，我也不后悔。第二，忧民。他说，哀民生之多艰，就是说我多么希望我的国家美好富强，但是我面对的就是哀鸿遍野。屈原这种忧国忧民的精神在中国历史上可以说是一以贯之。我们从霍去病的"匈奴未灭，无以家为也"，到顾炎武的"天下兴之，匹夫有责"。林则徐的"苟利国家生死以，岂因祸福避趋之"，到恽代英的"已摈忧患寻常事，留得豪情作楚囚"。我们从邓小平的"我是中国人民的儿子，我深情地爱着我的祖国和人民"，一直到今天抗疫精神中那些白衣战士发出的豪言壮语，人民至上，我当逆行。所以我们发现，梳理中国文明乃至荆楚文化发展脉络时候，发现楚魂一以贯之，这个楚魂的代表就是屈原。军事上，我觉得楚人对世界军事文化最大的贡献是止戈为武，这个由来是楚庄王打了一次胜仗，他准备在战后做些规定的动作，但是有一个将军潘党溜须拍马。他说，大王，这一次我希望不按常规出牌。我们既不交换阵亡者的尸体，也不交换战俘，也不签订盟书。那楚庄王就问他，你这好像很离谱，这样说你打算怎么做。他说那好办，庄王说怎么好办，不说别的，对方几万名的战士尸体在我们的国土上，你不让别人领回去，让他入土为安，你人性吗？亏你想得出来。但是那个将军潘党他说，我早想好了，把这些尸体堆成一座山，山上面配上厚厚的一层土，就变成一种巨大的高峰。在这座高峰上，立上一块碑，碑上刻着一行字，写着某年某月某日某王带领他的军民杀敌多少人多少余次，以此铭功永垂后世，说你老人家这些千秋大业，千秋功绩。但是没想到庄王说你这完全是馊主意，我问你武字怎么写的。潘党说我知道，左下方是停止的止，右上方是干戈的戈！庄王说为什么这些，你不读书，我告诉你，干戈是兵器。古人造武这个字就在于告诫我们，真正的武力不是为了挑起战争，是为了放下兵器，为了停止战争。用今天的话来说，战争的目的是和平，这个理念多么前卫。不说在当时已经是战争与和平关系的经典表达，即使放在当下乃至未来，仍然是人类命运共同体构建非常重要的精神支持，也是我们具有世界性的理论和实践意义的军事思想。

第二个方面，民主革命与经济社会。荆楚文化对社会最大的贡献是辛亥首义，辛亥首义被誉为"此复神州第一功"。意思就是说，神州有史以来还没有比这个功劳更大的。它发生在我们的湖北武汉武昌。所以荆楚这个辛亥首义它推翻了统治中国两千多年的第一个专制帝制。它颁布了第一个《中华民国鄂州约法》，最早把人民民主权利提上议事日程，开启了民主共和的大门。辛亥首义以巨大的震撼力和深刻的影响力推动着中国近代社会的变革。经济上我们常常都说中国古代社会最大的特点是重农抑商。但是楚人不是这样的，在古代中原国家的表述是士农工商，士大家都知道是当官的或少数精英的读书人，农是农民，工是工人，商摆在最后。但是楚国人的表述是商农工贾，商摆在第一，而且压轴的是贾，行商叫做贾，贾也是商，四个字它排除掉了士，而且把商摆在第一，把贾殿后，可见楚人重商。考古发现也证实了，在安徽寿县发现一个叫鄂君启节，就相当于我们现在海关的通关文牒，就是你通关就凭这个证。这个通关证写着楚国的官商，大的商贾集团，可以带领250艘大船货船，500辆货车。但是有一条，国家的战备物资严禁出口。所以从这来看，楚国的经济为什么那么突飞猛进，跟他重商有关系。

第三点就是文学艺术。像文学，我们看楚辞，说中国文学的两座高峰，楚辞和诗经，中国文学的两大源头，一个是浪漫主义源头——楚辞，一个是现实主义源头——诗经。南朝刘勰文艺评论著作《文心雕龙·辨骚》说《楚辞》，"惊采绝艳，难与并能矣""衣被词人，非一代也"，《楚辞》这个作品影响的人，不仅仅是一代、两代人，可以说中国历史上一些著名的文学家没有哪一个不受楚辞的影响。再一个艺术，我们说京剧是国粹，但是京剧是如何发展形成的？跟湖北人有关，跟楚人有关。因为有一句话叫，"班曰徽班，调曰汉调"，京剧的来源有两个，徽班进京，但是光徽班不行了，徽班带出了汉调的唱腔，西皮二黄。这个班子尽管是安徽的班子，但是唱这个调的人是湖北的人唱的，所以叫汉调。所以京剧的三杰，是湖北崇阳的米应先，罗田的余三胜，江夏的谭鑫培，对中国京剧作出了巨大的贡献。

第四个方面就是科学技术。我们谈天文学，这应该是在科学殿堂上的明珠，没有高深的数学，不可能有高深的天文学，但是楚国人在天文学的贡献有目共睹，楚国有一个叫甘德的人，他肉眼发现了木星的4颗卫星的第3颗叫木卫三，他用肉眼发现的，时间是公元前364年左右，但是我们传统的教科书，我读大学的时候是说木星的第三颗卫星是伽利略和迈伊尔于1610年用望远镜发现的，不对，已经被纠正了这个重大的错误。光明日报曾经发了一篇文章，说楚国的甘德发现木星的第三个星早于伽利略用望远镜发现2000年。中国四大发明有一大发明是湖北人发明的，就是毕昇的活字印刷术。这里面有一个公案，我们读书时候说这个活字印刷术的毕昇是杭州人，因为《梦溪笔谈》里面说了一句，但事实上没有任何证据。所以，毕昇是哪里人，一直是云山雾罩，到20世纪90年代，在湖北英山发现了一个墓，毕昇墓，请到国家文物鉴定委员会主任史树青先生来鉴定。他一看，他说此毕昇，即彼毕昇，这个毕昇就是法律验收的毕昇。当然这个质疑的声音也是不绝于耳。后来在中华世纪坛雕塑的成像有40位中华文化名人代表，其中湖北4位，这4位有一位就是毕昇，下面注明的是湖北英山人。尽管中华世纪坛做了，但是别人说那是艺术家做的，不一定代表官方。但是最近，官方第八批全国重点文物保护单位已经公布毕昇墓在湖北英山。所以毕昇发明的活字印刷术，用马克思的评价，"变成科学复兴的手段，变成对精神发展创造必要前提的最强大的杠杆"。这是湖北人做的。

主持人： 这么多伟人用我们现在的话说叫大咖，是不是也证明了说"楚才"也是我们最大的文化财富。在这一块我们如何来寻找印证呢？

刘玉堂： 中国历史上有个"惟楚有材"的说法。最著名的是在湖南大学岳麓书院门联"惟楚有材，于斯为盛"。上联"惟楚有材"出自《左传》，下联"于斯为盛"出自《论语》。但是一般来讲，湖南人老跟湖北人杠，说你是湖北有人才，为什么这对联挂在岳麓山呢？挂在湖南大学呢？但是事实上，这对联最早是挂在湖北省武昌实验中学前面火炬路那个地方，火炬路旁边有一条巷子叫楚材巷，得胜桥前面那个地方，现在那个巷子还在，我们还专门去考察过。一个叫林天擎的人，当湖广巡抚的时候，那个地方还挂着惟楚有材的大牌，但是一夜之间发了一阵飓风，把这个牌子吹掉了。最后，林天擎调到湖南去，他把这个牌子扛过去。但是湖南、湖北都是楚文化，所以还有一句话，"惟楚有材，晋实用之"，这是带有贬义，就是你楚国是有人才，但是跑到晋国等很多，但是问题是楚国也大量吸引人才，有很多人也是从外国来的。比如说俞伯牙，音乐学家，他从晋国过来的。再比如说其他国家真正为秦国统一大业的最大功臣——李斯，李斯是楚国人。但是我们能说他是叛徒吗？不是叛徒，不能这样认为，因为当时，谁能统一中国，是推动历史一个贡献。楚国人做贡献，不仅仅是在楚国本土，也可以用今天的话说是世界性的贡献，出国做贡献，回国也做贡献，所以"惟楚有材，于斯为盛"。

主持人： 这也从另外一个方面体现了荆楚大地是一个非常具有包容性的地方。

刘玉堂： 这个确实有包容性，举一个例子。楚王有一次打猎，一不小心将一把非常著名的弓箭弄丢了，他部下吓得不得了，陪同他打猎的人说，王的弓箭弄丢了，我们都有责任，说不定断崖式降级，吓得不得了，战战兢兢。没想到楚王云淡风轻，说了八个字，"楚人失弓，楚人得弓"，什么意思呢？弓箭是楚国的，我是王，楚国的东西，我代表楚国弄丢了，但是他丢在楚国的版图上，那么拾得这把弓箭的人仍然是楚国人，就是楚人甲弄丢了，楚人乙捡到了。既然这把弓箭永远在我的国民手中，我为什么要怪罪你们呢？有那个必要吗？所以我把他八个字归纳成四个字，叫家国情怀。在楚王看来是吧？国是放大的家，家是缩小的国。我的东西就是国家东西，国家的东西在，人民的财产就在。

事实上在这一次的新冠疫情当中，这样的精神也是有很多的体现的。（主持人插话）

对，是的，这个我们看得太多了，无论是从国家还是从其他省驰援武汉，他们那种精神，那种神采，那种毅力，慷慨以赴，让人感动。那个时候我们经常是热泪盈眶。

主持人： 过去我们说的很多话，比如说一方有难，八方支援，但是通过这次疫情，我们发现其实这样的精神就在我们的身边，而这些精神溯源，它就是我们过去的这些精神文化遗产，通过某一种特定的方式传递给我们，遗留给我们，并且在我们的身上发扬光大，这也是荆楚文化和荆楚文明带给我们最大的一种财富了。

其实刚才在刘玉堂教授介绍的过程当中，我们也听到了很多，比如说在墓穴当中发掘出来的一些考古的遗迹，留给我们的印证。孟华平教授，是考古方面的专家，熟悉很多遗址，还协助出土一些藏品，主持和发掘多个极具代表荆楚文化和荆楚文明的遗址。从这些文化遗产当中，我们有什么样的发现和价值体现呢？有请孟教授分享。

孟华平：非常感谢各位朋友。刚才刘教授讲习近平总书记在湖北省博物馆参观展览的时候对荆楚文化有一个评价。这个评价实际上并非虚言，而是得到了整个荆楚大地历史文化遗产的充分印证的。可以说，这些历史文化遗产为习近平总书记的论断提供了一个非常好的注脚。在第三次全国不可移动文物普查的时候，仅仅在湖北就发现了36473处不可移动文物，其中包括三处世界文化遗产（武当山古建筑群、明显陵、唐崖土司城遗址）和168处全国重点文物保护单位，这么多不可移动文物所蕴藏的历史文化底蕴应该说是相当的丰厚。

通过60余年来的文物考古工作，我们对整个荆楚大地的历史文化遗产有了一个比较全面的了解，既发现了很多重要的遗址墓地，也出土了大量的精美文物。基本上可以说，荆楚大地存在百万年的文化根系、万年的文明启蒙、五千年的文明史。这里有距今约100万年代表南方人类发展史的郧县人遗址，这里有距今约1万年代表稻作农业起源地的彭头山文化遗址，这里有距今约6000年代表早期城市起源的城头山古城遗址，这里有距今约5000年代表荆楚大地早期文明高峰的石家河遗址。当然，这里也有代表商王朝经略南方的重镇武汉盘龙城遗址，有西周王朝控制汉东地区的曾国遗址，更有大家熟知的楚都纪南城、中国最大的明代皇家道场武当山等等。另外，这里发现的文物数量众多、技艺精湛、琳琅满目，非常重要。例如：这里发现有中国最早的推拉门式建筑，距今约5300多年；这里发现有中国最早的土坯砖房屋建筑，距今约5000年；这里发现有代表东亚史前最高制玉水平的中华第一凤、神人头像等玉器，距今约4200年至3800年；这里发现有世界规模最大的地下乐宫——曾侯乙编钟；这里发现有中国规模最大的春秋战国时期的大冶铜绿山古铜矿遗址；这里发现有代表战国时期丝织业水平的荆州马山一号楚墓；等等。这些珍贵的历史文化遗产应该说既是荆楚大地文化的重要见证，也是中华文明成就的重要见证。

实际上，我们知道在中华文明的形成发展过程中，多元一体是一个重要的特征。在中华文明多元一体的形成发展进程中，荆楚大地的文化起到了非常重要的作用。我认为主要表现为两次大的高峰或两次大的浪潮。第一次高峰在史前时期，可称之为荆楚大地早期文明的第一次浪潮。大约距今5000年，屈家岭文化完成了江汉地区区域文化的一体化进程，经过石家河文化的发展，江汉地区的文化繁荣昌盛并成为中国区域文明的重要代表，同时对中原地区以河南、山西、陕西、山东等地为代表的黄河流域文化产生了显著影响。随着中原地区的龙山时代文化的兴起，在后石家河文化时期，整个江汉地区或者荆楚大地迅速地纳入以中原地区为核心的文明进程中。可以说，荆楚大地早期文明的第一次浪潮加速了整个中华文明一体化进程的步伐。第二次高峰在春秋战国时期，可称之为荆楚大地早期文明的第二次浪潮。随着商王朝对江汉地区影响力的削弱，荆楚大地的地方文化发生新的重组和分化，本区域内的文化面貌呈现出复杂的发展趋势，即所谓的蛮夷之地。当楚文化逐渐兴起，成为春秋五霸战国七雄之一时，楚文化对荆楚大地的文化进行了新的整合，形成一个新的统一的楚文化共同体，其影响辐射区域几乎覆盖整个南部中国。随着秦汉帝国的建立，楚文化共同体又迅速纳入更大范围的中华文明一体化进程中。可以说，荆楚大地早期文明的第二次浪潮进一步加速了整个中华文明一体化进程的步伐。所以，我觉得这两次高峰是荆楚大地文化在中华文明形成发展过程中发挥重要作用的体现。

在秦汉之后，荆楚大地文化的一些思想文化技术仍然在后续中华文明的发展中得到传承发扬。今天，我们的文化遗产保护利用得到前所未有的重视，博物馆的建设、服务水平不断提高，国家考古遗址公园的建设也蓬勃发展（包括湖北已建成开放的武汉盘龙城、荆州熊家冢两个国家考古遗址公园，还有屈家岭、龙湾、纪南城、铜绿山、石家河、苏家垄等6个立项建设的国家考古遗址公园），可以说这些珍贵的文化遗产在促进当地经济社会发展的同时，也为我们提供了非常重要的文化滋养。面向未来，在中华文化复兴的伟大历程之中，我相信荆楚大地优秀传统文化养分会为我们带来更大更多的滋养和动力。

主持人：这么多的遗址，这么多的文物出土和保护，他们的背后印证的就是我们荆楚文化、荆楚文明，也是我们中华文明和中华文化的一部分，那我们可不可以举一些例子，比如说刚才孟教授说到的湖北省博物馆里面的曾侯乙编钟，它背后所展现出来的饮食文化，还有包括刘教授刚才所提到的这个鄂君启节，所蕴含和展现出的商贸发达。能不能举出几个例子，给我们分享一下，给我们一些启示。如刚才刘教授说到的出土丝织品，它背后可能还有很多内容是值得我们深思的，包括我们的南丝绸之路。请刘教授作分享。

刘玉堂：我刚读研究生的时候，孟教授刚才说的，马山楚墓，20世纪80年代初发现的，当时是非常震惊，中央电视台第一次现场直播。发现什么呢？其中一大批服装，其中一件是楚国一个1.62米左右的女孩子穿的连衣裙。连衣裙多重，一件衣服想象不出来，39克。这意味着什么？特别的，39克。一般我们的衣服大概有多重？有二两，最起码少的也有半斤，别人会说，那没有什么了不起的，它肯定体积很大，就像婚纱一样，你看到很大，很轻，体积大，但是呢，它体积不大，你可以把它握在掌心里面。这个轻背后反映的是什么？就是它技术的"高、精、尖"，所以当时中央电视台记者要在场的考古专家和历史学家形容一下，那时候是我的老师，可能江老师和孟老师都知道，张正明先生。他说了八个字，迄今人们还在沿用，"薄如蝉翼，轻若烟雾"，比知了的翅膀还要薄，它全透明，穿着衣服像没穿一样。轻若烟雾不是轻若雾霾，雾霾有颗粒感，有重量。烟雾就像在长江的水面上，沙湖的水面上飘走，凌波微步，突然太阳出来了，从东方升起，化掉了。这形容它的工艺水平高、技术高，这八个字应该是非常到位，所以现在大家一直还是这样形容的。

主持人：所以说其实无论哪一代领导人，还是哪一代青年同胞，再去这些博物馆里面，来看这些文物藏品的时候，他们都会得出一个相同或者相似的结论，就是这些精神文化遗产确实带给我们震撼，也确实连接了古人和今人间一种特别的联系，这也是一种涅槃，我想这也是文化精神的一种涅槃。

刘玉堂：所以国人看了发表感慨，既有宏观，也有中观，也有微观。外国人来参观,听到最多的两句话就是,"啊,巧夺天工",下一句,"简直不可思议",经常听到的就是这两句话。

江畅：事实上就是我们现在这些文物,看的时候,一般流程谈的是它的工艺,但实际上,它里边蕴含着经济方面的价值,政治方面的价值,还有人生追求的价值,肯定追求美好生活。习近平总书记指出："人民对美好生活的向往,就是我们的奋斗目标。"我们党强调的"美好生活",在那里可以找得到,就是蕴含着丰富的价值意义。所以我们现在发掘,不仅要看到这样一个文物,还要赞叹我们先人的伟大,这样高超的技艺。同时还要继续体会,它所蕴含的价值、所蕴含的精神,这可能就是我们要弘扬传统文化、荆楚文明更深的意义。

主持人：每一件藏品背后所展现的文化价值和内涵,传承了过去的工艺精湛,这其中所反映的故事都是很多的,这种精神也是值得我们去学习和传承的。这次研修班的行程当中,有一个行程是去到随州市博物馆,也是炎帝故里,刘教授是楚文化专家,对炎帝文化神农文化方面颇有建树,如果我们去这地方,我们应该带着什么样的问题去学习与拜谒呢？

刘玉堂：首先到炎帝神农故里,我们可能是拜谒始祖,可能跟其他的地方不一样。中国历史上有两位人文始祖,一位是炎帝,一位是黄帝。从时间上来看炎帝早于黄帝,所以我们叫炎黄子孙。炎帝故里一直有很多争议,比如说陕西宝鸡、湖南会同、山西高平、河南柘城等地方。最后中国炎黄文化研究会代表国家层面的一个学术团体,编了一本书,叫《炎黄汇典》,在这里面平息了纷争,它是这样表述的。陕西宝鸡是炎帝祠,山西高平是炎帝神农遗迹,湖北随州是炎帝神农故里,湖南的株洲是炎帝陵，所以大家各安其好，各行其是。为什么说炎帝神农故里在这地方呢？目前也有争议，但是基本上形成共识。因为国家层面的炎帝神农故里寻根节，每一年每一届寻根节都有一个国家领导人，全国人大常委会副委员长或者全国政协副主席出席，一般是省委书记恭启圣门，省长恭读祭文，已经是一个国家层面，举全省之力办的一个活动。所以大家要去的话，可能还不是平常参观形式，拜谒圣祖这种心情。那里有没有遗迹呢？有遗迹，根据文献记载，"炎帝神农耕于烈山"，但是古音，"烈"和"厉"同音，就是厉山，现在随县的厉山镇，就是新随县的所在。那个地方有一个洞，神农洞。当然我们不能机械地理解成，就出生在这个神农洞。这样理解可能很搞笑，为什么呢？那个洞腰都伸不直，怎么在里面出生。那显然就是后人为了祭奠炎帝神农，把这个地方托为神农洞，是一种文化的寄托，一种情怀。

所以大家去炎帝故里，有一个炎帝神农大殿，非常气派。我们一定要去拜谒，里面有炎帝神农坐像，还有一个炎帝神农广场。广场上是福建的中国最知名的石雕之乡，他们雕的炎帝神农像，手里拿着稻穗，两个景点。当然我们还可以看到中国历史古籍上记载炎帝跟随州关系有140多种。在大殿里面或者博物馆，也能看到陈列。所以觉得你们也很有幸，在湖北这么多文物名胜古迹，这么丰富多彩的文物，你们选定了一个最有纪念意义，也是代表整个中华民族象征意义的一个景点。你们去拜谒参观，你们是躬逢其盛，我也是与有荣焉。

主持人：今天我们所有的这些同学也是很期待的，期待我们这一次炎帝故里中华文化研修班能够有很多的收获。刚才刘教授也介绍了关于随州市博物馆的参观，到炎帝故里拜谒的一个走向。孟教授您有什么样的建议给到大家？

孟华平：正如刚才刘教授所说，炎帝故里实际上是一个文化记忆，一个符号。实际上，"随枣走廊"一带，它本身就是早期中国南北文化交流和南北文明互鉴的一个重要区域。我们说的炎帝故里，目前在考古上还没有实证。但是从文化背景来说，"随枣走廊"这个区域在炎黄时期（大约距今6000年），我们也发现了大量跟北方文化有关联的遗物。刚才我举了一个例子，就是在枣阳雕龙碑遗址发现的中国最早的推拉门式建筑，实际上它代表的文化特征与我们江汉地区的传统文化是不一样的，如果说我们把炎黄当成是中国北方地区文化族群的大背景的话，这些遗存可能反映出长江流域与黄河流域文化之间的关联性。所以，在炎帝故里这个地方去拜谒的时候，我们需要考虑的是它不完全是一个实证的地方，而是它后面蕴藏的丰富的文化背景。当然，这个地方除了炎帝故里外，得到考古实证的是曾文化。曾侯乙墓的文物目前在湖北省博物馆，但是随州市博物馆还有二号墓的文物。通过这些年的考古工作，我们对随州和曾侯乙的了解比以往要更深刻，可以说是目前国内发现西周封国世系中最清楚的一个，我们发现了从西周早期一直到春秋战国时期基本完整的曾侯世系，西周早期的曾侯叫曾侯谏，发现于叶家山古墓地，随州市博物馆是有展览的。当然，与它同时的还发现有一个鄂侯。那么它在哪里呢？在随州羊子山。这些发现实际上反映出西周早期周王朝对我们江汉地区的管理和控制。在随州市博物馆我们可以系统看一看曾国在这个地方的发展变化，以及最后被楚文化所融合同化的过程。这些在湖北省博物馆和随州市博物馆都有比较好的展示。

主持人：当我们参观过了湖北省博物馆之后，再去看随州市博物馆的时候,也会有更多的收获和感受。这么多的文化遗产,这么多的文物带给我们一个非常重要的任务,在新时代,就是我们如何担负起"以文化人"的使命,实现中华优秀传统文化的创造性转化和创新性发展?从这个方面来讲的话,请江教授给我们介绍一下全面建成小康社会和当代的中国价值观、与中国共产党人的初心和使命是一种什么样的关联关系?

江畅: 这个问题大家都非常关注,我们今天要强调弘扬传统文化,实现对中华优秀传统文化的创造性转化和创新性发展。为什么要做这样一项工作,可能我们年轻的同学不太了解。应该说,辛亥革命推翻了中国2000多年传统社会的皇权专制制度,对这样一个政治制度否定之后,就兴起了新文化运动,新文化运动它不仅仅是经济上的,在政治思想文化方面,最著名的口号就是"打倒孔家店",这就是中国现代社会的起点。在某种意义上就说,我们是以反传统文化或者说对传统文化持否定态度来起步的,摸索走了这么多年,是吧?就是新文化运动以后,一直到改革开放,到今天,我们才发现,人类历史文化的发展,它是有继承性的,特别是中华文化,它有绵延不间断数千年的这样一个传统。如果我们简单地否定,它就会导致很多问题。比如说一个比较突出的问题,如马克思主义在中国传播,它和中国当时的实际结合起来,但就是由于过去对传统文化有一些偏见,没有很好地和传统文化相融合,在马克思主义中国化的过程中,常常出现一些西方的东西,这个原因在哪里呢?它没有很好地融合到我们这里,从毛泽东思想、邓小平理论做了很多融合。事实上,在他们的思想文化当中,是包含着丰富的传统文化的因素的,就像毛泽东思想,一直到今天习近平新时代中国特色社会主义思想中，仍然包含着中华优秀传统文化丰富的思想内涵。但是在改革开放之前，这一点没把它凸显出来，所以我们一些年轻人，就觉得中华传统文化跟我们那个年代差不多，封建思想的东西，持抵制态度，而且那个时候中华优秀传统文化的东西，关于经、史、子、集类的作品也不多，一般的学生都接触不到或读不到这些东西。后来发现，改革开放以后，特别是市场经济兴起以后，在这样一种情况下，如果说我们这个文化和这个制度完全同化到这样一种市场经济，那就是完全向西方现代社会靠近。我们国家搞市场经济，当时主要是要解决我们引进市场经济体制，不是把市场经济作为一种经济形态，不是简单作为一种经济基础，它是一种市场经济体制。这一点小平同志说得很清楚，可以用这个体制，也可以用另外一个体制。所以我们不是像西方，要把我们的制度完全建立在市场经济基础上，我们发现如果说这个问题不解决，社会就出现了很多问题，像道德滑坡的问题、腐败问题，很多这样的问题。所以，在这种情况下，党中央高度重视，就注意到我们的文化还是要奠基于我们自己的这样一种传统之上，要弘扬中华优秀传统文化，事实上就是要把我们已有的思想，目前占主导地位的思想文化意识形态，要把它深深地扎根在中国传统文化中。这样，就是要让我们的文化基因、潜在的东西能够碰撞，能够融进去。所以今天党中央强调弘扬中华优秀传统文化，它的主要的意义就在这里。我们现在的主流思想文化深深地扎根在中华优秀传统文化基础上，这样的文化才能够让我们全国人民包括青年产生这种情感上的、观念上、认识上的认同，这就涉及为什么还要强调创造性转化和创新性发展，因为中华优秀传统文化，这里边有很多东西，它是可以直接拿到我们这里现用的。比如说孔子讲的"己所不欲,勿施于人",是全世界通用的道德定律,哪里都可以使用的,包括孔子讲的仁爱,我觉得也是全人类适用的。儒家,讲爱,只有远近,没有等差,是"亲亲而仁民,仁民而爱物"。首先对亲人,爱亲人,还有爱他人,后来到爱物,就是张载说的"民胞物与"。这种东西是有普适性的,就是古代有,今天也有,中国可以用,外国也可以用,当中确实有很多这样的因素。但是秦汉以后,我们国家实行皇权专制制度,里面有很多的糟粕。中国的文化,我们过去说汉武帝"罢黜百家,独尊儒术",这个说法很多人有误解,就以为这个儒术就是先秦的孔子、孟子他们的儒家思想,实际上里面有个词是特别值得大家注意的,它不叫儒学,它叫儒术,就是儒家思想当中那些用于统治的权术和技巧。

  那样一种技巧,我觉得还是应该这样理解。这个儒学怎么转化的?这就是汉代儒学作用,它就适应这个大一统的需要,建立一个统一的国家的需要,他就把先秦儒家思想当中有利于这个部分加以强化。比如五伦,抽出三伦,君臣、父子、夫妇,把这个强化以后,把它搞成一个完全适应大一统皇权专制主义需要的那一种价值体系,那一种意识形态,这些意识形态当中,它有合理因素,也有很多专制主义、封建主义糟粕的东西,对这样一些东西,它是需要进行批判性改造的,但是我们也不能简单否认它,比如我们说的专制主义,它不能简单化。我们的这个文化带有一个集权性,就是这样一个传统。所以我们今天强调人民本位,以人民为中心,人民至上,这都是与中国传统是一脉相承的,我们不能简单把2000多年都否定了,所以要进行创造性转化和创新性发展。这两个方面可能都要弘扬,也要创新。弘扬和创新过程中，要反思和批判。我们现在强调以文化人，我认为最重要的不是要灌输文化给大家，而是通过教育教化，激发遗传下来的那种文化基因。

主持人：也就是要找到我们的文化自信和自觉。今天我们的同学们很多也都是带着问题来听我们的对话和讲座的。接下来还有一些时间留给现场的同学们。如果有任何问题，可以举手向我们的三位专家来提出。好，这位先介绍一下自己，您是来自于哪里的？

观众一：尊敬的江教授，您好！我是来自武汉欧美同学会归国留学生代表。我们知道江教授是国内研究伦理价值哲学的大家。下面我有几个问题想请教您。在中国古代先秦时代就已经提出了"小康"，现在中国共产党"两个一百年"奋斗目标中提出"小康"，想请教一下这两个"小康"在概念和它的实际所指上有什么区别和联系呢？中国传统文化在现当代社会中最值得我们弘扬和传承的是什么价值呢？我们当代年轻人，在多元化、碎片化的文化传播影响中，怎样才能树立我们正确的价值观呢？

江畅：这个问题提得非常好，也是大家关心的问题。刚才因为时间问题，我就没有仔细讲，我们把它简单称之传统的小康社会和当代小康社会，这两个小康社会，它的一个共同特点是，就是它都是一种社会的理想，是中国人民、中华民族的一个共同追求。因为在古代大同社会，称为尧舜时代，它是没有进入文明社会，是文明社会之前，没有出现国家的时候，或者说那就是一个家族式的，所以达到那个状态很容易。国家出现以后，出现不同的阶级、阶层，这时就很复杂，所以后来一般不谈大同，一直到康有为才谈大同，就是19世纪末20世纪初的时候，传统社会真正把它作理想，特别是老百姓作为理想小康之家，对中国社会、对现当代都有很大的影响。我们过去说东北农民就追求的"三十亩地一头牛、老婆孩子热炕头"，这个就是小康之家。所以小平同志说，中国的初步现代化就是小康之家，反映了我们这样一个状况。这是共同点，最重要的就是它克服贫困，从贫困达到富裕之间的一站。这个想法，古和今是一致的，古代只是没有把大同提出来，但是人们还是向往大同的，这是共同的，但是它确实有很大的差异。我认为至少得有这么三个方面。

第一个方面区别，就是传统的大同是一种单面的发展，我们今天讲的小康不是单面的小康，它是全面的小康。孔子讲小康的时候，确实它还是一个比较全面的，后来实际人们追求的时候，主要还是从经济的角度，就是我们今天说的丰衣足食、安居乐业，这是传统小康的一个基本比较典型的表达，但是它讲的都是物质文明，是物质资源方面。我们今天讲的小康社会，它就已经不是一个仅仅个人小康经济状态，是全面的，是经济更加发展、民主更加健全、科教更加进步、文化更加繁荣、社会更加和谐、人民生活更加殷实的小康社会，是方方面面，而不仅仅是局限于个人，它是全民的小康，每一个人的小康。这个区别党的十九大讲得比较清楚，十九大讲了三个全面，个人全面发展、社会全面进步、生态全面改善，三个全面就把我们现在社会追求的小康凸显出来，这是一个非常重要的区别。

第二个方面区别，就是经济本身而言，过去讲的也是比较低层次的水平，现在讲的这种小康层次就比较高。小平同志当时讲是人均国内生产总值（Real GDP Per Capita）800美元，后来是1000美元，2020年我们达到大概有1万美元出头，到了这样一个状况,这个小康就是全面建成小康社会的标志,更重要的是把所有的贫困给消除掉了,它的两个层次即使在经济层面,也是非常不同。

第三个方面区别,就是一个传统的社会小康,基本上到顶了,就是我们要知足常乐,小富即安。我们今天讲的这个全面小康,它是我们实现更宏伟的中华民族伟大复兴、国家富强、民族振兴、人民幸福中国梦的一个环节,一个中间环节,它后面还有更高的理想,而且为更好的理想奠定了基础。所以我想就是这么几个区别,可能还有一些其他的,这几个是比较主要的。

第二个问题是谈到了精神层面。哪些是我们中国传统文化中最值得我们当代弘扬的问题?中华传统文化博大精深,源远流长。有很多东西从精神层面都是值得弘扬的。我认为最重要的一种精神就是崇道贵德,就是老子提的一句话。为什么这个非常重要呢?中国文化它是以道德为本体的。很多同学不太了解,什么叫本体呢?世界有各种各样的现象,有多样性,而且这个现象是变化发展的,还是有原因的,我们有一个最后的东西,支撑着所有现象完全变化的东西,这个东西就是道。道就是我们宇宙万物的、天地万物的一个本根,一个最重要的思想就是所有事物都是由它派生、消亡,最后又抚慰于它。这种道,赋予万事万物禀赋以后,把它发扬光大,就是德,道把它发扬光大了,就是道德的"德",这种"德"就是万事万物,人以外的都是自然而然的。一粒种子给它条件,就自然生长。但是人有能动性,那么人怎样才能够禀赋了这样的道以后,能不能让他的本性发挥出来,发扬光大?那就要靠人的主观努力。中国传统文化说人生在世,意义在于什么呢?就是要把我们"禀赋的道"发扬光大,最高的境界就是儒家讲的圣人,是发挥最好的,次一点的就是贤人,还有君子。所以为什么说它非常重要?我们很多人说中国是没有信仰的国度,实际上这是完全错误的。因为中国虽没有整体上来说没有宗教信仰,像西方的基督教,伊斯兰教,但中国有道德信仰,就是中国人信道信德,所以它对中国文化最重要的意义就在于给我们树立了一个信仰,告诉每一个人,你来到这个世界上,要把你的本性充分发挥出来。你来到世界上,是一个自然的人,还不是真正意义上的人,要成为真正意义上的人,就要把你的本性发挥出来。这个本性是善良,善性发挥出来以后,你就成为真正意义的人。所以他就告诉我们大家,每一个人都应该这样去做。后来心理学家马斯洛讲的人的自我实现,西方思想家所讲的把人的本性充分发挥出来,达到一种幸福生活,它是完全一致的,我认为这个精神可能是最重要的。

  第三个问题就是碎片化的问题。这个碎片化与我们这个时代,与我们改革开放和实行市场经济体制密切相关的。在改革开放前,我们思想比较清一色的,一个是对外封闭,国外的东西基本进不来,是传统封闭的。改革开放不仅仅是对西方开放,对国外开放,同时对传统文化也开放了,传统大门打开了,这一打开以后就出现了我们今天的价值多元化。世界观、人生观、价值观都是多元的,这样一个多元的情况下,各种价值观都在不断扩大自己影响力。所以对我们年轻人来说,在选择的时候,就始终处在一种不确定的状态。一部分同学听了我们讲传统文化,这个传统文化好;但明天要碰到一个西方文化讲座,哎哟,对西方文化也有兴趣;后来再碰到一个讲道家、佛教的,那也是了不得,所以碎片化是因为这样一个价值多元化,我们不断通过媒体传播各种各样的思想，还有讲座活动之类，就使得我们的价值观始终处在一个不确定的状态。人生有一个时期是这样的。一般来说，从初中到大学阶段，都是处在这样一个过程当中。事实上这种价值观，只要是我们社会认同的、是好的价值观，不一定是主流的，对人生是有一定借鉴意义的，但是我们不能始终处在这样一个碎片化飘浮不定的状态。从我们社会的角度来讲，希望大家要和主流文化形成认同，我们的主流文化，就是从炎黄开始的，一直到今天，长久积淀并形成的社会主义核心价值观理念，就是"富强、民主、文明、和谐；自由、平等、公正、法治；爱国、敬业、诚信、友善"这24个字，我觉得我们同学要和主流文化形成一种认同，才可能找到比较稳定、安身立命的东西。

主持人：这样一些价值体系形成之后，我想每一个人的进步对于这个社会、这个国家的进步都是一个非常重要的贡献，还有哪位同学提问？

观众二：孟教授，您好！我是武汉海峡两岸台湾青年创业基地（国家级）台湾籍创业青年代表。我们知道在长沙马王堆汉墓出土的有一个帛书《老子》，和我们湖北荆门郭店楚墓出土的楚简《老子》，他们曾经在国际上都产生了巨大影响。所以想请孟教授为我们介绍一下，《老子》以及楚文化对于我们世界发展的影响和它独特的价值贡献有哪些？

孟华平：这是一个比较大的问题。我想，楚文化是中国文化的重要组成部分，也是世界文化的组成部分，它对中国的价值贡献或者说影响与它对世界的价值贡献或者说影响存在内在联系。

我们知道，长沙马王堆汉墓出土的帛书《老子》和荆门郭店楚墓出土的竹简《老子》，丰富了我们原先对道家文献记载内容的认识，道家文化是中国传统文化的组成部分，它在国际上是极富影响力的。在楚文化发展的过程中，考古发现有许多楚文化对中国和世界具有重要价值贡献和影响的信息。举几个例子，一个从科学技术的角度看，楚文化在融合吸收其他中原文化的基础上，它的科学创新力是很重要的特点。铜绿山遗址是中国内保存规模最大、历史比较悠久的矿冶遗址，这里发现的采矿技术水平应该说是非常高超的，由平巷、斜巷和竖巷共同组成的完整采矿体系，它的通风、排水、安全系统也都非常好。根据该遗址出土的矿渣检测分析，发现在春秋战国时期，楚文化提炼的铜矿渣剩余部分仅剩 0.7% 左右，这个技术比欧洲早了 1700 多年。楚文化在铸造技术上也有一些创新。我们看到，大量楚文化青铜器除了传统的铸造技术之外，还有可能是目前世界上最早用熔模法制造的一些器物，如曾侯乙墓所见用失蜡法铸造的尊盘就很震撼。如果没有这样的新技术，我们在青铜器上看到的一些非常繁冗的装饰可能就看不着。我们刚才说的马山一号墓发现的丝织品，号称中国丝绸宝库，是中华文明非常有代表性的艺术品，在西方也是贵族追求的一种时尚高端品。马山一号墓发现的丝绸技术水平高超，它的针织和提花技术体现了当时世界的先进水平。我们知道这个墓葬的规模很小，最后确定是战国中晚期"士"阶层中地位较高的贵族阶级，但这里面却出现了这么高档的丝织品，我们可以想象当时的高级贵族甚至楚王的奢侈品是什么样的状况。这种技术实际是中国纺织史上的重大突破，为后来中国纺织技术的发展提供了很好的基础，实际上与它关联的还有对世界的影响。与马山一号墓相关的这种丝织品，在 20 世纪 50 年代的新疆还有中亚一带也有发现，其纹样和技术是典型的楚文化特点，所以在中亚一带可看到楚文化丝织品对西方是有影响的。进一步讲，与楚文化大体同时的古希腊雕像上很飘逸像衣纹式样的形象可能就是丝织品的模型，也可视为楚文化对世界的一种影响。

再说一下楚文化道法自然的思想对中国文化的影响或贡献。刚才江教授说的道家文化实际上深深扎根在我们整个中华文明的根脉之中，在楚文化里面，崇尚自然、天人合一的思想在建筑设计与艺术上也有不少体现。我们知道，传统的中原文化比较讲究秩序与中轴对称，这些理念在中原文化的建筑设计布局中都有明显的体现。但是在楚文化里面，虽然也讲究等级秩序，但它的建筑设计布局往往与自然的山形水势相结合，更多的是道法自然。比如说纪南城，它是战国时期楚国郢都所在地，面积将近16平方公里，发现的宫殿区布局、城门的设置等与中原地区大型城市的建筑设计存在明显区别，强调的是建筑设计布局与自然河流环境的有机结合。再如潜江龙湾遗址，在将近100平方公里范围之内已经发现有22座台基及一座城址，它们错落有致地分布在河湖边缘，发掘的章华台一号基址整体布局呈离宫别院式结构，反映出楚文化对园林式建筑设计理念的追求，实际上开启了中国皇家园林建筑设计的先河，影响深远。

主持人：这种影响我想是非常强烈的。不仅仅是影响了我们一代中华儿女，而且在世界范围内都是有相当的影响力的。由于时间的原因，我们还留有一个问题。

观众三：刘教授，您好，我是武汉海外联谊会的留学生创业代表。大家知道，刘教授是研究楚文化的大家，今天有幸聆听受益匪浅。想请教刘教授，楚文化精神最鲜明的特征是什么？在当下如何实现创造性转化、创新性发展，如何助力湖北经济社会高质量发展？

刘玉堂：这个问题问得很好。我试着回答一下，实际上是两问。第一，就是楚文化精神有哪些鲜明特征？2006年的时候，国家图书馆要我做一个讲座，命题讲座叫楚文化精神与湖北人的性格特征。我总结了六种精神，当然这六种精神也不一定能够得到大多数人认可。我的想法是，如果专门用今天人的话语体系表述，那是开拓进取，如果完全用古人的话，可能有的人也不理解，听不懂，所以我采取了一个折中的办法，前面四个字都是一个成语，是楚人说的，要么是楚国王，要么是楚国著名思想家，要么是著名文学家，要么是著名的军事家，出自他们之口，应该能够代表楚文化精神，后面四个字，我用现代人的语言加以总结，最后形成了六个鲜明特征，就是"筚路蓝缕"的进取精神，"大象无形"的开放气度，"一鸣惊人"的创新意识，"上善若水"的和谐理念，"九死未悔"的爱国情怀，"一诺千金"的诚信品格。"筚路蓝缕"是楚国的一个令尹所说，相当于我们现在国务院总理，应该地位够高，他应该能代表楚国人的心声。"大象无形"，是老子说的，司马迁说老子是楚国苦县人，是道家的开创者，楚国哲学思想的代表。"一鸣惊人"，这是楚庄王说的原话，他说，"三年不飞，一飞冲天；三年不鸣，一鸣惊人"。"九死未悔"是屈原说的，在离骚里面说，"亦余心之所善兮，虽九死其犹未悔"，表达的是一种爱国的情怀。接下来说"一诺千金"的诚信品格，"一诺千金"是季布说的，尽管这时候楚国已经灭亡了，但是还与楚汉相争，汉朝刚刚建立，有一句话叫从政治经济制度来讲，汉承秦制。但是从文化上讲，汉承楚制。因为刘邦项羽都是楚人，陈胜吴广也是楚人，所以"楚虽三户，亡秦必楚"，这就是我归纳的六种鲜明特征，且作为精神吧。

第二，你后面两问实际上是一问，我把它归并回答。当今如何实行楚文化的创造性转化和创新性发展，如何助力湖北经济社会高质量发展？我想从四个方面来分析。

其一，用优秀的荆楚文化提振我们的精神。哪一种精神呢？"筚路蓝缕"的进取精神，我们要学习楚人，这是怎么提出来的呢？楚国创立的时候，土地面积只有50里地，还没有我们现在山区的一个自然村的面积大。但是经过几百年的发展，楚国版图面积最大的时候，5000里。大家想一想，从国土面积50里到5000里，那不是翻两番，那是整整100倍，他没有"筚路蓝缕"的进取精神，怎么可能？完全不可想象。所以我们现在要弘扬"筚路蓝缕"的进取精神，比如说湖北在解放初期，叫"汉老五"，经济基本上，武汉排在第五位。改革开放以后沿海先开发，然后是上海龙头，东南沿海，再加上深圳试验田，湖北慢慢往下坠，最低的是到13、14位，后来这几年奋起直追，现在基本上到第八位了。但是2020年武汉碰到疫情，第一季度谷底，第二季度稍微有点反弹，但仍然是负数，但我想的话，如果我们湖北人民发扬"筚路蓝缕"的境界，不胜不休，第三季度、第四季度我们会触底反弹。

其二，以优秀的楚文化重塑我们的形象。在20世纪90年代，我做了一个问卷，我说，你认为用什么形象或者什么语言最能代表湖北人的形象，87%的人都一个答案：九头鸟。他们说你这完了，九头鸟是个贬义词，刁钻古怪窝里斗，叫你把湖北人的形象弘扬一下，别人都说一提湖北人，"天上九头鸟，地下湖北佬"，别的都不知道，九头鸟比黄鹤楼还有名。我说我要干这个事，我要给九头鸟平反昭雪。古代有一本书叫《山海经》，书中提到"九头凤"，凤是不存在的，现在的话是书里的。凤如果落在地面上就是鸟，"九头凤"就是"九头鸟"，但是楚人崇拜"九头凤"，他们把"九头凤"作为自己的精魂，作为他的灵魂。后来九头鸟被人暗算了，污名化。怎么个污名化呢？刘基，字伯温，别人问他说朱元璋长相五孔朝天，对不起观众，很谦虚，论才华不及陈友谅，论朴实踏实的精神不及鄂东的徐寿辉，但恰恰是三支农民起义的领袖。先讨论陈友谅，他是仙桃人，当然是精明过人，但是这二支队伍被朱元璋打败了，最后朱元璋当了皇帝，这里不理解的会说，朱元璋凭什么能当上皇帝。刘基就写了一本书，《郁离子》，这本书里他讲了一个故事，从前一个人，他养了一只九头鸟，长着九个头，一个脖子，但事实上主人每一次带一盘食物来，九个头分别吃，都去抢着吃，吃完之后都没吃饱，最后你啄我，我啄你，先死掉六个头，最后剩下三个头。三个头有一个头就退出来，坐山观鸟斗。我看你另外两个头去斗，那两个头斗得奄奄一息，最后一个大头把其他两个啄下，这个大头就是朱元璋，那两个，一个是陈友谅，一个徐寿辉。他讲这个寓言故事，这不就是说湖北佬么？九头鸟窝里斗，这完全是冤枉的。最早的九头鸟是一个九凤神，我也平反昭雪。2008年，我写了一篇两万多字的文章《九头鸟的来龙去脉及其与湖北人的瓜葛》，发表在《今日中国论坛》，我认为九头鸟是褒义的。我曾经呼吁在洪山广场或者更显眼的地方塑造一个九头鸟的形象，为什么九头鸟是褒义的呢？一是历史上文献记载。九头鸟，头代表什么？智商（IQ）。我们说一个人聪明，当然爱因斯坦，最高，IQ值165。一般的人，可能是中国科技大学少年班平均IQ值是130，九头鸟9个头，1170个IQ值，那你说聪不聪明？二是九个头能够共生，说明湖北人包容，兼容并蓄，多元共生。这就是刚才江教授讲的社会主义核心价值观，孟教授讲的中原文化，黄河文明和长江文明多元共生的道理。九个头在一个身上，不能共生都得死了，九头鸟不就成了一头鸟了吗？三是鸟有九头，表示意志的坚韧和生命力的顽强。这不是我说的，红军长征到达陕北后，毛泽东主席面对着从湖北大地走出去的红四方面军和红二十五军的将领，他说了这一句话，"天上九头鸟，地下湖北佬。敌人四次'围剿'砍了你们四个脑壳，你们还有五个脑壳，九头鸟不得了，九头鸟要翻天哩！"毛泽东主席把九头鸟说是褒义的，生命力的顽强。

其三，用优秀的精神文化发展经济。楚文化的精神特征其中有两点跟发展经济相关。第一个就是上善若水，湖北发展经济要有包容性，不能我就是老大，企业要排第一位，不是官员，也不是学者，不是说老二、老三不重要，你看在什么时候，最关键的还是要依靠这些企业，推动湖北经济发展。要进一步做好优化营商环境工作，政府、金融要为实体经济服务，应该要有这样的认识。还有一个就是诚信意识。我们现在有些地方，老百姓叫"开门招商，关门打狗"，开始把别人招来，到我这来投资，税收减免，地皮价最低，然后我给你一条龙服务，要什么我都给你到位。别人说好，你这个地方可能比哪都优惠。来了之后，第一天城管去了，说你怎么在这儿搞？第二天工商税务去了，说你的税要补；第三天生态环境部门去了，说你这搞得乱七八糟，环评不合格，要罚款，婆婆、卡卡太多，到最后，别人不跟你玩了，三十六计走为上计，我到别的地方去投资。这里并不是说招商引资要脱离国家、部门的监管，正常的审批环节手续不能少，多一点包容，多一点引导，变"管理"为"服务"，能不能在不违背大的政策法律条款背景下，增加一些人性化、弹性化的服务，把优化营商环境的这块沃土做实，自然有企业来投资了。湖北要发展，就要弘扬楚文化的包容精神，大象无形，要兼收并蓄，要诚信，一诺千金。

其四，以优秀的荆楚文化繁荣文化。我做了一点小小的事，但不是很成功。迄今为止，我跟中央电视台大概做了八部片子，除了《思美人》是电视连续剧，有78集，不太成功，其他七部人文纪录片还算是比较成功。当然我比较得意的是《楚国八百年》，我是总顾问，整个思想也贯穿了我个人的，我在中央党校学习的时候，稿子最后修改了三天，这个还比较满意。另外一个是受到原中宣部部长刘奇葆高度赞赏的，叫《读书的力量》，那不是我一个人，冯天瑜先生也是顾问，还有知名的教育学家朱永新。

主持人：您的很多作品现场很多同学都拜读过的，他们今天也是带着问题来的，但由于时间原因，我们只能够分享到这里。我们这个中华文化研修班，接下来还有非常紧张的行程，也希望大家能够在培训班当中能够有所收获。刚才我们的几位老师非常专业地给我们分析了从古至今我们如何理解、如何发展、如何看待全面建成小康社会的诸多问题，大家也都收获满满，今天也非常感谢几位专家，通过你们的分享，让我们对荆楚文化、对中华文明有了更深的认同感。武汉人有一句方言，叫"不服周"，这其实是当年楚人对于周人的一种反抗，就是我们武汉人的这种"坚韧不拔、开拓进取、勇立潮头、敢为人先"的精神，刚才刘教授、江教授、孟教授给我们分享的"止戈为武"的和合精神，还有"筚路蓝缕"的开拓精神等，各种各样的文化积淀，其实都会以各种各样的方式，以它奇特的方式在我们的血液里面流淌，并且在我们的基因里面代代传承，这就是文化的力量。今天由于时间的关系，我们的对话到这里就告一段落，也希望同学们在接下来的活动当中能够有更多的收获。感谢三位嘉宾和出席会议的领导们，也感谢现场所有的朋友，谢谢，再见。

讲坛五：2018年5月26日　武汉市中华文化学院（武汉市社会主义学院）"中华文化与中国禅宗"电视嘉宾中华文化论坛高端对话

嘉　宾：麻天祥，男，教育部马克思主义理论和建设工程《宗教史》项目首席专家、《中国哲学史》项目专家组主要成员，享受国务院政府特殊津贴。曾任武汉大学哲学学院二级教授、博士生导师、宗教学研究所所长、中国佛学及佛教艺术研究中心主任、基督宗教和西方宗教文化研究中心学术委员会主席。代表著作有：《如是我闻：麻天祥佛学与宗教哲学研究》（中华书局2010年版）、《中国宗教哲学史》（人民出版社2006年版）、《汤用彤评传》（武汉大学出版社2007年版）、《中国近代学术史》（武汉大学出版社2007年版）、《20世纪中国佛学问题》（武汉大学出版社2007年版）、《中国禅宗思想发展史》（武汉大学出版社2007年版）、《佛学百年》（主编，武汉大学出版社2008年版）、《禅宗文化大学讲稿》（中国人民大学出版社2007年版）、《中国禅宗思想史略》（中国人民大学出版社2007年版）、《指月：麻天祥随笔初集》（河南大学出版社2009年版）、《揽月——麻天祥随笔二集》（河南大学出版社2010年版）、《中国的佛教》（东方出版社2015年版）、《汤用彤评传》（百花洲文艺出版社2014年版)、《中国思想史钩沉》(大象出版社2014年版)、《中日韩天台学术对话》(主编,人民出版社2011年版)、《梁启超说佛》(湖北人民出版社2007年版)、《晚清佛学与近代社会思潮》(河南大学出版社2005年版)、《梁漱溟说佛》(合著,湖北人民出版社2006年版)、《反观人生的玄览之路——近现代中国佛学研究》(贵州人民出版社1994年版)、《佛学与人生——近代思想家的佛学思想》(中州古籍出版社1993年版)等。

嘉　宾：胡治洪,哲学博士,武汉大学中国传统文化研究中心教授,博士生导师,兼任武汉大学国学院教授,武汉大学孔子与儒学研究中心研究员,《儒家文化研究》辑刊副主编,曾受聘为中国哲学史学会学术促进委员会委员,中国哲学史学会现代哲学专业委员会常务理事,中华孔子学会理事,中国朱子学会理事,湖北省周易学会理事。主要研究方向为儒家哲学和中国现代哲学,目前致力于"启蒙反思"研究。代表著作有：《儒哲新思》(中华书局2009年版)、《中国哲学通史(现代卷)》(江苏人民出版社2021年版)、《刘述先文集(第1—10卷)》(合编,中国人民大学出版社2020年版)、《全球语境中的儒家论说：杜维明新儒学思想研究》(生活·读书·新知三联书店2004年版)、《大家精要：唐君毅》(云南教育出版社2008年版)、《现代思想衡虑下的启蒙理念》(主编,武汉大学出版社2011年版)等。

主持人：武汉电视台新闻综合频道(WHTV-1)主持人　赵楠

中华文化与中国禅宗

麻天祥　胡治洪

主持人：各位领导，各位来宾，媒体朋友们，港澳台青年学子们，大家上午好，我是武汉电视台新闻综合频道主持人赵楠，非常高兴，能够在今天上午跟大家欢聚在这里。习近平总书记在党的十九大报告中指出："两岸同胞是命运与共的骨肉兄弟，是血浓于水的一家人。我们秉持'两岸一家亲'理念，尊重台湾现有的社会制度和台湾同胞生活方式，愿意率先同台湾同胞分享大陆发展的机遇。我们将扩大两岸经济文化交流合作，实现互利互惠，逐步为台湾同胞在大陆学习、创业、就业、生活提供与大陆同胞同等的待遇，增进台湾同胞福祉。我们将推动两岸同胞共同弘扬中华文化，促进心灵契合。"所以今天呢，我们开卷有益栏目组也来到了这里，跟大家进行我们第二期的文化高端对话，希望通过我们中华文化与中国禅宗的探讨，来加深大家对于中华优秀传统文化的理解，增强港澳台青年学子文化自信，增强文化认同感和民族自豪感，促进两岸同胞心灵契合。

下面我介绍一下今天到场的各位领导和来宾，他们是武汉市中华文化学院党组书记刘善明，欢迎您；省中华文化学院副巡视员孟江陵,欢迎您;市中华文化学院党组成员、副院长徐辉,欢迎您;市中华文化学院党组成员、副院长徐军,欢迎您;以及今天参与我们高端对话的两位教授,他们分别是曾任武汉大学哲学学院教授,博士生导师,教育部马克思主义理论和建设工程宗教史项目首席专家,享受国务院政府特殊津贴的麻天祥教授,欢迎您;还有武汉大学中国传统文化研究中心教授、博士生导师胡治洪教授,欢迎您。有请二位教授到台上来。

好,下面请两位教授到我们的访谈区。中华文化源远流长,博大精深,包罗万象,它包含了独具特色的语言文字以及浩如烟海的文化典籍,名扬世界的科学技术,异彩纷呈的文学艺术以及充满智慧的中国哲学,等等,今天我们来讨论的是中国禅宗与中国文化。刚刚我们也跟麻教授沟通了一下,中国禅宗文化在我们中华文化当中可以说是一个非常特别的重要的组成部分。

我想问问两位教授,中国禅宗文化在中华文化历史发展的融合进程中,它是如何做到与当代社会相适应的呢?请麻教授作分享。

麻天祥: 主持人好。关于这个问题实际上也分几个问题,一是它的历史,二是它的理论,三是它的社会层面,四是它的道德层面。从历史上看,我们首先要说明一点,禅宗其实有两个指向,一是中国的一种特殊的宗派,二是实际上讲禅宗就是佛教,佛教就是禅宗,佛教席卷天下,禅宗席卷天下,所以佛教就是禅宗,禅宗就是佛教。

佛教作为一种外来文化传入中国以后,实际上它有一个中国化的过程,它不是一个节点,是一个过程。其实在早期传入到中国的时候,他首先和中国的文化,就是汉代文化,即与当时中国

文化中的黄老思想融合。也就是说它作为一种外来思想来到中国，首先要适应中国本土的文化，适应黄老文化，实现自身的改造，才能够在中华文化的土壤上立足生根。

它首先结合的是当时黄老思想。大家都知道，黄老思想表现的就是清静无为，养生成神。政治上就是无为而治，就是这些思想和佛教的思想结合，而成为一种佛道式的佛教。

这个阶段直到汉代末，黄老思想和佛教思想的结合不绝如缕，佛道式的佛教，在湖北很重要且颇有影响的，鄂州市博物馆有记载。公元221年，吴主孙权从公安（今湖北省公安县）迁都于鄂（今湖北鄂州），取"以武而昌"之意，将"鄂"改名为"武昌"，其中一个是三国时佛经翻译家、大月氏国人支谦居士到武昌译经传教，后来成为太子孙登的老师。支谦擅长采用老庄思想，译经讲究信雅畅达，注重文学性，开创译经先河。另一个就是康僧会。公元229年，孙权从武昌迁都到建业（今南京）。公元247

年，西域康居国名僧康僧会从交趾（今越南）来到建业，孙权专门为康僧会修造了"建初寺"。为了能够让中国人更容易接受佛法，康僧会运用儒家和道家的思想，采取"比附"的译经方法进行译经传教，康僧会主张的是养生成神，支谦主张神与道合，实际上都是和黄老思想相结合的。

第二个阶段就是魏晋南北朝的时候，魏晋南北朝，当时中国的文化主要是玄风飙起，玄学盛行。在这个阶段它就是和玄风玄学相结合，所以就形成了6家7宗，当然这些比较专业，有6家，主要的就是贵无派、即色派和心无派，当然这些名词很深奥，你们不一定明白，简单说就是形成了多种的宗派，这些宗派就是吸取了玄学的思想，换句话说就是吸取了中国文化的思想，而对佛教的教义进行解释的，这个思想核心问题是用有、无来解释佛教的思想，就形成贵无派，是重视无的。所以"无"就成为佛教的思想，这也是吸取了中国文化的思想。换句话说，佛教的思想和中国文化的思想相结合而形成的一种典型的中国佛教。

第三个阶段就是我们说的隋唐时期，就建立了自己的宗派，也就是说在原来佛教的文化当中是没有的，而在中国文化当中就形成了这样的宗派，也就是天台、华严、密宗等，所谓八宗或者叫十三宗，有很多的宗派，禅宗就是其一，这就是典型的中国佛教，而且是制度化的过程，不像以前。这个过程实际上就是中国化的过程。实质上到宋代以后，佛教的思想已经开始向中国文化全面渗透，思想、语言、艺术、哲学等，表现为全方位的渗透。

概括起来说，第一，重铸了中华民族的人生哲学。就是中华民族的人生哲学受到佛教的思想影响，结合中国的思想重铸了中国国人的人生哲学。当然我就不详细说了，中国原来的儒家思想是重死的，人固有一死，或重于泰山，或轻于鸿毛，诸如此类的。道家的思想是重生的，拔一毛利天下而不为，就是这种思想，而佛教的思想就是超越生死的，生不足恋，死不足惜，如此重铸了中华民族的人生哲学。

第二，丰富了中华文化的理性思维。佛教有一套辩证思维，对中国文化产生了极大的影响。只有吸取了佛教思想，儒家思想在宋代才能形成了博大精深的理学，而理学就在其以后1000多年一直占据着主要的统治的地位，而这个思想里边主要是吸取了佛教的思想和道家的思想。

毛主席曾经说过，隋唐时代只有大的文学家，而没有大的思想家。到了宋代才有大的思想家，为什么？因为唐代的思想家、文学家大多没有真正吸取佛教的思想，而且大思想家又多在佛门，只有到宋代，儒门淡薄，尽归释氏，理学兴起，程颐、程颢、朱熹，这些人吸取了佛教的思想，然后才形成了这样的理学，所谓的"理一分殊"就是理学的核心观念，"理一分殊"就是受佛教思想"月印万川"思想的影响而形成的。

天上有一个月亮，地下江河湖海当中，有千千万万个月亮，这千千万万个月亮，都是天上的一个月亮的映射，而天上的一个月亮，照见了下边的千千万万个月亮，这种理性思维就是受到佛教思想的影响。理学也是儒学，儒家的思想没有佛教思想的浸润，就形不成博大精深的理学，特别是王阳明的心学，首先提出来就是无善无恶心之体，这个思想就是典型的佛家的传统思想。

慧能曾经说过，什么是父母未生你之前的本来面目？就是说要超越后天的习性，超越对立，这实际上就是形成心学的一个最根本的东西，就是本体，无善无恶。

第三，陶冶了中国知识分子的审美情趣和审美观念。我觉得中国知识分子特别是受佛教的思想，那种清然，那种超拔，那种淡然，那种豁达，这些都是中国知识分子的审美观念，受到佛教思想的影响而出现的一种结果，我想历史上看大概就是这个样子。拿到我们当代来说的话，就是中国禅宗文化是如何做到与我们社会主义相适应相融合的呢？

其实，关于中国文化，刚才我说的还有一个问题，就是基本理论问题。我们简单地讲一下，理论上讲，实质上佛教的理论与众不同，它是没有本体的，这就从根本上否定了神的存在，很复杂。就是"缘生"，它认为，世界事物的形成，不像其他的理论，就是认为世界没有原创，不像基督教，就是神，创造了世界。它认为一切事物都是因缘和合而生的，也就是说它是没有本体的。理论传到中国以后，特别到魏晋南北朝的时候，就把无本体，没有本体的思想，变成了以"无为"本体这样的思想。然后，这个无就是我们的法性，就是佛家的法性本性，然后法性又是我们的心性。所以说，从佛教的无本体到无为本体到法性本体，然后到达心性本体，明显表现的是中国化的一种特征，中国化主要是注重心性的修养，要陶冶自己的心性，建设自己的道德心灵，所以说中国的佛教主要表现在这几个方面，一个就是破除分别，你不要有分别。这样一个平等性。再一个就是破除贪欲，就是你的贪心，破除这种贪欲的清净性，要清净。再一个就是勇猛精进的进取性，而这些思想与我们社会主义建设、社会主义核心价值观都是相适应的。另外，还有扬善惩恶，它最基本的原则就是主张扬善惩恶。再一个就是它的大慈大悲、慈悲救世，所以特别是到近代的一些思想家，康有为、梁启超、陈独秀，甚至杨度，还有很多人，他们特别主张不成佛，而成菩萨，处于一个低的层面，菩萨是干什么的呢？救世的。我前几天到九华山地藏的道场，地藏王就是讲，叫"我不入地狱，谁入地狱？"我不是去追求天堂，我就是要进地狱，进地狱干什么？救众生，和我们的思想，我们的共产主义的精神具有相似的一致性。共产主义精神有一句话就叫无产阶级只有解放全人类才能最后解放自己，而这个思想恰恰与佛教的思想理念，即地狱不空誓不成佛这样的一种精神境界具有一定的相似性。

还有一个主张廉洁奉公，这也是禅宗的思想，一个典型的特征，就是破除贪心，一定要廉洁。有一个故事，实际上是一副对联，"杨歧灯盏明千古，宝寿生姜辣万年"。杨歧是一个禅师的名字，也是禅宗一个派别，是杨歧派的创始人，杨歧工作的时候要点灯，点油灯，油灯分两层，一层是上边的，一层下边的，上边的是公用的，它有灯油，下边是自己要用办自己私事的时候点灯用的。杨歧公私分明，杨歧工作的时候点上边的灯，晚上办私事的时候，点下边的灯，用自己的油，下边是私人的，办公用上边的。有人就说，你这还不太公私分明，上边的灯点燃以后，流下了油，油流到你私人的灯盏里头去了，说明你还是贪污了公家的油。后来，他就调换灯盏上、下位置，让上边是私人的，下边是公家的灯盏，显得特别公私分明，公家的，我一点不沾。

再一个就是宝寿生姜辣万年。生姜大家都知道，宝寿是一个和尚的名字，这个和尚就在一个寺院里当总管，就是管库房的。他的方丈有一天感冒，他要吃药，那时候都知道我们用点生姜熬点红糖，就治感冒，让侍者到库房找宝寿取一块生姜熬汤治病。按说，这领导说话了，那应该是没问题。宝寿说："常住公物，哪能私用，要用就拿钱来买。"你自己病了，你怎么能用公家的生姜。后来，这个方丈反而很欣赏宝寿，宝寿公私分明，大公无私。所以以后有人推荐方丈的时候，这个方丈说，就叫那个管生姜的人去。这就是廉洁奉公，其实叫扬善惩恶，还有心性修养，这些都与我们社会主义核心价值观是相一致的，所以说发扬佛教的思想，佛教的思想对现实也有积极的作用。还有包容、和合等这一系列思想，都是我们现代社会所需要的。

主持人：刚才麻教授给我们讲了中国禅宗文化，佛教流传到中国之后，是我们汉化的产物。从文化层面上来说，胡教授我们怎么来理解禅宗文化呢？

胡治洪：刚才麻老师讲得非常好，我也听了一场生动的佛教史课程。我们都知道东汉初年，佛教这种外来文化从天竺白马驮经传来，然后慢慢演进，经过漫长的时期，跟中华文化历经冲突而互相融合。从东汉三国两晋南北朝一直到隋唐，像梁武帝、武则天这些帝王都成了佛教徒，当时平民百姓信奉佛教的非常多，唐代杜牧诗曰"南朝四百八十寺，多少楼台烟雨中"，反映了那时佛教兴盛。在这个融入的过程中，佛教逐渐适应中国文化并创造性转化，例如依附玄学进行格义，特别是契合儒家人文精神而开出一些方便法门。

我们知道中国文化自周公、孔子以来，其大传统就是"不语怪力乱神"的理性文化，读书人也就是知识阶层遵奉圣贤道理以自律，但是他们还有高深的哲理追求和超越的精神蕲向。一般平民百姓，没有进学读书，不知圣贤道理或者知之甚少，可能就无从自律，所以还是需要神道设教，这大概就是荀子所说的"君子以为文，而百姓以为神"，也就是佛教能够被中国文化所接纳的一个重要原因。佛教的报应说、轮回说乃至十八层地狱的描述等，对于芸芸大众具有强烈的诱导和震慑作用，而佛学的本体宇宙观、人生观、心性论、认识论、工夫论以及辩证思维方式这些精致的学理，则对中国知识阶层具有巨大的吸引力，当佛教对芸芸大众和知识精英都产生了广泛影响作用的时候，它也就逐渐被我们的固有文化所接受并且融入其中了。

我们中华民族，由漫长的上古时代聚族而居的农耕文明生活方式，自然而然形成一种"亲亲仁民爱物"的生活习惯，由这种生活习惯所积淀的风俗传统，被周公到孔子之间许多世代的许多知识精英加以记述，终于被孔子提升为一种理论表述，成为后来所谓的"六经"，大体上也就是现在所见的"十三经"，这些经典又反过来形塑我们民族的宇宙观、人生观、价值观、伦理观以及思维方式和行为方式，特别是经过董仲舒向汉武帝奏上"天人三策"而确定"独尊儒术"的大政方针，这些经典也就被确立为道统，亦即国家主导意识形态，一直延续到清朝末年。由此可见，我们中华民族几千年来一贯拥有作为自己精神命脉的固有文化。但是外来的佛教为什么能够被中国固有文化所接受并且融入其中，它对我们有什么启示呢？我认为，它的启示就是任何外来文化必须与我们自己的固有传统相契合，当然也要守住它的一些基本要义，这样就会慢慢融入我们的文化里面来，丰富我们的文化。中国文化是我们固有的文化。我们固有的文化当今面临的最大挑战是西方文化。佛教从东汉初年到北宋，经过上千年才慢慢融合到中国文化里面来。我们现在中西文化之间的融合大概还是刚刚开始，还有很漫长的路要走。但是我们一定要有信心，最终中国文化会融合西方文化。在中国这片大地上，就是一部中华文化发展史，只能是外来文化融合进来成为我们文化的元素，而不能是我们被同化过去，这是我们应有的自觉，当然也需要我们做出很大的努力去实现，发挥主观能动性可以加速这个过程的实现。

主持人：文化融合，是一个漫长的过程，外来的文化，他要在我们中华文化中扎根生长，它必须就要符合我们中华文化的土壤，以及符合我们现在的社会主义核心价值观。我们想请教两位教授，中国禅宗文化在稳定人心和促进社会和谐中起到了什么样的作用呢？

麻天祥：刚才已经说了，就是佛教的思想和我们社会主义、共产主义的追求基本上是相通的，而且佛教有一个最根本的观念，就是"不依国主，法事难立"，就是说他一定要在不同的历史时期和政治相结合，符合当时的政治，正是因为如此，佛教才能够各个历史阶段不断得到发展。

首先有这一条，它是特别有融合、包容的这样一种精神。举个例子，从政治上来说，刚才我说，佛教有他的超越，就是强调叫不敬王者，就与政治保持一定的距离，但是在中国整个发展的过程当中，它首先的最根本的思想就是"不依国主，法事难立"。

举个例子，宋太祖需要到寺院里面去，一个和尚高僧就跟着，首先进到佛殿，他说，我要见到佛像，拜不拜？那和尚就说了，他说，"现在佛不拜过去佛"。意思就是说皇帝是现在佛，不拜过去佛。看似当时对皇帝的一种吹牛拍马，实际上表现出来是佛教的这种包容精神和政治相结合。

这充分说明了它在政治上的和谐，而且它的教育当中，特别是禅宗强调灵活和它的"六和敬",第一个就是见和同解,见和同解就是意见、见解要在思想上、观念上保持高度的统一,换句话说就是要统一思想。第二个就是利和同均,经济上要平等,还有戒和同修、身和同住、口和无诤、意和同悦,一共六个方面,叫"六和敬"。这种和合的精神跟我们现在倡导的社会和谐与共同发展、人类命运共同体理念都是相一致的。所以在弘法利生的过程当中,它实质上就是维护着社会的稳定并推动社会的发展。另外,我刚才说,它有一个中国化的过程,比方说,菩萨,观音菩萨大慈大悲救苦救难,这样的一种精神传到中国以后也是救苦救难。实际上观音在早期是不分善恶的,只要你念观音你就可以救苦救难,传到中国以后就不行了,中国一定要把它改造,改造成什么样呢?就是救善而不救恶,这就是中国菩萨精神的一种特点。再以后,这种救苦救难实际体现的是一种自救。别人救不了你,不能依靠别人,只有依靠自己。所以中国有一副对联说得很好,叫什么呢?若不回头,谁为你救苦救难;如能转念,何须我大慈大悲。意思就是说,你要是能够转变观念,不贪欲,不造恶的话,你就不需要我慈悲为怀,救苦救难。如果你不回头向善,那谁能够救你?没人能够救你。

还有一个和尚曾经讲过一个故事,说一个老太太整天烧香拜佛,最后他儿子出了车祸,他就找菩萨,找和尚问,她说,你看我虔诚得不得了,我拜佛整天很虔诚,但求菩萨保佑,为什么菩萨不保佑我,反而叫我的儿子出了车祸?和尚就说,你儿子跑得太快了,警察都撵不上,菩萨也撵不上。这个意思就是说,真正能够起到作用的是你自己救自己,这就是中国文化的特点,中国文化就是强调要靠自己,要积极进取,要无限扩张自己的心智,这对于实现中国梦，实现中国文化的自觉和自信，这样的精神是很有用的。所以我觉得，佛教在整个精神方面都能起到很重大的作用。

主持人： 胡教授对于这点您怎么看呢？

胡治洪： 我觉得麻教授对于佛教的社会教化作用的阐述非常好，落实到世道人心这一点来说，也就是倡导反求诸己，严于律己而宽以待人，这与儒家思想相当契合。儒家崇尚"仁、智、勇"三达德，佛家崇尚"慈悲、般若、大雄无畏"，这是完全契合的。而儒家的仁和佛家的慈悲，归根到底就是一个同情心，儒家叫作恕道，通俗地说就是将心比心，要换位思考，总是多为人家考虑，不要总是站在自己的角度去看问题，这是儒佛两家教化世道人心的要义。现在社会上，因为转型期，世道人心的问题非常多，我们现在不管在什么地方，都听到很多不平，甚至于抱怨、谴责、咒骂。但是儒家说你不要说人家怎么怎么样，你好好看看自己怎么样，反求诸己。在《论语》《大学》《中庸》里面，我们都看见这样的教言。孔子说"为仁由己"，我要做一个仁人，人家说很难，怎么办呢？孔子又说"仁远乎哉？我欲仁，斯仁至矣"，你如果决心要做一个仁人君子的话，你当下就已经具有成为仁人君子的条件。佛家也说"一念向善即往生净土"，相信"顿悟成佛"。这些都是净化人心、安定社会的优秀传统文化资源。可以说儒佛两家都是高度心理学，关注人的精神修养，儒家要人自识本心，佛家要人认得本来面目。如果一个人把握了本心，认得了本来面目，就一定会弃恶向善；如果人人都把握了本心，认得了本来面目，整个社会当然就和谐安宁了。

现在我们的国家越来越发展，实力越来越强大，经济、政治、军事、外交都有很强的实力,我们完全可以感到自豪,但是我们也必须看到精神层面还有很多欠缺。我记得 2016 年我到北京参加国务院参事室也就是中央文史研究馆的会议,他们筹备成立中国国学馆,其中包括十多个馆,有经学馆、儒学馆、道学馆、佛学馆等,我是代表儒家学者参加会议,对儒学馆的内容安排提出意见和建议。在会上国务院参事室负责人说明筹建国学馆的动因,其中说到最高领导对于当前社会的精神面貌的高度重视。这些年来,党中央、习近平总书记对于精神文明、对于中华优秀传统文化的高度重视和重要论述,激励我们一定要把这项工作做好!我们说了中西文化的融合问题,我们国民精神面貌提升的问题,这都是我们现在非常重要的事情。儒家也好,佛教禅宗也好,都有着非常优秀的思想资源。我在想,如果一个人,他真正认同儒家学说、佛家学说,学进去了,身体力行了,这种人绝对不会有贪污腐败的问题,因为他的精神境界不一样了,他根本就不会有贪污腐败的意图,他会超越现实中的物欲,看不起这些东西。《论语》讲孔颜乐处,孟子讲"富贵不能淫、贫贱不能移、威武不能屈"的大丈夫;佛家将"贪"列为"三毒"(贪、嗔、痴)之首,认为"痴""惑""暗""无明"就是愚痴,乃是"贪"的根源,而将涅槃寂静作为终极追求,这些都是倡扬高尚的精神愉悦,而鄙弃贪婪无度、物质享乐、声色犬马、红尘滚滚。所以,现在我们说,要做到不敢腐,不能腐,不想腐。不敢腐、不能腐还是他律,不想腐就是自律了。怎么才能达到不想腐的自律呢?那就要学一学我们传统文化中的这些宝藏。

主持人: 听完了之后有种豁然开朗的感觉,这是一种更高的精神文明的追求。麻教授,对于我们中国禅宗和中国文化,你还有些什么可以跟我们同学们分享一下的吗？

麻天祥：关于中国文化的融合这个话题有很多需要谈的，其实刚才胡教授说的一个问题，关于文化融合的问题，只有用我们中国文化去融合别的文化，其实我也有一种观点和胡教授比较相近，就是说中国文化和世界文化作为不同的文化，在融合过程当中，封闭的地域被打破以后，不同的文化都要接触，接触以后，亨廷顿主张的是冲突，我认为主要是融合，融合是什么样的呢？

融合有三种方式，第一种是以西方为中心的文化融合；第二种是以东方文化为中心的东方文化融合的；第三种是以各自文化为中心的融合，也叫本位文化的融合。我们就是要以中国的文化去兼容其他文化，这叫本位的趋同，中国文化在世界文化当中做出了一个典范，就是佛教。佛教传入中国以后和中国文化非常完美地融合，这个实际上就为马克思主义中国化创造了一个典范，这是我的一个观点。

另外一个就是，为的是什么？佛教一般人都知道，一谈到佛教，那就是到寺院里烧香拜佛，看见了大佛像，看见神仙很威武，这就是佛教。然后就是供上100元钱，就想得到1000元钱、1万元钱甚至10万元钱的利益回报，实际上是求福报的，这样的一种行为，和佛教的追求相背驰。从学理层面上看，佛教从根本上讲是追求智慧的，也就觉悟，意思就是说佛教最终的信仰是追求觉悟的，就是追求智慧的。胡适曾经说过，印度的佛教主要在于定，中国的佛教主要在于慧，智慧，这个智慧不是我们通常说的智慧，而是觉悟，觉悟大千世界因缘而生这样的一种智慧。

还有一些具体的、民间的现象。就是什么是观音菩萨，然后是送子观音，福有福报，善有善报，恶有恶报。刚才胡教授说的就是十八层地狱，轮回转世，实际上都是民间信仰的东西，这种民间信仰如果是善有善报，恶有恶报，主张是扬善惩恶的话，应该给予支持。但是从另外一个角度来讲，如果利用佛教搞"灵修"那一套，到处招摇撞骗，图财害命的都应该给予惩罚，给予惩戒，乃至追究法律责任。

另外，刚才我还说到就是，有些习俗是与时俱进的，比方说，烧香拜佛，这些习俗还是要与时俱进的，原来烧几炷香，现在，有的烧大香，供神像，烧得乌烟瘴气，对环境污染有很大的影响。其实我觉得可不可以改变一下，像香港的李嘉诚的家庙搞得很好，他不烧香，主张净水，把水平举顶礼，用水拜观音菩萨，然后水还可以回收，还可以循环使用，这样的也都是很好的一种方法，所以说，我觉得传播佛教的信仰，如果能够正确地引导的话，也是很有价值的。

另外还有一个，我想说一个就是关于信仰的问题，首先想到的就是梁启超说了一句话，梁启超说中国人西天取经或者是去印度求法，不是像基督教徒那样去朝拜耶路撒冷，不是像伊斯兰教徒礼拜麦加，这个意思能懂吗？就是不像基督教徒去耶路撒冷朝圣的，也不像伊斯兰教去顶礼膜拜，他们出于一种信仰。而中国的悉心求法在于学，而不在于教，在于智慧，而不在于信仰。所以说，梁启超说佛教是自信而不是迷信，当然这是个词句的问题，整体讲佛教追求的是一种学问，是一种智慧。

所以，从这根本上讲，从中国强调文化自觉自信，佛教、儒家、道家思想是我们中国传统文化的重要组成部分，应该是充分让他们发扬光大，这样的话，对于实现我们中华民族伟大复兴的中国梦，那是有很大的推动作用和积极意义的。

主持人： 刚才两位教授都讲到了文化的融合，也讲到了文化融合当中会有冲突，而其实这个冲突本身就是融合的一个过程。刚才麻教授也提到了，我们要坚守我们中华文化立场，儒家文化是我们中华文化的重要组成部分，是我们本土的文化，还有更多的中华文化瑰宝，在融合的过程中，我们如何做到坚守我们中华文化，这一点是非常重要的。胡教授，您怎么看？跟我们分享一下。

胡治洪： 应该说，文化是一个内涵非常复杂的概念，迄今为止中外关于文化的定义可能有上百种甚至更多，当然我们现在一般的理解，还是一个广义的文化，包括物质层面的东西、制度层面的东西，还有精神层面的东西全都在里面，也就是说，凡是人类作用过、意识到或创造出的对象物，都属于文化，都是"人文化成"。从这样一个大文化的概念来看中国文化，也是一个慢慢生成的过程，最初的原始文化可能没有较多可讲的，那时就是石器、陶器，但经过长时间的社会历史更替，逐渐形成一些寄寓观念的刻画符号，然后发展为陶绘、甲骨文、钟鼎文，文化也就越来越丰富而复杂。

到了春秋战国时期，中国文化基本上定型了。后世一般认为那个时期有诸子百家，好像文化是多元的，当然也确实是多元的，但诸子百家其实是多元一体。我们可以看看《庄子》，其中有一篇叫《天下》，《天下》篇里面已经说得很清楚，他说诸子百家都只是各得先王之道也就是中国固有文化的一偏，而真正把六经体现的中国固有文化全部传承下来的是邹鲁缙绅之士，也就是儒家。庄子及其后学作为道家人物能有这样的评价，而且"六经"名目大概也是他们最先提出来，可见这是当时的公认，也就是肯定儒家作为中国文化的主体，儒家全面体现中华民族的民族性。但是另一方面，儒家虽为中国文化的主体，却并不抑制各家学说。孟子曾经"拒杨墨"，但杨墨恰恰是战国时代的显学。汉武帝时期虽然有所谓"罢黜百家，独尊儒术"，其实那只是朝廷的一种导向而已，就是说你只要不触动儒家作为正统意识形态的地位，那么你照样可以拥有你的发展空间，大概没有任何一家是被奉行儒家的政权所封杀。从历史文献看得出来，道家在汉代还是在发展，法家、墨家也还是有的，而且还有一些高官就是道家、法家人物，诸子百家是不是都在汉武帝以后消亡了呢？没有！它们的衰落或是由于它们的思想主张在现实中难以被大众所接受，跟我们的民族心理有隔阂，或是它们在学术方面过于烦琐艰深，人民大众不理解不喜欢，不是政权对它们有什么打压，所以以儒家为主体的中国文化具有巨大的包容性，佛教融入中国文化也证明了这一点。

还有一个很好的事例能说明中国文化的包容性，就是犹太人问题。犹太人历史上长期是一个离散民族（Diaspora），他们走到任何地方都抱成一团，不跟其他民族文化融合。他们来到中国，在宋代以后，却竟然消失了。近年来有人在北宋首都开封访求犹太人的后裔，这些人说他们后来改了姓名，都已经完全是中国人了，一点点犹太的特性都没有了，由此可以看出中国文化巨大的包容性。

我刚才表达的意思可能还不是十分清晰，所以我再次明确强调，在我们中国的大地上，中华文化必定是永恒的主体，因此我很不愿意听到有些中国人说什么"中国元素"。如果是一个外国人，他可以说他的文化中有中国元素；但是作为中国人，却将自己的固有文化仅仅认作一种元素，那就是拆散七宝楼台，就是数典忘祖，就是妄自菲薄，就是文化殖民主义的流毒，就是西化思潮的表现。西化思潮在中国是绝对行不通的，全盘西化在中国没有任何可能性。在中国大地上，只能是中华文化包容转化一切外来文化，绝不可能是中华文化被外来文化所转化。近代以来，我们的文化受到不少中国人自己的怀疑、仇视、诬蔑甚至践踏，他们那种对待我们文化的态度是功利性的，是肤浅短视的，是自毁长城的，必须清醒地认识。如果我们对自己的文化丧失了信心甚至于茫然无知，我们的民族就会缺乏认同感和凝聚力，甚至没有精神支柱，会分崩离析、会任人宰割，乃至灭亡。先贤指出"亡国族者必先亡其文化"，揭示的就是这个道理。所以我们一定要树立文化自觉、文化自尊、文化自爱、文化自信，当然同时也应该认识并且吸收其他民族文化的优点，从而丰富和发展中华文化，但是这种吸收必须是以我为主的，是以我们的文化为主体去接受和包容其他民族的文化，这种"主从、本末、体用"的关系必须是十分明确、坚定不移的。同时我们也必须坚决拒斥外来文化中的糟粕，如果明明看到那些东西是"坏人心、败人家、乱人国、灭人类、毁人寰"的毒品，却还要一味跟风，这不仅是没有自信的问题，简直就是祸国殃民。只有我们每个人都有了文化自觉、文化自尊、文化自爱、文化自信，我们的民族才可以不仅在物质层面、制度层面，而且在精神层面实现伟大复兴！

主持人：非常感谢两位教授今天给我们的分享，让我们在一个更深的层面上加深了解到了儒家文化、禅宗文化和中华文化整个内在的一个融合的过程，积极挖掘和利用儒家文化、禅宗文化中与社会主义建设发展相适应的积极因素，对于加强社会主义精神文明建设，弘扬和践行社会主义核心价值观要求，必将发挥积极作用。同时，也让我们清醒地认识到，坚守我们中华文化的精神家园，需要我们在座的每一位同仁，每一位青年学子们，一起努力，共同进步。

再次感谢两位教授和领导出席，以及在座的青年学子、朋友们，我们这一期的节目到此结束。

讲坛六：2019年4月29日武汉市中华文化学院（武汉市社会主义学院）"四大名著与中华文化"电视嘉宾中华文化论坛高端对话

嘉　宾：陈文新，教育部长江学者特聘教授，享受国务院特殊津贴专家，国家社会科学基金重大项目"中国文学史著作整理、研究及数据库建设"首席专家，教育部哲学社会科学重大攻关项目（马工程重点教材编写专项）《中国古代文学史》首席专家，武汉大学文学院教授委员会主席、中国传统文化研究中心学术委员会主任、域外汉学与汉籍研究中心主任，二级教师、博士生导师。代表著作有：《集部视野下的辞章谱系与诗学形态》（商务印书馆2015年版）、《明代文学与科举文化生态》（主撰，高等教育出版社2016年版）、《中国传奇小说史话》（台北正中书局1995年版）、《中国笔记小说史》（台湾志一出版社1995年版）、《明代诗学的逻辑进程与主要理论问题》（武汉大学出版社2007年版）、《中国文学流派意识的发生和发展——中国古代文学流派研究导论》（武汉大学出版社2003年版）、《文言小说审美发展史》（武汉大学出版社2002年版）、《中国文言小说流派研究》（武汉大学出版社1993年版）、《明清小说名著导读》

（主编，长江文艺出版社2004年版）等。主编《中国文学编年史》《历代科举文献整理与研究丛刊》《中国学术档案大系》等。曾获高等学校科学研究优秀成果奖（人文社会科学）二等奖、全国优秀教材奖（高等教育类）二等奖、中国出版政府奖提名奖、湖北省社会科学优秀成果奖一等奖。

嘉　宾：鲁小俊，武汉大学文学院教授、博士生导师，国家社会科学基金重大项目"中国历代书院文学活动编年史"首席专家。代表著作有：《清代书院课艺总集叙录（上下册）》（武汉大学出版社2015年版）、《清代书院课艺考述》（花木兰文化出版社2014年版）、《三国演义的现代误读》（中国社会科学出版社2015年版）、《中国文学编年史·清前中期卷（上下册）》（主编，湖南人民出版社2006年版）、《汗青浊酒：〈三国演义〉与民俗文化》（黑龙江人民出版社2003年版）等。主编《清代书院课艺总集丛刊》。曾获湖北省社会科学优秀成果奖二等奖和三等奖，入选武汉大学"我最喜爱的十佳教师"。

主持人：武汉广播电视台新闻综合频道（WHTV-1）主持人　胡　颖

四大名著与中华文化

陈文新　鲁小俊

主持人：书声琅琅，古韵悠长，非常高兴今天能够和大家一起走近中国传统文化。我是来自武汉广播电视台新闻综合频道的主持人胡颖，同时也是武汉市全民阅读促进会副会长。感谢今天给我这样一个机会，和大家一起来读懂中国传统文化。

今天在座的有来自武汉大学港澳台的同学们、武汉大学文学院的同学们，有武汉海外联谊会、武汉欧美同学会、海外华侨华人的代表们，还有媒体朋友们，欢迎大家！本场活动由武汉市中华文化学院、武汉大学国学院、武汉大学文学院和武汉广播电视台共同主办。

"走进武大·四大名著与中华文化"嘉宾电视访谈活动，是我们今年的中华文化进高校的首场活动。活动开始之前，我首先向大家介绍今天到场的两位重量级嘉宾。他们分别是教育部长江学者特聘教授、国家社科基金重大项目"中国文学史著作整理研究及数据库建设"首席专家、武汉大学文学院教授委员会主席、武汉大学中国传统文化研究中心学术委员会主任、博士生导师陈文新教授。掌声有请陈教授，德高望重！另外一位嘉宾是武汉大学文学院博士生导师、武汉大学中国传统文化研究中心的研究员鲁小俊教授。

即将进入访谈沙龙环节,掌声再次献给两位重量级嘉宾。请陈教授、鲁教授来到台上就座。陈教授,今天我们说到了中华传统文化分享的主题是关于四大名著,我们想知道两位教授将会分别从哪些角度来和我们进行分享,请两位教授概括一下,好吗?

陈文新:好的,我的就是一句话:四大名著应该怎样读。

鲁小俊:从《三国演义》到《红楼梦》,就是从外部世界走进人的内心世界。

主持人:好的,我想今天在我们开始阅读之旅前,先跟大家厘清一个概念,就是关于"四大名著"。一提到"四大名著",大家都知道是哪四本书了,那这个概念是怎么形成的?为什么它们如此受推崇呢?有请陈教授。

陈文新:"四大名著"就是我们经常提到的《三国演义》《水浒传》《西游记》和《红楼梦》。说到四大名著的来历,我们要先提到中国文化史上经常提到的两个术语,一个是五经,一个是四书,我们也经常说的"四书五经"。在中国历史上,"五经"主要是在汉代到唐代这一段时间里,地位特别崇高,说它崇高主要是因为从汉代到唐代,所有的官员选拔考试都是以"五经"作为教材的。从宋代到清代,"四书"比"五经"更加重要,因为这个时期选拔官员的考试所用的主要教材是"四书","五经"也是可以出题的,但是是选做题,相当于我们现在说的选修课。接下来我们就要提到晚明、清初的时候,出现了一个术语叫"四大奇书",包括《三国演义》《水浒传》《西游记》和《金瓶梅》。"四大奇书"其实就是相对"四书"而言的,"四书"是四大正书。到了

五四以后,"四大奇书"的经典地位就正式确立了。而20世纪50年代,当时中宣部主持中华优秀文化遗产的整理工作,第一批推出的就是"四大名著"。我们今天惯用的"四大名著"这样一个术语,就是那个时候开始定型的。所以我们提到中国的文化经典可以从"五经""四书""四大名著"这样的一个系列来看它的重要性。

主持人:好,非常有历史感的一个回答,掌声送给我们的陈教授。我觉得从第一个问题开始,我们已经被陈教授的学识所折服了。鲁教授对四大名著的解读,有没有自己的一些独特的观点呢?

鲁小俊:陈教授在讲"四大名著"的时候,他提到了"四书"这个概念,我有这样的一个想法,就是"四书"后来成为科举考试的主要教材,而现在的"四大名著",在当今的中小学的教育当中,好像也跟"四书"有相似的情况。比如说现在的中小学生在涉及语文考试的时候,"四大名著"也会成为一个非常重要的考点。这样的话，它好像又很巧合地跟"四书"一样，有了成为考试阅读书目的安排。

主持人：好，这个就是说它现在被纳入了一个主流的文化体系，对吗？它的传播力可能会更扩大一些，也会成为我们彼此之间交流的一种共同的文化语言。好，我们第一个问题就是关于"四大名著"的一个基本的概念，接下来我们将会一一地来跟大家解读"四大名著"。首先要解读的是《三国演义》，请看《三国演义》主题曲视频。

我想刚才这首歌应该是引发了大家的共鸣，因为这是非常经典的一版电视剧《三国演义》，这首主题曲是由杨洪基演唱的，曾传唱大江南北，而且它的词也是出自于《三国演义》本身的。这里我想请教一下陈教授，您听到这首主题曲的时候，心里是什么样的感觉？

陈文新：我听到这一首主题曲，就好像穿越到了那个时代，好像是到了三国时期，在三国的那个历史舞台上，我们见到了各种不同类型的人。有一种人我们叫他"不仁不义的人"，就是像董卓这样的人；有一种人是看上去仁义，但是他是有个人的私下的目的的，就是像曹操这样的人；还有一种人他们比曹操的境界在普通人看起来要更高一些，就是像刘备、诸葛亮、关羽、张飞这样的一群人。这就构成了《三国演义》的一个核心的内容，这一首曲子唱到"滚滚长江东逝水"，说他们都随着时间的流逝而消逝了，其实没有消逝，因为我们现在继续在回顾他们，而且我们把他们曾经经历过的那些人生，又重新来加以考察，让它焕发出现实的意义。

主持人：总结得很到位。其实除了这个片头曲之外，还有片

尾曲，叫《历史的天空》，就像陈教授说的，一个个鲜活的面孔留在了我们的记忆当中。提到三国，我们刚才看到的这个电视剧版本的《三国演义》，其实它主要代表的是一个"民间的三国"，就是在我们通俗的大众当中，对三国是这样的一种印象。当然，我们还有"历史的三国"，还有"掌故的三国"。在陈教授看来，它们各自有怎样的内涵呢？

陈文新：这个就涉及我们对《三国演义》这样一部名著的完整的理解，这部名著，它其实是由三个部分组成的。第一个部分就是"历史的三国"，它基本上是根据历史事实写成的，这样的一些情节或者人物主要包括曹操和袁绍、袁术、董卓、公孙瓒，这样的一些人打交道的内容，基本上都是根据历史事实写成的。所谓"民间的三国"，主要是刘备、关羽、张飞、诸葛亮的故事，他们的故事当中一部分是有历史依据的，但是他们的故事当中最好的部分都不是历史上有的。比方说我们提到诸葛亮的草船借箭，提到借东风，提到关羽的过五关斩六将，提到义释华容。像这样的一些情节，都不是历史上所有的。所谓"掌故的三国"，主要是到了清初的时候，有一个叫毛宗岗的读者，他在修订《三国演义》的时候，把《世说新语》这一类作品里的掌故，加在了《三国演义》里边。这样的三个内容或者说三个部分，其实各有不同的意义。"历史的三国"主要是要总结历史的经验，"民间的三国"主要是要从老百姓的角度来评价这些历史人物。不管你的事业做得是大是小，我们关键是看你的为人，所以他们比较喜欢的是关羽、诸葛亮，也包括刘备、张飞这些人。"掌故的三国"是一些片段的故事，它主要是在面对历史的时候告诉我们，要保持一颗平常心，不要太计较过多的胜负。我们的人生有时候需要平淡一些，这就是"掌故的三国"的意义。

主持人：应该说三个维度的对三国的理解和传播，共同汇聚成了非常丰富的三国文化。鲁老师提到，有一个非常有名的词语叫做"柴堆三国"，应该是说这个词自从和您结合在一起之后，就发生了化学反应，变得非常的火，给我们现场的观众分享下，什么叫做"柴堆三国"，您为什么会对这个感兴趣呢？

鲁小俊："柴堆三国"这个词实际上在清代末年光绪年间就已经出现了的。它的意思大概是指乡下的农民，他们平时忙完了农活，然后倚靠柴堆晒太阳，在那儿谈论的三国。从这样一个词，我们大致能感受到，这里面所谈到的三国与历史的三国相比较，可能相距甚远。它所谈到的很多东西可能都是没有实际依据的，但很多都比较好玩，甚至有的时候会有一些爆笑的成分，当然也有一些生活常识的东西，我之所以讲这个"柴堆三国"，是希望通过"柴堆三国"的一些故事，让大家对比一下《三国演义》，

会发现《三国演义》当中虽然也有很多民间的成分，但是相比"柴堆三国"来讲，已经是相当有分寸的了，而"柴堆三国"当中有很多编得一点影子都没有。我看到网上也有很多人在问，到哪儿可以看到"柴堆三国"呢？在清代人的笔记当中会提到一些，还有就是在20世纪80年代，曾有一些学者做过民间传说和故事的调查工作，在这些调查当中，收集了一些民间流传的三国故事。比如说像华中师范大学的刘守华老师和陈建宪老师，他们曾经编过一本书，就叫《千古英雄：湖北三国传说选》。像这样的书里面，所涉及的一些故事，就是民间流传的三国，也就是我们常说的"柴堆三国"。

主持人：这是从非常鲜活的一个角度来解读三国的故事。但是你有没有想到，一个事物在受人推崇的时候，也会有一些来自其他方面的争议，可能有些人说它太不严肃了，或者说像戏说乾隆一样，都是一些戏说，您担不担心这样的声音，您怎么来看待

"柴堆三国"的价值呢?

鲁小俊：我讲过，"柴堆三国"里讲的都是不靠谱的东西，有的时候只是一个人物的名字，用的是三国人名，其他所有的故事都是不靠谱的。

主持人：可能就是个戏说的名头，关键是大家从这当中有什么收获。

鲁小俊：对，大家会感觉到"柴堆三国"里头充满了各种各样的生活情趣。比如说《三国演义》不太会关注人物的家庭，但"柴堆三国"里会关注，如这个英雄人物的妻子有哪几个，他的小孩有哪几个？像这样的一些东西，都是跟《三国演义》提供给我们的世界不太一样的。

主持人：它可能对于我们生活方面提供一些有趣的指导和借鉴，同时也希望您能够更多地和我们的电视传媒接触，用生动演绎和视频的形式再现"柴堆三国"。刚才陈教授提到了，对于《三国演义》，大家印象最深刻的就是其中鲜活的人物，作者在创作的时候，这些人物也是非常的饱满，能经得起岁月的洗礼，而产生恒久的魅力。这里我想和大家探讨的一个人物就是关羽，关羽的影响力是非常大的。在离武汉大学不远的地方，有一个卓刀泉寺，这个卓刀泉寺就是纪念武圣关公的一个寺院。在真实的历史中，关羽可能只是一介武夫、一个武将，但是后来他被称为武圣。为什么会达到这样的一个效果呢？有请陈教授为大家解读。

陈文新：好。说到关羽这样一个形象，我们可以提到民国初年，有一位教授叫黄人。他曾经说，三国时期有一个人最吃亏，这个人是曹操，说人家曹操政治做得好，仗打得好，诗文写得好，连围棋在当时都很出名。可是现在假如有人对另外一个人说，你就是曹操，那没有一个人会高兴。可是关羽呢？黄人说这是当时最走运的一个人。曹操吃亏，他走运，正好形成一个对照。关羽当然也是一个优秀的将军，但也不过就是和颜良、文丑、张飞差不多，但是后来他成了关大帝，而且也是我们大陆和东南亚一带所信奉的财神爷。就是在民间，关羽的香火是非常的隆盛。我们现在就要问一句，关羽的香火为什么如此的隆盛呢？

　　说到这一点，我们就要特别强调关羽这个人做人的品格问题。在三国时期，那些有本事的人做得最多的事情就是跳槽，为什么那个时候跳槽的特别多呢？因为那个时候不是有本事的人求领导，而是领导求有本事的人，谁都想抓几个有本事的人跟自己干，而刘备又不是一个能够给别人提供很好的发展空间的人，因为他好长时间都没有地盘，也不能给很高的工资。但是关羽一直跟着他干，尤其是后来当曹操愿意给他提供很高的地位、很高的俸禄、很好的发展空间的时候，他依然回到了刘备的身边。而在民间，由他的这样一个品格还衍生出另外的一个品格，那就是绝不辜负自己的朋友。就算这个朋友是一个坏人，只要他确实对自己够好，就绝不辜负。我们说的这个人，朋友们都知道，他就是曹操。曹操从政治的立场看，他是刘备的敌人，当然是一个坏人，但是他对关羽确实好。这就涉及中国古代的一个理念，叫人生得一知己足矣。在我们一辈子当中，父母给我们的是这样的一个看得见的生命，而知音给我们的是一个精神上的生命。他们让我们的才华得到了赏识和发挥。所以在关羽的心里，除了刘备，另外一个他必须回报的恩人就是曹操。所以后来他在华容道宁可冒着被砍头的危险，也要把这个人放走。这个就是我们所说的义。换句话说，忠和义构成了关羽的基本品质。这样的品质，是中国老百姓最看重的一种做人的品质。在他们的心灵世界里边，一个政治人物，如果有这样的品质，无论他在别的方面是否完美，无论他有多少别的缺点，那他都是一个值得我们仰望和尊重的人。关羽的形象就是这样形成的。

主持人： 感谢陈教授，掌声送给陈教授。关羽为什么被神化，被捧上了神坛，这样一个解读，恰恰反映了我们中华文化的一种基因，那就是大家潜意识里，对人格价值、对文化价值的选择，产生了强大的共鸣和合奏，所以会有这样的一个传播效果。您刚才提到跟关羽对比的一个人物，您说关羽从民间的这样一种文学演绎中获益了，那谁吃亏了呢？曹操吃亏了。接下来我们就来探讨一下曹操的人物形象。《三国演义》对于曹操的定位是怎样的？鲁教授，请您分享一下，好吗？

鲁小俊： 刚才陈教授也提到，黄人就讲曹操是一个吃亏的人。实际上在20世纪，很多次大家都想替曹操来翻一下案，很多人写了文章，说《三国演义》把曹操给写坏了，本来曹操挺伟大的一个人，但是到了《三国演义》里面好像形象变得比较不堪。但实际上，如果客观地来看的话，《三国演义》对曹操的定位，仍然是把他作为一个雄才大略的英雄人物来写的。比如说对待老百姓，曹操比起董卓来讲要好很多。再有一个非常重要的就是，曹操对于手下的人才特别重视，有很多人才在其他人那里受了委屈，但是到了曹操这里能够得到重用，所以曹操实际上是一个有着雄才大略的了不起的人物，只是《三国演义》对刘备集团比较推崇，所以在涉及跟刘备发生矛盾场景的时候，可能就会对曹操有一些贬低。但是从总体上来讲，仍然是把曹操塑造成一个了不起的人物。

主持人：可能刘备的主角光环太强大了，致使曹操没有受到那么多的偏爱，人设受损。接下来我们探讨的一个人物也是非常有名的，那就是诸葛亮。在《三国演义》里面，诸葛亮料事如神、神机妙算。那您觉得这个人物有什么样的内涵呢？

鲁小俊：《三国演义》当中的诸葛亮比较复杂。有一部分比较符合历史上的诸葛亮形象，他是一个具有儒家精神的人。比如说刘备一开始去找诸葛亮出山，诸葛亮一个朋友叫崔州平，就跟刘备讲，你现在费这么大的劲，想请诸葛亮出山，其实是没有用的。现在天下大势，是不可能由你、由诸葛亮这样的一些人挽救回来的。而诸葛亮明明知道，自己可能不能够成功，但他仍然知其不可而为之。这样的一种精神，可以说是非常典型的儒家精神。同时在《三国演义》中，诸葛亮又是一个名士，风度翩翩。他有一些装神弄鬼的做法，特别容易造成一些读者的反感。比如说胡适先生，就反感诸葛亮有那么多的神通，他觉得这太不堪了。这其实是民间故事对于《三国演义》的一个影响，就是希望把诸葛亮塑造成为非常神通的人物。在塑造的过程当中，用了很多的手法，比如说锦囊妙计，把诸葛亮塑造得特别的了不起。让他借东风，这是装神弄鬼。所以诸葛亮的这个形象，到了《三国演义》当中，变得非常的复杂。它既有符合历史人物的一面，也有根据民间艺人的想象塑造出来的一面，是一个非常复杂的结合体。

主持人：但是依然不会影响他的魅力，特别是经过电视版的《三国演义》，唐国强演绎之后，我想他又吸引了更多的粉丝。他本人的形象，包括个人气质，可能跟大家对文学名著的解读还是比较接近的。

鲁小俊： 总体上来讲就是智慧和忠贞这两个方面。

主持人： 是的。分析完人物，我们再来分析一下《三国演义》中一个重要的事件。天下分为三个政权，在这里互相争夺，其中最为老百姓所熟悉的这个政权，就是刘备兄弟了。他们之所以能够崛起，很重要的事件就是桃园结义，三兄弟在一起要开始创业，这个事件在历史上是不是真有其事呢？它有着怎样的文化内涵呢？请陈教授解读。

陈文新： 桃园三结义这样一个事件，在《三国演义》里是放在最重要的位置上，小说第一回就是"宴桃园豪杰三结义"，把它放在全书的开篇。但实际上，历史上并没有桃园三结义这件事，像刘备这样的一些有身份的政治人物，他们不可能像《水浒传》里的好汉一样，做结义这种事情。不过历史上的刘备、关羽、张飞，他们三个人之间的关系确实非常亲密，名义上为君臣，而私下里边就像朋友一样。《三国演义》里边用了"实为兄弟"这样的描述，大体上揭示了他们三个人之间的亲密关系。后来写刘备和诸葛亮的关系，其实也强调他们之间有超越了君臣的亲密关系。刘备在托孤的时候，说诸葛亮是刘禅的"相父"，不仅是你的丞相，而且是你的父亲。这也是用一种接近于血缘关系的定位，在他们之间确立一种超出了君臣关系的亲密度。那我们要问，《三国演义》为什么要这样来写？实际上是针对曹操那个圈子里的人际关系来做对照的。曹操这个人，以赤壁之战作为分界线，他处理部下关系的方式有很大的变化。在赤壁之战之前，为了笼络人才，可以说是用尽了各种各样的方法，那就是对所有的人才，不仅让你找到成就感，让你能够有很高的收入，而且在生活当中让你极有面子。但是在赤壁之战以后，为了能够把汉献帝的权力成功过渡到曹家，他开始建构他的一套权力班底。在这个过程当中，所有不如意的人，他都不仅让他得不到好的收入，而且让他没有安全感，动不动就砍别人的头。所以凡是跟着曹操干的人，在后来基本上都没有好结局，这就让《三国演义》或者熟悉三国历史的读者，有了这样的一个印象，刘备这个圈子里的君臣关系自始至终都是非常的友好，而曹操这个圈子里的关系是"有始而没有终"，小说写出桃园三结义这样的一个情节，是用来显示刘备这个圈子里边，他们所遵循的一种道德理念。所以后来我们可以看得出来，刘备在关羽走麦城，被东吴害死以后，为什么要把全国的精锐部队全部拉出来，和东吴决一死战？按照刘备的说法，就是要为兄弟报仇，宁可没有万里江山。这里表现的不是一个政治家的思维方式，而是我们老百姓所希望的一种思维方式。

主持人：好的，就是说其在真实历史的基础上，进行了一些文学的创作，所以就成为一个经典故事流传下来，我们对于《三国演义》的解读就到这里。我们再次把掌声送给两位老师。

接下来我们即将解读的是四大名著中的第二部——《水浒传》。同样的，我们先看一段视频。刚才我们看到是《水浒传》电视剧的主题曲，这首歌是刘欢唱的。当时大家也在想，这么经典的文学名著，把它做成电视剧之后，能不能达到大家心目中的效果呢？特别是这首主题曲，它到底应该怎么唱。结果这个"风风火火闯九州"这样一首歌出来之后，大家还是非常认同的。提到《水浒传》，大家想的就是四个字——"梁山好汉"。为什么把他们称作是好汉呢？主要因为他们有两个气质，一个是忠，另一个就是义。除了这两个字以外,我们想请教一下鲁教授,梁山好汉还有哪些共同的特点,能够被这么多读者所喜欢?

鲁小俊: 梁山好汉在生活方面,大部分是没有家庭的。如果有家庭的话,会让我们感觉到缺乏一种好汉的气质。比如说林冲,如果他总是比较留恋自己的家庭,就会让我们感觉到他不像一个好汉。还有,好汉对于武功有一种特别的崇拜。比如说史进,从小就不爱务农,整天在那打熬力气,搞得他的老父亲很生气。就像这样的一些人,他们在家庭关系上一般没有拖累。再有一个,就是"义气",好汉们还是有区别的。像史进,本来好好地做小地方蛮有头脸的一个人物,但是后来因为跟少华山的三个好汉走到一起,把自己的家园都给烧掉了。这实际上是一种纯粹的江湖义气,这种江湖义气在《水浒传》当中比较普遍。此外还有一种义气,特别的重要,就是像鲁达,鲁智深,他的义气是什么呢?鲁达的义气就是帮助弱小者,像金老汉父女,本来是跟鲁达没有关系的。鲁达在认识他们之前,自己是社会上很体面的人物了,但是为了帮金老汉父女,三拳毙命镇关西,把自己的工作也搞丢了,然后流亡江湖。这样的一种义气,比起像史进的那种义气来讲,更加的博大。所以说梁山好汉,他们的义气,其实是有一些区别的。

主持人: 但是我觉得他们 108 将,也反映了在我们大众文化当中,对于英雄有一种期待,大家心里面都是渴望英雄出现的,从而去崇拜他、模仿他、学习他。他们身上带有这种朴素的忠义气质,我想恰恰满足了大家对于英雄的心理诉求。这里我们再提一个好汉,非常有名的,就是武松。我们都知道他战绩赫赫,武松打虎,家喻户晓。包括山东地区,后来出了一种酒叫做景阳冈,酒瓶子上的那幅图画,就是武松打老虎,所以说这个文化品牌是深入人心的。同时在《水浒传》里面还有一个人物叫做李逵,他也打虎了。那为什么武松打虎一直绵延到现在,可以作为文化的 logo 出现,影响力很大。李逵同样打了虎,但是影响力却没有武松这么大,这个差别在哪里?

陈文新:《水浒传》里面有一个经典的情节,那就是武松打虎。凡是读《水浒传》的,没有不喜欢武松打虎的,或者说凡是读过《水浒传》的,没有不对武松打虎留下深刻印象的。而武松自己呢,自从打了老虎之后,就把这个当做他的名片,随时自称我是"打虎武松"。可见这个事情对他的一生来说,是极其了不起的一件事情,但是假如按照我们现在评职称的方式,在《水浒传》里边,如果要论打老虎,其实他算不了什么。因为李逵沂岭杀四虎,一次就杀死了四只老虎,所以假如按照我们现在量化的计分方式,那李逵可以做"二级教授",武松只能做"副教授",但我们还是更佩服武松,为什么呢?

这里有两个区别,一个就是武松是怕老虎的,而李逵他是不怕老虎的。李逵去杀老虎的时候,他从来就没有想到过老虎是可以吃人的,他就不知道这个事情。所以我们对于李逵的定位是无知者无畏,这个无知者打死了老虎,也不过就是因为你的运气好,结果成就了你的功业。但武松却是怕老虎的,他来到景阳冈下面的那个酒店,酒店老板只给他三碗酒喝,为什么只给三碗酒呢?说山上有老虎。他以为酒店老板是骗他的,骗他的目的,就是让他在酒店里过夜。过夜了以后,晚上好把他袋子里面值钱的东西给掏走。所以当他喝了 18 碗酒,准备出酒店大门的时候,就不怀好意地对酒店老板笑了一下说,你还说不说"三碗不过冈"，意思是，你今天想下手的这个人，不在你这里过夜了。可是他走到路上的时候，真的看到了政府文告，他就想，坏了，还真的有老虎。他想回去，可是回去以后，这个面子就没有了。好汉是最要面子的，所有的成就大事业的人，都是爱面子的人。武松心一想，我这回去就没有面子了，我就干脆还是上山去，未必就真的碰得到老虎。这说明什么？他是怕老虎的，他是一个常人。如果他不是一个常人，他神志不那么健全，就不怕老虎，这个其实就没有什么噱头了。正因为他正常，所以我们就很注意他，这是第一点。第二点，他打老虎的时候，是受到了突然的袭击。不像李逵是自己守在洞口，老虎来的时候，他袭击老虎。武松喝了18碗酒，正准备在青石板上躺下来，这个时候他其实是处于酒醉的状态，突然一股狂风刮过来，就是我们常说的"云从龙，风从虎"，他的江湖经验意识到老虎来了，马上翻身起来。这个时候，他居然在酒醉的状态，能够躲过老虎的一扑、一掀、一剪，这说明他反应敏捷，即使是在喝醉了酒的状态下，依然能够做到身手不乱。这个还不是关键的，当他躲过了之后，他要反击，就举起哨棒——这是他防身的武器，对准老虎用全力打下去。他的想法就是，这一棒下去，老子就把你干掉了。但他没注意前面有一棵树，结果他把树枝打断了，老虎还是活蹦乱跳的。这个时候我们就看到，这是一个非常紧急的情况，是他完全没有想到的情况，力气用得差不多了，老虎还是好好的，而工具没有了，但是即使这样，他也还是临危不乱，居然还能和老虎好好地周旋。最后把老虎摁在地上，拳打脚踢，真的把老虎给收拾掉了。武松表现出来的这种素质，就是我们常说的临危不乱，这种临危不乱的素质，是衡量一个人能不能成为大人物的一个标志性的尺度，而武松就符合这个尺度。所以为什么他打死了老虎，尽管只有那么一只，比不上李逵的四只，但是大家觉得，这才是真正的英雄，真正的英雄不是不胆怯，而是即使胆怯，也依然能够把事情做得非常的圆满，能够临危不乱，这是武松打虎的了不得的地方。

主持人：好，感谢陈教授。通过刚才陈教授的讲述，大家又脑补了一遍武松打虎的过程，确实是引人入胜，非常棒的情景再现。讨论完了勇猛的武松，我们再来说一个关键性的人物，那就是宋江了。我们都知道宋江是文官出身，论武功的话，他在里面排名不会很靠前，对吧？而且他这个人的个性，可能做事就比较中庸。那为什么恰恰是这样的一个人物，成为这些好汉的领导，把大家团结在一起呢？为什么要设置这个角色？请陈教授解读一下。

陈文新：宋江这个人物，如果要说他不够光彩的地方，有两个方面。一个就是其貌不扬。在108个好汉当中，最矮的两个人，或者说并列最矮的两个人，一个是王矮虎，一个就是宋江，而且人家王矮虎不像宋江那么黑。108个好汉里边，长得特别黑的有两个人，一个是李逵，一个就是宋江。一个人又黑又矮，如果做老师的话，那一定没有粉丝呀，这个是形象不好。第二个，他的功夫不好。我们看梁山好汉，人家鲁智深倒拔垂杨柳，人家武松打虎，人家李逵就算是抡着两把板斧，也能够威风凛凛，可是宋江从来不在功夫上面显摆自己，因为他的功夫实在是不好。所以他在江湖上行走的时候，一般都不带防身的武器。为什么不带呢？我推测，就是怕别人看他带了防身的武器，反而下手更快更重，以至于他没有说那句话的机会。哪一句话呢？就是"没想到小可宋江死在这里"。每一次都是这一句话救了他的命。那么，宋江其貌不扬，功夫平平，但他是好汉们都推崇的"及时雨"，为什么大家推崇他呢？有以下几个原因。第一个原因就是他有用不完的经费。我们不知道他的钱是从哪里来的，反正就是好汉见到他第一面，他总要拿出几两银子，说你到茶馆里赌一把。随时都可以拿出银子来，这个好汉哪有不喜欢的？第二个原因就是他不仅是对好汉舍得花钱，舍得给他们提供食宿，而且他特别能够理解他们的粗鲁。好汉们都喜欢大碗喝酒，大块吃肉，宋江的饭量酒量其实不行，但是他很能够欣赏这些粗鲁的人，所以看到李逵在那里放开了吃，吃掉了几个人的食物的时候，他就说壮哉真好汉也。这个时候，李逵就有一种特殊的得到满足的感觉，谁能够这样喝彩，那只有宋江是能够这样的。第三个原因就是宋江特别能够和这些好汉交朋友，走到他们的心里边去。他最擅长的一个办法，就是挽着好汉的手，一边散步一边聊天，可以这样走路，走很长的时间，这个是柴进做不到的，也是晁盖做不到的。柴进和晁盖也很有钱，也能够和好汉们交好，但他们很难对好汉们表现出充分的尊重和体贴，这是一点。而最重要的还有一点，那就是宋江给梁山提出了一个更高的原则，那就是我们不能够局限于以前的那个义，那个义包括江湖道义，包括打抱不平。除此之外我们还要有忠，这个忠，就是尽忠于国家。所以他一定要把好汉们带回到朝廷里边，让他们为朝廷去建功立业。尽管建功立业的结果并不是太好，但并不证明他的这个选择是错的，如果没有这样的一个选择，宋江就不可能得到如此多的肯定。因为如果他们老在梁山上，其实没有人来注意，也没有人来更加充分地肯定他们。他让好汉们走上了一条能够青史留名的道路，所以他成为当之无愧的一个领袖，也就是说，他是一个有战略眼光的人，这个是我的一个理解。

主持人：感谢陈教授的精彩解读，让我们对宋江的这个人物的理解更加深刻了，也更加丰满和立体了。接下来我们要讨论的一个人物，其实刚才也提到了，就是花和尚鲁智深。他的个性也是非常鲜明的，不守规矩，又是喜欢喝酒，吃肉，然后不停地捣乱，违反各种规矩，那为什么读者还是会非常喜欢他呢？我们请鲁教授回答一下。

鲁小俊：鲁智深做和尚的时候，按道理来讲，应该遵守一些清规戒律。但是他的行为跟其他和尚都不一样，他喝酒，同时还吃肉，喝醉了还打人。半夜起来上厕所，就在那个佛殿后面解决，搞得和尚们都很讨厌他。但是后来我们看，很多的读者都特别喜欢他。有的读者说，你别看那些和尚们一个个闭眼合掌，搞得样子很好看，其实那样的和尚一点佛性都没有。倒是像鲁智深这样的人，外表看起来跟佛没有关系，可是他内心很干净，他就是有佛性。为什么会这样呢？这个实际上是受到了禅宗的一些影响，特别是狂禅风气的影响。大家会觉得，一个人能不能具有佛性，跟外表的好看没有关系。如果他内心是纯净的，哪怕他做出来的行为不符合清规戒律，那也可以成佛。

主持人：可能鲁智深表现出来是大忠大义，在一些大事上面，他有勇气、有能力去维护弱者，去主持正义，所以对小节上的一些东西，可能就瑕不掩瑜。

鲁小俊：对，包括在他离开桃花庄的时候，把那些金银酒器打一个包，全部带走了。按照我们一般人来讲，一个男子汉大丈夫，你在离开桃花庄的时候，竟然把人家的东西都卷走了，这不是好汉的勾当，但是有个评点家就说，这才是大丈夫的行为。因为一般人应该遵守那些细节，而像鲁智深这样的人，不需要遵守这些细节。

主持人：接下来我们再来说李逵，李逵在元代的水浒戏当中，是非常重要的人物。但是到了《水浒传》当中，出场很晚，一直到快第四十回才出场，为什么会这样安排呢？

鲁小俊：李逵在元代的水浒戏当中，是一个非常重要的人物。但是《水浒传》成书的时候，在安排人物出场的顺序方面，有特别细致的用心。比如说它会让鲁智深出场比较早，会让林冲出场也比较早。但是像李逵这样的人物，他一直要到快后半场才出来。这里有一个重要的意图，就是《水浒传》写英雄好汉，大概在40回以前，都是一个个好汉单独的行动，就比较好看。比如武松的故事，林冲的故事，都特别能够吸引我们。但是大概到了40回以后，大家都上山了，上山之后就是集体行动，集体行动的故事趣味性，一般就比较单调些，而李逵这个人，具有很浓的喜剧色彩，他闹了很多滑稽的故事。比如说他跑到寿张县，吓走知县。他自己坐到知县的位置上，安排两个人，一个人做原告，一个人做被告，他要来判案子。结果他是怎么判的呢？其中一个人是主动打人的，另外一个是挨打的。按照我们一般的思维逻辑，就是主动打人肯定是不对的。但是呢，李逵的判决是，你这个不争气的，怎么被别人打了？这种场景，其实也没有特别的深义，它只是要制造一些喜剧效果。在后半场好汉们集体活动的时候，让李逵闹一闹，这个故事就会比较有趣，不至于那么沉闷。所以李逵的主要意义，就在于增添一些小说的趣味性。

主持人：我想这也从另外一个角度解释了，为什么李逵打虎没有武松打虎那么有名。你看《水浒传》里面武松这个演员的选择，非常的高大帅气，对吧？带有偶像的气质。但是对李逵的这种形象的塑造，很明显就没有走这个路线，所以他打虎的效果肯定就没有那么好。刚才我们分析了几个主要人物的性格的特点，总体上而言，鲁教授，您觉得梁山好汉能够称之为侠客吗？

鲁小俊： 不是所有人都能称之为侠客，只是有一部分人，他们的形象特别有光彩，同时他们是真正的侠。因为他们只有少数人是真正的大侠，所以带动了我们对于108个好汉的认知，大家都觉得这是一个侠的群体。侠客就是要讲义气，像鲁智深这样的人，救助弱者，是大义。侠客还要恩怨分明，比如武松，因为哥哥被别人给害死了，他一定要替哥哥报仇。还有那个施恩，对武松特别关照，后来武松就替施恩出头，这是很典型的侠的作风。大概就是因为这么几个人物，他们是侠客，所以我们往往把108个人都称为侠。

主持人： 好的，非常好的总结。我们对于《水浒传》的解读就到这里了。108将，英雄的故事是很多样的，我们只是分析了几个重要的人物。接下来我们解读的名著是《西游记》，我们首先来看视频。

刚才播的也是非常经典的一版《西游记》的片段，我觉得《西游记》已经是一个非常巨大的文化现象，每到寒、暑假就会重播这个电视剧。从"80后""90后"甚至到"00后"，每年寒、暑假他们要是看不到孙悟空的话，就会觉得这个假期没过好，可以说孙悟空是很多小朋友的偶像，觉得孙悟空非常的神通，无所不能，而在《西游记》原著里面，仙界的人都说孙悟空是妖猴和妖仙。这中间似乎有很大的反差？

陈文新：在《西游记》里边，孩子们最喜欢的是孙悟空，但是孙悟空，仙界给他的定位是妖猴或者妖仙，实际上"妖仙"这两个字里边，强调得更多的是"妖"，而孙悟空也经常这样给自己定位。在西游取经的路上，凡是碰到比较厉害的妖精，在正式开打之前，他都要自报家门。意思是你这个妖精不算什么，你来看看我是个什么样的妖精。他说的第一句话就是，"我是历代驰名第一妖"。为什么他要把自己定位为妖精呢？这就涉及中国古代人的一个观念。古人有几个观念是连在一起的，就是想象当中，除了我们人之外，还有仙，还有鬼，还有妖精。仙在小说中就是长生不老的人，只要你长生不老，你就成了仙。鬼在小说中就是到了阴间的人，阳间的人到了阴间就成了鬼，这都是人，仙和鬼实际上都是人。妖精不是人。妖精最初有一个学名，这个学名就是"物"，"物理"的"物"。为什么把妖精叫"物"呢？因为所有的妖精要么是动物，要么是植物，要么是器物，在这三种妖精当中，对我们人真正形成威胁的是动物精。因为植物精和器物精智商实在是太低，他们每次出来捣乱，不能够真的对人形成威胁，就现出原形了。只有动物精，那是比较厉害，在动物精里边又有两类格外的厉害。一类就是体格特别大的，像老虎、狮子。还有一类就是智商特别高的，比如狐狸精。这些都是对我们人形成巨大威胁的。

在《西游记》里边，取经路上，那些被孙悟空格杀勿论的都是妖精。为什么格杀勿论呢？因为他们是妖精，他们不是人，不是人就要把他们打死。这就有一个问题，为什么悟空这个妖精我们却喜欢他？其实涉及对悟空的一个定位。西游取经路上的妖精都是成年妖精，他们都是25岁以上的妖精，他们做的都是伤天害理的坏事。比如说吃唐僧肉，比如说要把取经的团队搞垮，这都是伤天害理的。可是悟空这个妖精，他近似一个没有到15岁的孩子，他所犯的错误，都是因为单纯无知造成的，所以他犯的那些错误我们是可以理解的。比如说他到了342岁，阎王爷会派勾魂使来勾他。我们想想看，活得好好的一个人，谁愿意死？所以他去把名字勾掉，那也是可以理解的，对不对？他很有能力，他也不知道天上有什么规矩，所以想做齐天大圣也可以理解，你却让他做个弼马温，对不对？他后来受到了惩处，被压在五行山下，就相当于我们把一个不懂事的孩子，关他三五天的禁闭，关三五天之后他出来了，他又很有能力，然后就走上了正道，而且在取经路上没有他还真的不行，因为只有像他这样勇敢聪明、无所畏惧的人，才能够让这个取经的事业真正的大功告成。

这也许符合我们中国古人的一个观念，即一个人在20岁以前从来没有调皮捣蛋过，这个人是没出息的，但如果一个人20岁以后还调皮捣蛋，这也没有出息。实际上告诉我们，悟空的调皮捣蛋，那是他有出息的一个证明。因为他20岁以后就没有调皮捣蛋了，他做很正经的事情去了。所以当我们说他是妖精的时候，是说，你曾经是一个调皮的孩子，但是你是一个很有出息的人。

主持人：非常感谢陈教授风趣的解读。我想听了您刚才的讲解以后，很多人都很后悔，呵呵，我为什么在20岁之前，没有把握住这个可以调皮捣蛋的机会呢？现在已经没有机会了。接下来我们想问的是，关于《西游记》的作者，可能还存在一定的争议。有一种说法，认为它的作者可能不是吴承恩。那对于这个问题，鲁教授您的观点是什么？

鲁小俊：我们刚才看的这个视频，就是电视剧《西游记》的片头，有一个很明显的字幕，就是"原著吴承恩"。还有，我们现在所能够见到的通行的《西游记》的书上面，都写的是"吴承恩著"。这样的一个署名方式，其实是比较晚的事情，大概是20世纪以后，才在书上或者是影视作品上面，明确标上吴承恩的著作权。实际上在《西游记》早期的版本当中，是没有标明跟吴承恩有任何关系的，跟吴承恩发生联系，是到了清朝的时候，有人在一部地方志中发现，明确记载了"吴承恩《西游记》"这几个字。后来大家就说，小说《西游记》是吴承恩写的。

但实际上这个证据链不是很完整，就是地方志当中的那个吴承恩《西游记》，能不能确定是这个小说《西游记》，倒是值得怀疑的。因为地方志当中的"吴承恩《西游记》"，也可能是吴承恩写的一则游记，它也可以叫《西游记》。还有人找到了比较有力的证据，就是在一部地理著作当中，明确记载着"吴承恩《西游记》"。这样大家觉得，吴承恩写的那个《西游记》，可能是一种地理书，而不是小说。

又有人找到了一条很有意思的证据。在《西游记》当中，入赘——做上门女婿，是被调侃的。有人发现，吴承恩的父亲是做过上门女婿的。如果一个人，他的父亲做了上门女婿，然后自己在小说里面，老在调侃上门女婿这个事情。由此可以认为，这个小说不太可能是吴承恩写的。总之大家找到很多的证据，觉得不能够很明确地把吴承恩跟小说《西游记》画上等号。

主持人：但是现在也没有其他的答案，没有其他的候选人，希望我们各方面，学界和业界，继续努力探讨。《西游记》带有很强的宗教色彩，虽然它好像是拍给小孩子看的，其实也可以做多重的解读,对吧?很多人认为,西游故事里有很多的影射和寓意。书中有一部《心经》,就是现在很多歌手唱过的那首《心经》,它具体有什么样的内涵呢?这个问题请陈教授来回答。

陈文新:《心经》是佛教的一部经典。以前我们读到的唐代和宋代的一些书里边,也经常提到这部《心经》,包括与玄奘有关的一些故事里面。但是前人提到《心经》,主要是说它有一些除灾去祸的神奇功能。到了《西游记》里边,它改变了用途。就是每当唐僧心烦意乱的时候,他就会读《心经》,《心经》有一种调节心态的功能。这实际上是把《心经》当做了修身养性的读物,所以《西游记》里边,我们也能够读到这样的话:"心生,种种魔生,心灭,种种魔灭。"也就是说,取经路上那么多的妖魔,实际上就是我们内心里各种杂念的一个比喻,或者一个象征。所以在晚明的时候,有一个学者叫谢肇淛,他说《西游记》这本书的一个用意,就是告诉我们每个读者,要把个人的欲望控制住,叫做"收放心"。"收放心"是孟子的一个说法,就是把放纵的心给收回来。"四书"之一《大学》,在提到我们人的修养的时候,也会说诚意、正心、修身、齐家、治国、平天下。所以《西游记》有一个层面的意思,就是我们每个人都要注意控制欲望,不能够让它过于放纵,把《心经》放在小说里边,就有这样的一个用意。

主持人:有一种自我修炼的感觉在里面,历经九九八十一难之后才能修成正果。我们再回到这个取经的班底、取经的团队里面来,应该说每个人物形象都非常的鲜活,比较之下,四个人当中存在感最低的应该就是沙僧了,他的个性就是一个老实人,甚至有人说可以把他给去掉。把沙僧去掉之后,这个故事还行不行?请鲁教授回答一下这个问题。

鲁小俊：沙和尚的这个形象，亮点好像不多。但是如果在这个取经的队伍当中把他去掉的话，会给读者造成有点不太平衡的感觉。就是沙和尚这个人物，可以起到一种调和矛盾的功能。孙悟空和猪八戒，他们两个都是比较闹腾的，沙和尚能够在其中搭起一个比较稳定的状态。以前还有一些读者，从五行的角度来解释取经队伍的关系。比如说孙悟空，他是属于金的。猪八戒，他是属木的。那沙和尚属什么呢？是属土的。五行当中去掉一个的话，那就无法平衡了。

主持人：他就是起到一个调和的、稳定军心的作用。我们经常看到这样的情节，就是大师兄你不要怎么样，然后二师兄你也不要怎么样。特别是电视剧版本当中，沙僧最多的一句台词，就是让他们的事情不要怎么样。非常感谢两位嘉宾对于《西游记》的解读。接下来我们要解读的是四大名著当中的第四部——《红楼梦》，一起来看视频。

刚才我们看到的这个片段，是经典的"87版"《红楼梦》——林黛玉进贾府的一个场景。我们看到这个石头，就是书中的贾宝玉的化身，它本身是通灵宝玉。可以说《红楼梦》这部作品，就跟一个迷宫一样，每个人根据自己不同的阅历、不同的思想，可以对它进行多维的解读。我们今天解读《红楼梦》，先从贾宝玉开始，大家对宝玉这个主角都非常熟悉了，他是一个贵族少年。有个评论说他是富贵闲人，既富又贵，还非常的闲，其实就是不求上进，不务正业。那《红楼梦》为什么要以这样的一个人来当主角呢？请陈教授解读一下。

陈文新：《红楼梦》这一部小说，它的主角跟前面三部名著的主角有一个很大的不同。前面三部小说里面的男主角，都有一份自己的事业，不管他们干的是什么事业，唯有《红楼梦》里边的宝玉，我们实在说不上他干的是什么事业，但正是在这里，《红楼梦》可以说是一部最具有现代思想元素的小说，他实际上提出了一个问题，那就是我们每个人有没有权力根据自己天赋的才能，选择我们喜欢的职业或者我们擅长的职业。

我们读《红楼梦》可能没有注意到，宝玉，第一他是有才能的，第二他没有资格、没有权力来选择他的人生道路，也就是说，他的人生道路是出生的时候就定下来了。他含着一块玉生下来，这块玉告诉我们，他的人生道路已经被确定了，必须做官。古代做官有两种道路，一个是参加科举考试，另外一个就是封妻荫子。因为祖辈有特殊的身份，后人不经过科举考试就能出任官职。宝玉这两条路都可以走，他既可以通过科举考试做官，也可以通过封妻荫子的方式做官，但不管是哪一种方式，他都必须做官。为什么必须做官？因为宝玉是荣国府当然的继承人。荣国府那么大的一个家族，要延续下去，必须有人把它的社会地位给撑起来，所以宝玉是注定要做官的。

注定了要做官，就会产生二个问题。第一，他有没有做官的兴趣？第二，他有没有做官的能力呢？可以说宝玉在这两个方面都没有，但是他又注定了要这样做，这是第一点。第二点，宝玉是不是一个没有本事的人？其实他很有本事。尽管《红楼梦》写他十几岁这几年的事情，但是小说告诉我们：第一，他的书法在当时很大的一个圈子里边，已经很有名了。很多成年人都希望得到宝玉的书法，甚至有一次黛玉还真心对宝玉说，什么时候你也给我写一幅，我挂在房子里边，要知道黛玉是不会跟他说客套话的。黛玉这样说，就是真心喜欢他的书法，所以我们可以确信，他的书法一定是达到了一个很高的水准。第二，第十七回"大观园试才题对额"里边，宝玉和他的父亲贾政以及贾政的很多清客在一起，给新落成的大观园题匾额题对联，唯有宝玉的那些对联和匾额表现出了很高的才情，而且他对大观园里边各种各样的植物，都认得清清楚楚，他已经达到了我们生物系的那些研究植物的教授水平。那这个水平是怎么来的？是他对于古代有一部书读得非常深入，那部书叫《文选》。我们武汉大学建校100年以来，只有一个教授是能够开《文选》的专题课的，那个教授叫席鲁思。我估计贾宝玉如果开这个课，他的水平一定不会比席鲁思教授的水平低。因为他确实是真有水平，真有本事。换句话说，如果宝玉可以按照他的天分来选择人生道路，他其实可以大有作为，可是他没有选择的权力。这个情况，《红楼梦》暗示，有点像历史上南朝时期的陈后主和北宋的宋徽宗。陈后主是一个极有天赋的诗人，而且做人也不错。宋徽宗是一个非常出色的画家，文章也写得好。但是这两个注定了要做皇帝的人，都没有管理国家的才能。清代有人就说过，像陈后主、宋徽宗，"做个才人真绝代，可怜薄命做君王"。你要做个翰林学士，那一定是数一数二的，可怜命不好，注定要做皇上。这也是《红楼梦》要表达的一个观点，就是当一个人没有权力根据自己的天赋和兴趣来选择人生道路的时候，注定不仅仅是毁掉了一个有才能的人，而且还造成了生活的种种不协调和尴尬。《红楼梦》把这种不协调和尴尬，用一种缠绵悱恻的笔墨写出来，有一种感人至深的力量。有人说宝玉是一个没有用的人，他们其实没有注意到，宝玉比我们这些人其实更有才能，只是他命不好，这个是我对他的一个理解。

主持人：解读得非常好。我觉得《红楼梦》的价值，就在于反抗"无用"这两个字，这个"用"本身，就是把一个功能性嫁接到人的灵性上面，你不应该把人分为有用还是没用，这一点的反抗精神，恰恰是对人的认知的一种极大的进步和解放。我们再来说说《红楼梦》作者的问题。我们都知道原作者是曹雪芹，因为一些变故，后面的书稿遗失了，之后高鹗等人做了续写，而人民文学出版社新版的《红楼梦》，现在署名为"曹雪芹著，无名氏续"。为什么要这样来署名呢？请鲁教授解答。

鲁小俊：我们在很长一段时间里，都把高鹗作为《红楼梦》后四十回作者来看待，这个依据是清代人的说法。高鹗的一个乡试同年叫张问陶，也是著名诗人，他说《红楼梦》后四十回都是高鹗"所补"，这里的"补"，通常认为就是"续写"。其实呢，这个"补"，更准确地理解，可能是补缀、修订的意思。1959年，《乾隆抄本百廿回红楼梦稿》被发现，表明在程伟元、高鹗的本子之前，已经有了完整的一百二十回本。后四十回，应该是程伟元、高鹗在多种残本的基础上修订、整理而成的，所以把高鹗和程伟元称为后四十回的"整理者"，用"无名氏续"取代"高鹗续"，显得更严谨。不过，现在这个本子剥夺了曹雪芹对后四十回的著作权，还是有些令人遗憾的。

主持人：现在我们已经对四大名著全部做了解读。如果说要做一个比较的话，在四大名著中，两位教授更钟爱哪一部呢？请陈教授先回答。

陈文新：说到钟爱，我有一个这样的癖好，就是越难读的，我就越喜欢去读它，因为它可以让我不断地琢磨。从这个角度来看，我最喜欢《红楼梦》。因为四大名著当中，最难读的就是《红楼梦》。像《西游记》，它相对单纯一些，虽然《西游记》里边有很多我们至今都没有读懂的内容，但我们要了解它的大致情况，还是比较容易一些，因为它相对单纯。第二部相对单纯的是《三国演义》，尽管它有"历史的三国""民间的三国""掌故的三国"，但是我们毕竟可以条分缕析。而《水浒传》就比较复杂了，如果用一些简单的好人好事的标准来衡量梁山好汉，我们很可能会把他们一棒子打死。因为他们几乎每个人身上，都可以找出各种问题，但是《水浒传》要告诉我们，在这种复杂的现象背后，有很深的用意在里面，就需要我们去细心地读，然后了解作者为什么要这样来写。比较起来，《红楼梦》就更加复杂一些。我有几个韩国的朋友，其中有几个是女教授，她们曾经跟我说，最不喜欢的就是那个宝玉。我问，你为什么不喜欢？她说，要是一个人嫁了像宝玉这样的人，那一辈子就完了，是不是？韩国的家庭，主要是男子在外面创收，女性做全职太太。如果她的丈夫像宝玉，那确实是完了。她们没有考虑过，像宝玉的这样的一个形象背后，其实有很深的用意。这正是我喜欢《红楼梦》的一个基本原因，它确实值得你花很多的时间去思考、去品味，而且一辈子可能都找不到百分之百确切的答案。

主持人：我们会感觉《红楼梦》的世界是无限大的，它可以从很多角度、不同维度去解读，会得出不同的结论，这确实是非常有魅力的。那鲁教授呢？

鲁小俊：我跟陈教授恰恰相反，我最怕的就是《红楼梦》。我觉得我的性格比较粗鲁一点，对于《红楼梦》的细腻缠绵不太容易有感触，像贾宝玉在那儿没事跟燕子说话，跟鱼说话，对着月亮星星发呆，你要真的理解他其实是不容易的，所以我比较怕《红楼梦》。相对来讲的话，《水浒传》读起来比较畅快一点，《三国演义》头绪稍微复杂了一点，不过它的内涵比较简单，没有太深的需要探究的东西。《西游记》其实也不好读，它里面涉及各种各样的名词，比如说黄婆是谁，金公是谁，木母是谁，什么是刀圭，这些词就不好理解。所以总的来讲，我最喜欢的还是《水浒传》，读起来比较畅快，看着好汉们喝酒、吃肉的感觉也很好。

主持人： 所以说您还是喜欢有血性的作品。接下来有一小段的时间，留给现场观众，咱们进行一个互动的环节。大家有两次提问的机会，向两位教授请教关于四大名著的话题。

观众一： 陈教授好，鲁教授好，主持人好。我来自武汉欧美同学会，也是武汉海外联谊会的理事。非常荣幸今天能够听到这么丰富的一个访谈，我觉得形式也非常的活泼。我有一个问题想请教一下陈教授。关羽这个人物，我想大家都非常喜爱，他在历史上被尊称为"武圣人"。我们在《三国演义》里面读到了他的一些故事——大意失荆州，败走麦城，还有华容道放曹。另外张飞、刘备之死，跟他也有关系，这个也导致了蜀国后来日渐衰弱。另外关羽个性也比较清高自傲，这样一来，从某种程度上说，似乎关羽不能算是一个圣人的好模样，可是他的义薄云天，在民间还是口口相传。想请教陈教授，能不能从我们中华文化"义"的角度，讲一讲这是为什么呢？为什么关羽"忠义至上"的形象，在我们老百姓心中倍受推崇、尊敬？谢谢。

陈文新： 谢谢您的提问。这个问题很有意思。关羽这样一个形象，不仅是《三国演义》的作者很喜欢他，我们民间社会也很喜欢他，但是与他联系在一起的，确实就有大意失荆州、走麦城这样的事情，而且把荆州丢掉，也确实导致了蜀汉和东吴之间的大规模的战争，从此以后蜀汉就无可挽回地走向了衰落。我们可以说，失荆州是蜀汉衰落的一个契机，这个是不容回避的。我这里想讲的是，失荆州这个事情究竟是不是关羽自身的错误造成的。

说到这里，我们就要讲到荆州，有哪些人对它感兴趣。荆州这个地方，第一，刘表的那些部下感兴趣，因为这个地方曾经是刘表的地盘。第二，曹操感兴趣。因为曹操统一了黄河流域之后，他要统一长江流域，必须把荆州拿下来。第三，刘备感兴趣。刘备在荆州等了那么多年，就是要等机会把荆州拿到手。还有一个对它感兴趣的就是东吴。东吴曾经一度把首都搬到了湖北的鄂城，当时叫武昌，搬到这里来，就是希望对荆州形成一个便于攻击的态势。所以赤壁之战结束以后，刘备把荆州拿到了手上，把荆州交给诸葛亮打理。为什么要交给诸葛亮？因为只有诸葛亮，才能够既保持对东吴的警惕，又能够对东吴实施一种意志，就是你不要想轻易动手。诸葛亮的谋略，那是超过关羽的。但是后来益州拿下来了，益州又是刘备的一个重镇，或者说新的中心，更重要的中心，所以诸葛亮必须到那里去。诸葛亮到了益州以后，这个荆州交给谁？这是刘备和诸葛亮非常头疼的一个问题，面对一个大家都想拿下来的地方，要守住其实是非常困难的。万不得已之下，诸葛亮才把它交给了关羽。张飞那更不合适，过于粗鲁。赵云也不是能够独当一面的将领，他特别适合于追随某个领导做具体的工作，办公厅主任这样的位置，对他最合适。而马超这样的人，又不属于刘备的核心圈子，所以只有关羽了。诸葛亮把荆州交给关羽的时候，他特别强调，一定要和东吴搞好关系。为什么一定要和东吴搞好关系？就是东吴方面，连续三个最重要的军事人才，或者说军事领导人，周瑜、陆逊、吕蒙，他们有一个共同的想法，那就是我们不需要跟刘备联合，先把荆州拿下来，然后沿江西上，再把益州拿下来，整个长江流域就是我们的。所以他们总想对荆州下手。对于这一点，关羽有所提防，但是他的提防是不够的。关键是关羽这个人，当刘备和孙权的联盟建立之后，他以为真正的敌人只是曹操。所以他把主力部队都放到了北部前线，最后导致荆州被东吴给夺走。这也是《三国演义》特别不喜欢周瑜、吕蒙、陆逊的一个原因。他们是害死关羽的元凶，他们的战略就是一种对刘备的鹰派战略，关羽对这一点准备不够。

我们其实也可以这样来理解，换了另外一个人，也有可能丢掉。以一个将领的力量，要对付整个东吴的偷袭，几乎没有成功的可能。何况他还在北部，以主力部队跟曹操军队作战，所以关羽大意失荆州，我们要有一个同情的了解，这不是他个人的一个简单错误造成的。守荆州是难度很大的任务，他没有能力来完成好这样的任务，这是一个悲剧。因为是个悲剧，很多人对他抱有同情，就站在他这一边。所以《三国演义》一定要写他死了之后，在玉泉山显圣，把吕蒙给干掉，这就是老百姓对于关羽悲剧结局的同情。为什么会同情他呢？就是这样一个义薄云天的人，尽管他的能力确实不足以承担镇守荆州这样重大的使命，但是这无损于他的品格的崇高，老百姓在才能和人品这两方面，他们更看重人品。如果是看重才能的话，他们一定会把兴趣更多地集中在曹操和司马懿那里，因为他们事业做得更大一些。但是老百姓有自己的一个尺度，所以他们还是喜欢关羽，这个是我的一个理解。

主持人：非常感谢陈教授，从详细的历史策略的角度为我们做了另一番解读。接下来是第二次提问的机会，我们看一下现场会有哪位想提问。

观众二： 鲁教授，您好，我是武汉大学港澳台学生，现在就读于经济管理学院。今天非常感谢您的解读与分享，也很荣幸能借着这个机会向您请教一个问题。《红楼梦》可以说是我国古代文学史上的一个瑰宝，也是一部从各个角度展现我国古代女性之美的史诗，勇于批判现实，挣脱桎梏，展现男女平等，从这个方面讲的话，我觉得是超越了《三国演义》和《水浒传》这两部著作的。我本人也是跟鲁教授一样，比较喜欢《水浒传》。就像陈教授提到过，他的韩国朋友，在我们东亚文化圈里面比较习惯男主外女主内，《红楼梦》可以给我们一种在古代比较先进的启发。我想请教的是，《红楼梦》中有哪些可以供我们当代学生学习和借鉴的地方，以及哪些方面我们需要更多的反思或引以为戒？谢谢。

鲁小俊： 你是大一的学生，我参与编了一本通识课教材《人文社科经典导引（第三版）》（武汉大学出版社2021年版），里面第六章讲"《红楼梦》与爱恨"。这个"爱"，你刚才提得非常准确，就是《红楼梦》在对于女性的关爱方面，体现得尤为明显。像《三国演义》《水浒传》，它们都不太尊重女性，而在《红楼梦》中，贾宝玉特别喜欢和心疼女孩子，这不简单地是一种男女之爱，而更多地具有博爱的性质。不光是女孩子，贾宝玉对于自然界的花草树木，都有一种特别的感情，这也是一种博爱。同时《红楼梦》也写出了一种"恨"，不是仇恨，是一种遗憾，遗憾什么呢？小说里写了一群少男少女，这种青春年华是不长久的，它注定要直面时光的流逝，随着时光的流逝，他们要面对人生走入中年、走入老年的状态。贾宝玉很喜欢未出嫁的女孩，他觉得没有出嫁的女孩儿很宝贵,是无价的宝珠,但是出嫁之后就不行了,失去了光彩,到最后年纪大了,就成了鱼眼睛了。这其实是对于青春和美的一种留恋,是害怕长大的一种心态。程伟元、高鹗整理的《红楼梦》,让林黛玉早早地死掉,让宝玉黛玉不必直面庸常的人生、缺乏诗意的现实人生,或许就是最好的结局。他们的爱,他们的青春,不必谈仕途经济、只经营情感生活的人生状态,就这样定格。至于后来会怎样,《红楼梦》给不出相关的圆满答案,而这样的困惑、缺憾、伤感,恰恰是《红楼梦》的永恒魅力之所在。

讲坛七：2021年9月27日武汉市中华文化学院（武汉市社会主义学院）"新丝绸之路与中西方古老文明"电视嘉宾中华文化论坛高端对话

嘉　宾：徐涤宇，湖南新邵人，民盟湖北省委盟员。中南财经政法大学校长助理、校国际交流部部长、港澳台办公室主任、教授、博士生导师。主要研究方向：民法学、私法史。文化名家暨"四个一批"人才，国务院政府特殊津贴专家。代表著作有：《民法实证研究之展开》（法律出版社2020年版）、《原因理论研究：关于合同效力正当性的一种说明模式》（中国政法大学出版社2005年版）、《物权法领域公私法接轨问题研究》（合著，北京大学出版社2016年版）、《现代中国民法的知识转型》（合著，湖南大学出版社2012年版）、《中南法律评论》（第2辑）（主编，郑州大学出版社2021年版）、《拉美国家民法典编纂：历史与经验》（主编，北京大学出版社2018年版）、《法律秘鲁共和国新民法典》（译，北京大学出版2017年版）、《智利共和国民法典》（2000年修订本）（译，北京大学出版社2014年版）、《罗马法与共同法　第1—6辑》（主编，法律出版社2012—2016年版）、《法治湖南与区域治理研究（第1—10卷）》

（副主编，世界图书出版公司2011—2012年版）、《物权法热点问题讲座》（主编，中国法制出版社2007年版）。

嘉　宾：黄美玲，湖南人，中共党员。中南财经政法大学法学院教授、博士生导师。意大利罗马第二大学博士（2014），意大利罗马第一大学、伦敦大学学院访问学者。意大利罗马法杂志codex合作主编，国内《罗马法与共同法》辑刊执行主编。代表著作有：*La promessa unilaterale come fonte autonoma di obbligazione. Dai fondamenti romanistici al Codice Civile Cinese*（Jovene出版社2018年版）、《律师职业的起源》（北京大学出版社2021年版）、《法律帝国的崛起：罗马人的法律智慧》（北京大学出版社2020年版）、《学说汇纂》（第二十四卷）（中国政法大学出版社2016年版）等。

嘉　宾：奥利维耶罗·迪利贝托（Oliviero Diliberto），罗马第一大学罗马法首席教授，法学院院长，罗马法高级培训班负责人，中南财经政法大学文澜讲座教授，中意法学研究中心意方主任；"托斯卡纳文献协会"名誉主席，"巴勒莫大学法学研讨会年报"学术委员会委员，罗马法国学院"沃尔泰拉文献"学术委员会委员，"拉文纳东方之都，后古时期研究国际中心"学术顾问。曾任意大利司法部长、意大利共产党人党总书记，历任四届意大利国会议员。2000年10月作为合伙奠基人，在佛罗伦萨创设"纸莎草纸文献学与古代世界研究佛罗伦萨学院"；2007年1月创设"特奥多尔蒙森文学翻译国家委员会"。已在国际期刊中发表90余篇论文，出版十余本代表性法学著作、并被作为罗马法教材为世界多所知名大学所采用。主要研究领域为罗马法、西方古代法。

主持人：武汉电视台新闻综合频道（WHTV-1）主持人　付存操

新丝绸之路与中西方古老文明

徐涤宇　黄美玲　迪利贝托

主持人：2021年6月9日，罗马第一大学校长安东内拉·波利梅尼和罗马第一大学法学院院长奥利维耶罗·迪利贝托教授在意大利总统府，将黄美玲教授刚出版的《中华人民共和国民法典》（意大利文版）首译本献给意大利共和国总统塞尔吉奥·马塔雷拉，总统先生对《中华人民共和国民法典》（意大利文版）的出版表示了充分肯定。下面请三位嘉宾介绍一下《中华人民共和国民法典》（意大利文版）的出版经历。

黄美玲：翻译《中华人民共和国民法典》其实是中南财经政法大学中意学院两位院长，也就是今天的两位男嘉宾、中意学院的意方和中方院长奥利维耶罗·迪利贝托教授和徐涤宇教授的建议。迪利贝托教授是意大利前司法部部长，我在意大利留学时候的博士生导师，也是我校的"文澜学者"。2020年5月28日，第十三届全国人大第三次会议通过了《中华人民共和国民法典》，习近平主席颁布第45号主席令正式公布，自2021年1月1日起施行。这是大陆法系国家举世瞩目的大事件，迪利贝托教授高度重视和关注。2020年，我们在筹办中国民法典学术会议的时候，教授就提议由中南财经政法大学和罗马第一大学合作翻译民法典，方便欧洲学者深入了解大陆法系最新的民法典。

两所学校的合作由来已久，基础非常深厚，所以我们迅速组织了翻译团队。该翻译版本是在迪利贝托和徐涤宇两位教授的指导下，由我翻译初稿，Domenico Dursi 和 Antonio Masi 教授参与共同完成的。因为时差和疫情的关系，加上两位院长对翻译质量要求非常严格，所以总共校对了 7 稿。

翻译稿最后由意大利知名的 Pacini Giuridica 出版社出版发行，首译本敬献给了意大利总统马塔雷拉先生，随后呈给了中国驻意大利大使馆。目前第一次印刷的印本已经售完，正在加印中。

迪利贝托： 众所周知，2021 年 1 月 1 日起施行《中华人民共和国民法典》是一件历史性的大事，它不仅是中国人民的历史性大事件，对全世界来说也是一件历史性大事件。因为世界上最大、人口最多的国家迎来了一部民法典，而且是一部与全世界各国民法典具有相似框架的民法典。关于这一点，我们稍后再详谈。

正因为意识到这一事件的历史性意义。2021 年 1 月 1 日民法典刚一生效，与中南财经政法大学的同事徐涤宇教授和我的学生黄美玲教授商量后，我们决定尝试将该法典翻译成意大利语。这是中国民法典在海外的首个外语译本，是一项非常具有雄心壮志的事业，而我们在极短的时间内取得了成功。

负责翻译的黄美玲教授一如既往地优质地完成了翻译的部分。包括我自己在内的来自罗马第一大学的三名教授负责意大利语的校正，另外两名成员分别是我的老师，民法和罗马法教授 Antonio Masi 老师以及罗马法青年学者 Domenico Dursi 教授，期

间保持了与黄美玲教授持续和充分的讨论，我们成功地在 2021 年 6 月初完成了翻译并交给 Pacini Giuridica 出版社出版发行。

我们将这一非凡的成果的首印本献给了意大利共和国总统塞尔吉奥·马塔雷拉先生，之所以是首印本，是因为它对于意大利来说意义重大，总统先生对此表示了充分的肯定。

另外一方面，我有幸与马塔雷拉总统共事多年并成为好友，我们曾在同一届意大利政府担任部长，马塔雷拉先生时任国防部部长，而我时任司法部部长，这成就了我们多年的友谊，他非常赞赏我们的这一成果。我记得早在 2017 年，马塔雷拉先生就曾以意大利共和国总统的身份亲临并祝贺中意法学研究中心的成立。几个月后，意大利教育部部长奥罗拉女士，现任参议员费德利女士又亲临现场为中意法学图书馆揭幕。这是世界上最大的中国法图书馆（罗马）。

从这点来看，选择 Pacini Giuridica 出版社也是极为重要的。

Pacini Giuridica 是位于意大利著名的大学城比萨的一家出版社。

它是意大利历史最悠久的出版社之一，成立于 1872 年。它专门从事法律图书的出版，是意大利最主要的几家出版社之一。因此，我们的成功也得益于选择了优秀的出版社。

这一译本非常畅销，现有的几版均已售罄，我们正在组织再版事宜。它在意大利法学界产生了巨大的影响，不仅在法学界，它对所有关心两国友谊、合作以及文明互鉴交流者都产生了深刻的影响。

主持人：溯源中华文明与罗马文明交流互鉴的历史，讲明讲透《中华人民共和国民法典》是继承中国共产党 70 多年依法治国经验，借鉴西方发达国家先进法治文化要素，传承 5000 多年中华文明和中华优秀传统文化，尤其是"法家"思想文化内涵基础上形成的，体现了中国共产党依法治国理念，体现了古与今、西方与东方思想的融合，是党的集体思想智慧的结晶，是中国法律制度文化对世界和全人类的贡献。关于《中华人民共和国民法典》的翻译，受到海内外媒体的官方报道，请教授们谈谈感想。

迪利贝托：中华文明和意大利文明都非常古老。正如习近平主席多次重申的那样，中华文明拥有 5000 年历史，是古老而璀璨的文明。与此同时，诞生于意大利的文明，也就是罗马文明和拉丁文明，历史稍短一些，但肯定也是非常古老、非常重要的文明。

西方"法律"的概念恰恰是诞生于意大利的古罗马。阿尔多·斯奇亚沃那教授有一本杰作，标题为《Ius：西方法律的产生》。他曾多次和其他同事一起到访我们中南财经政法大学。

确实如此，西方法律滥觞于古罗马，古罗马甚至有专门的法学家阶层，这在西方世界的任何其他地方都是不存在的。2019年，习近平主席在意大利最重要的报纸《晚邮报》的头版发表署名文章，题为《东西交往传佳话　中意友谊续新篇》，他在文中强调，"中国和意大利是东西方文明的杰出代表，在人类文明发展史上留下浓墨重彩的篇章""中国和意大利两个伟大文明的友好交往源远流长""中意两国牢固的传统友谊历久弥新"。

我们两国文明自古代就在贸易往来和互相了解中建立起了联系，若干个世纪以来，这种亲密关系不断加强，而我们两所大学的合作交流，也是践行这一理念的重要组成部分。

20世纪初，中国开始艰难地尝试进行法典编纂，罗马法就是在这一动荡的历史时期传到了中国。

20世纪80年代末90年代初，罗马法开始对中国产生重要的影响。一方面通过翻译罗马法原始文献，特别是《民法大全》，盖尤斯的《法学阶梯》、优士丁尼的《法学阶梯》等；另一方面是培养了很多非常优秀的法学青年学者，他们来到罗马求学并攻读罗马法博士学位，这已经持续了30多年将近40年。在座的黄美玲教授就是从罗马获得博士学位后学成归国的，后来回到中国成长为教授。我想特别在这里介绍一下，因为这件事令我备感骄傲，更难得的是，她也在意大利获得了教授职称，讲授罗马法，这应该是独一无二的。

传入中国的罗马法，自然是一种与拥有数千年历史的、伟大的中国传统以及文化习俗相结合了的罗马法。《中华人民共和国民法典》具有创造性、前瞻性，体现了中国特色，展示了中国形象，凝聚了全人类共同价值，值得世界各国学习借鉴。例如，家事法中的中国传统、继承法、遗产，还有具有典型中国特色的合

同法以及相比西方法典明显更为严格的中国妇女权益保护等。因此，这种不同文化间的交织，创造出更加富有魅力的智识成果，我因与中国同事共事而亲眼见证了这一卓越的发展，对我而言是莫大的荣幸。

在这一点上，中国共产党及其依法治国的理念发挥了至关重要的作用。我还想再提一次，我熟读习近平主席的《习近平谈治国理政》三卷著作，有幸见识了中国共产党在振兴中国法律文化、坚持依法治国方面做出的雄伟壮举，中国共产党是这一切的根本保证。几个月前我们庆祝了中国共产党成立100周年，无独有偶，意大利共产党也成立于1921年。

徐涤宇：在我写的民法典意大利译本的序言中，我也提到了中国民法典的三个重要立法资源：（1）西方的民商事制度尤其是大陆法系的民法典资源。私法首先是老百姓过日子的法，在此基础上才发展为市场经济的基本法。在这一点上，中西私法文明或者说民法文化没有本质的不同，只是西方的私法文明更强调个人主义的私权观。自清末民初西法东渐以来，中国的民法制度受大

陆法系民法典尤其是德国民法典的影响最大，而罗马法又构成大陆法系民法制度的根基，所以我们经常说罗马法乃万法之母，民法学者也言必称罗马。尽管中国民法典也借鉴了英美法系的诸多制度，但罗马法系的影响决定了中国民法典的立法体例和概念体系，民法典的七编制（总则、物权、合同、人格权、婚姻家庭、继承、侵权责任）就是对罗马法传统的借鉴和发展。在这种意义上，中国民法典意大利语译本在罗马法的发源地——意大利出版，更能使中国特色的民法制度获得西方法律文明的认同，助力我们讲好中国法治故事。（2）中华法系的民法资源。中国也存在私法文化，但规范老百姓过日子的民事制度更多表现为习惯，民事纠纷也多由家长、族长、乡绅通过调解或其他非诉讼的方式解决，所以没有发展出像西方国家那样统一、完整的民法概念、裁判规范体系；而且，中国的私法文化不是以个人主义为其内核，更强调家国情怀与和谐理念，对个人要求更多的是家庭关怀和社会责任。可以说，个人主义的私权观极大地刺激了老百姓创造财富和追求美好生活的积极性，推动了市场经济的发展和现代化的进程，但也养成了民众只关注自身利益、不关心家国责任的功利思想，而中华法系的精神内核恰恰可以弥补其短板。中国民法典吸收了中华法系民事制度的精华，尤其是它对善良风俗和习惯的认可，在婚姻家庭、继承等制度中强调家风建设和非诉的纠纷解决机制，强调民事主体的社会责任，是对民法的中国贡献。在这个意义上，中国民法典意大利语版的出版，有助于增进中西两大法治文明之间的相互理解和相互认同。（3）中国共产党、中国特色社会主义建设尤其是改革开放后的民商法实践资源。中国共产党百年建党史为中国的民法实践也提供了宝贵的经验。早在苏维埃政府，中国共产党就在土地制度和婚姻家庭制度等方面进行了卓有成效的法律实践，如婚姻自由原则在苏维埃地区的贯彻实施，将人们从包办婚姻、买卖婚姻等封建的婚姻家庭观念中解放出来，中国式的离婚标准兼顾了离婚自由和个人的家庭责任，使"耕者有其田"的土改制度释放了农民创造财富和参加革命的积极性。改革开放后，尤其是在十三届四中全会确定社会主义市场经济体制后，中国的民商法全面承认包括公有制在内的多元化市场经济主体的法律地位，更是在物权法领域以公有制为底色确认不同所有制主体的物权平等保护原则。中国民法典巩固并丰富了这些制度，尤其是其增加的社会主义核心价值观元素，旗帜鲜明地向世界宣示了其价值观基础。

黄美玲：《中华人民共和国民法典》的意大利语译本，实际上是我校国际交流活动的重要举措。为传播我国最新法典编纂成果，提升中国法的国际影响力作出了巨大贡献。当时，我们的想法是帮助欧洲学者打开了解中国民法典的通道，如果时间来得及的话，向党的 100 岁生日献礼。

不过，后来《中华人民共和国民法典》译本受到了意大利总统的高度赞誉和安莎社、中国驻意大利大使馆、人民网等几十家国内外主流媒体的广泛报道，新华网报道的单日浏览量达83.5万，我觉得这是《中华人民共和国民法典》自身的社会影响力。

正如海外媒体报道所言，这是中国民法典的第一个意大利语译本，是中意文化交流的合作典范，是罗马第一大学和中南财经政法大学的最新合作成果，也是两国践行"一带一路"倡议的重要智识支撑。

在法学界，我们都知道"言必称罗马"。我是2009年国家公派到意大利留学学习罗马法的，其目的就是为了借鉴西方发达国家的先进法治文化要素。我们当时那一批同学几乎每个人的研究主题都是一个具体的民法典制度，其实就是为了服务民法典编纂。

不过，在翻译的过程中，我们也发现其实中国民法典的法律渊源非常多样化，而且充分体现了中国法律文化。刚刚迪利贝托教授提到的家事法中的一些规则以及物权法中的一些特别术语，确实带给我们很多翻译上的困难，但这种不同的文化传统之间的流连忘返、寻找最准确的阐释，反而成了我们这个团队那段时间最大的乐趣。

主持人：在世界百年未有之大变局下，我们应如何做好不同文明的对话与交流互鉴？如何"讲好中国故事，传播好中国声音"，如何提升中国国际传播影响力、中华文化感召力、中国形象亲和力、中国话语说服力？如何有效提升中国国际话语权？请三位嘉宾以中南财经政法大学中意学院为例，给我们分享一下中西方在构建人类命运共同体的历史进程中，所形成的文明交流互鉴新格局。

徐涤宇：习近平总书记2019年在意大利《晚邮报》发表的署名文章中指出，中国和意大利"无论国际风云如何变幻，两国始终相互信任、密切合作，树立了不同社会制度、文化背景、发展阶段国家互利共赢的典范"。多年来，我校和罗马第一大学（以下简称"罗马一大"）的交流合作一步一个脚印，不断向更高水平、更深层次发展。

第一个脚印就是中意法学研究中心的建立。最初我提出了一个倡议：数十年来，中南大和罗马一大已经在师生互换、校际互访和科研合作上建立了稳定的合作关系，取得了不少成绩，能不能在此基础上更进一步，共建一个法学基地，推进深度合作？学校对这个想法高度重视，于是2016年，罗马一大来武汉进行学术访问时，校长杨灿明教授提议双方选址共同建设合作研究罗马法和国际法的基地，罗马一大也对两校加强在罗马法领域的研究与合作很感兴趣。2017年1月，杨灿明校长又带领我们一行三人访问了罗马一大，两校校长签署了合作建设中意法学研究中心的协议，一致同意通过这一平台建设，促进两校在科学研究、人才培养、师资交流等方面的合作，把法学研究中心建设成为中意法学教育合作的典范。在意大利总统马塔雷拉的见证下，中意法学研究中心正式成立。

第二个脚印则是中国法图书馆（罗马）的创立。2017年，时任意大利教育部长的瓦莱里亚·费德利主持了中意法学研究中心中国法图书馆（罗马）的揭牌仪式，副校长姚莉教授出席了本次仪式。这座图书馆以中方学术机构的捐赠为基础，正不断扩大发展，它不仅是意大利最大的中国法图书馆，也不亚于国际上那些卓越的馆藏。图书馆是大学的心脏，这座中国法图书馆作为中国法学文化的载体，通过罗马一大的师生们不断地访问借阅，把中国法学经典以及背后的文化价值理念潜移默化地传播开来。

第三颗硕果就是中意学院的开办。2018年5月，杨灿明校长与罗马第一大学高迪奥校长签署了两校合作办学意向书以及合作培养欧盟法硕士项目协议书，经过双方一年的努力，"欧洲学：比较法与欧洲法"硕士学位中外合作办学项目于2019年获中国教育部批准，成为我国为数不多、层次较高的法学中外合作办学项目，也是意大利宣布支持"一带一路"倡议后成立的首个中意高等教育合作单位。三年来已经招收了百余名学生，举办了20余次中意论坛，邀请罗马一大、伦敦国王学院、伦敦大学、爱丁堡大学、特伦托大学、格林威治大学等校资深法学教授为中意学院学生讲授法学知识。疫情之前还邀请罗马一大师生赴我校交流访问，每学期30余人，并为他们安排了书法等中国文化课程，除了学术交流，更是中西文化的无声浸润和体验。

千里之行，始于足下。不同文明的交流互鉴，讲好中国故事、提升中国国际话语权是一个很大的命题，但纵观中意学院一步步走来的历程，我们可以发现，破题之法离不开相互尊重、开放包容的心态和海纳百川、兼收并蓄的胸怀，离不开两国两校有识之士高瞻远瞩的领导和先行者勇于开拓的精神，离不开与时俱进、创新发展的活力和薪火相传、代代守护的坚持，离不开我们在座各位作为教育工作者立足本职工作、搭建法学教育中外合作平台从而为开辟人文交流渠道、促进民心民意相通创造的条件。人是文明交流互鉴的载体，相信通过中意学院的平台"走出去"和"走进来"的老师同学们，已经成为东西方文明交流的使者，带着他们身上的中国故事，成为行走在世界各地的活着的"新丝绸之路"。

黄美玲：中意学院是中国和意大利签订"一带一路"协议之后合作的典范。中意学院始终贯彻"学术服务国家战略"的号召，努力"讲好中国故事，传播好中国声音"。

两位院长对中意学院的工作有了比较详细的介绍，我仅补充几个小的细节：在疫情中，中意学院积极组织参与国际抗疫，让世界知道为人类文明作贡献的中国。比如说，组织团队编写意大利语防疫指南，受到了意大利民众的一致好评。两次组织中意医院开展专家连线交流，支持国际抗疫。意方高层官员专门致信向候选人表达谢意，提高了中国的国际声望。

我们两校的校长被互相授予"荣誉博士"学位，肯定他们在两国的文化交流中做出了杰出的贡献。

迪利贝托：众所周知，意大利于2019年签署了"一带一路"倡议谅解备忘录。

我对我的国家做出这一选择感到非常高兴，我们中意学院的法律人也以我们自己的方式努力为两国之间卓有成效、情同手足的交往贡献绵薄之力。

在过去5年，即自2016年底到2021年，我们正是在基于这种兄弟情谊的合作中取得了许多成就。在短短5年内实现如此累累硕果似乎不可思议。

我们甚至每年组织两次罗马法与中国民法的学术会议，一次在罗马，一次在武汉。

我们在相互学习的过程中培养了大量意大利和中国的青年学者。

我们在武汉开设了罗马第一大学的硕士课程："欧洲学：比较法与欧洲法"。虽然现在因为疫情的关系，我们不得不线上授课，但是我们希望能尽快恢复正常。

同样是基于两校的合作，我们完成了《中华人民共和国民法典》的意大利语译本这一非凡成果。我认为，我们建立了坚如磐石的友谊，这是一种真诚且双赢的友谊，这种友谊应该成为各个国家和各国人民友好往来的指南针。

我们所处的世纪是一个深刻变革的世纪，我认为这种变革是根本性的，这些变革能将和平、各国人民的合作和沟通作为未来的目标，它的愿景是实现一个持续联系的世界，一个全球化的世界，一个实时交流信息、文化和生活的世界。在这样的世界里，目标应该是在各个文明之间架起桥梁，而不是筑起围墙。

关于这一点，习近平主席前些年出席达沃斯论坛时发表了精彩讲话，他认为"不要高墙壁垒"，有力地反击了美国所宣扬的筑墙论调。尽管世事万变，但我们庆幸，习近平主席作为一位伟大的领袖，他的讲话不仅心系中国的未来，心系中意两国的友好关系，还同样心系全世界的未来。

由中南财经政法大学和罗马第一大学两所大学合作创办的中意学院是两校合作关系的典范，是一个可供学习借鉴的成功典范，最有说服力的是，我们在很短的时间内取得了非凡的成果。我还记得，中意学院举行揭牌仪式的当天，意大利前总理、当时的政府首脑朱塞佩·孔特先生也发来了祝贺短信。

借着这个重要的场合，我想感谢中南财经政法大学和罗马第一大学两所学校的校领导们，感谢他们一直以来对我们的持续帮助和支持。

讲坛八：2021 年 5 月 14 日武汉市中华文化学院（武汉市社会主义学院）"追寻楚脉"楚文化专题讲座

嘉　宾：刘玉堂，男，毕业于武汉大学，历史学博士，博士生导师。湖北省社会科学院原副院长，华中师范大学国家文化产业研究中心特聘教授，湖北大学湖北文化建设研究院院长，武汉大学、华中科技大学等高校客座教授。中央直接掌握联系的专家，国家出版基金评委，中国民族史学会副会长。长期致力于楚文化、长江文化、中华传统文化和文化产业研究，出版著作20余部，发表论文300余篇，其中撰写、主编的《荆楚文化志》《世纪楚学》《长江文明之旅》分获第四届国家图书奖、第九届湖北省优秀社科著作一等奖和全国优秀科普作品奖。曾任第七届世界军人运动会和第十届中国园林博览会文化顾问。曾赴海内外多所大学从事学术交流，担任央视大型人文纪录片《楚国八百年》《三国的世界》《读书的力量》学术顾问暨主讲嘉宾。

追寻楚脉

刘玉堂

楚文化是公元前 11 世纪末至公元前 3 世纪末,长江中游地区一个诸侯国——楚国——人民在长期的生活生产实践中创造、传承并发展的文化。楚文化的源头有南北两支,南支为江汉三苗遗裔所拥有的楚蛮文化,清奇如穿三峡而出的长江;北支为中原季连部落所携带的华夏文化,雄浑如触砥柱而下的黄河。二者碰撞砥砺、交融互摄,惊采绝艳的楚文化傲然卓立。

楚文化是古老的,它的青春和迟暮都在两三千年以前,因而成为周代荆楚地域的主体文化;楚文化也是长青的,它是秦汉以后荆湘文化特别是湖北文化的源头和主干;楚文化还是时新的,人们有幸同它相识还不过百年光景。

楚文化的遗存埋没在地下达两三千年之久,直到 20 世纪初才被盗墓者惊起,许多战国时代的楚文物才得以重见天日。其中有不少铜器和漆器,工艺精绝,风格独特,令史学家和古董商诧异不止。但这对楚文化而言还只是"小荷才露尖尖角",人们一时还很难认清它的意态风神。从 20 世纪 50 年代起,楚文化的遗存一批又一批地被考古学家唤醒,给文化界带来一波又一波的狂喜。"惊起却回首",人们重新审视哲学史上的《老》《庄》和文学史上的《庄》《骚》,彻然大悟,原来它们也都是楚文化的精华。

寻绎楚文化的演进轨迹,大致经历了滥觞、茁长、鼎盛、滞缓、转化五个时期,虽说每个时期长短不一,但其特征之鲜明则有如春花秋月。

楚文化的滥觞期,始自西周早期楚国始封之时,迄于两周之交楚国将盛之际,历时近三个世纪。

立国之初的楚人,还徜徉于原始社会之中。对此,《左传》是这样记载的:"昔我先王熊绎,辟在荆山。筚路蓝缕,以处草莽。跋涉山林,以事天子。唯是桃弧、棘矢,以供御王事。"周王封给熊绎一块蛮荒之地,熊绎则要对周王尽守燎以祭天、贡苞茅以缩酒及献桃弧棘矢以禳灾的职分。初创时期楚人生存状态之窘迫、社会地位之卑微,言之令人唇寒齿冷。

从新石器时代以来,豫西南和鄂西北就是黄河、长江两大流域古代文明交相切劘之区。熊绎之时的楚都丹阳,恰好位于毗连豫西南的鄂西北,这种纵跨南北的地理位置,成为楚人得以兼采华夏和蛮夷之长的天然优势。

楚人立国之君熊绎五传至熊渠。熊渠近交远攻,奏响了吸收蛮夷文化的序曲。熊渠大举讨伐的,主要是属于扬越族的鄂。此鄂即东鄂,位于今湖北鄂州、黄石一带,与位于今湖北随州、京山以至河南南阳的西鄂并世而立。在东鄂南面不远处的今大冶铜绿山及其周边地区,有一个巨大的红铜生产基地。红铜是当时的头等战略物资,熊渠正是在红铜的巨大诱惑之下,才不惮劳师远征。

由于华夏文化与蛮夷文化的交融,滥觞期的楚文化才在考古遗迹上依稀显露出某些自身的特色。这个时期的楚文化遗存，主要分布于今沮漳河的中游和下游。

楚文化的茁长期，约在春秋早期中叶至春秋晚期中叶。

一个民族能否另辟蹊径，创造出风采卓异的文化来，取决于他们能否矢志不渝地追求文化的独创性，亦即历史的独创性。对于楚国来说，是恪守诸夏的发展模式，抑或是探索自己的前进道路，是至关紧要之事。假若楚国甘心步诸夏的后尘，那么，在强邻四逼、列侯纷争的时世里，势难逃脱夭折的厄运。幸而楚人独行其是，化险为夷，甚至在许多方面有出蓝之举，创造了先秦史上的奇迹之一。楚人在历史转折关头所显示的独创精神，是楚文化茁长的基因。

楚武王时，楚人把东线作为主攻方向，而汉阳诸姬之首——随国（曾国），便成为楚人东进的主要障碍。武王末年，楚国大举伐随，迫使随国和它订立了城下之盟。自楚成王三十二年（前640年）始，随国就成为楚国的附庸了。至于百濮、群蛮、百越，无一例外均被楚国各个击破。

为了占据理想的发展平台，楚文王将都城从南漳、保康一带的荆山谷地迁至今宜城南部的汉水与蛮河之间，改丹阳之名为郢。此地是肥沃的冲积平原，更加重要的是它处在南来北往、东去西还的枢纽上，南瞰江汉平原，北望南襄夹道，东临随枣走廊，西控荆雎山地，是江淮之间的要冲，汉水中游的重镇。楚国以郢为都，无论是制驭蛮、越、巴、濮，还是抚绥汉阳诸国，乃至窥伺中原诸夏，都策应自如。

楚人在政治上结夷夏为一体的进程，也是它在文化上熔夷夏为一炉的进程。楚文化的一切重大成就，都是师夷夏之长技而力求创新的结果。

从中原南下的楚人进入江汉平原之后，受到土著楚蛮的影响，这个文化面貌发生了显而易见的变化。根据考古资料提供的信息，这个变化首先体现在陶器上，其中以陶鬲最为醒目。西周晚期，自中原而来的楚人为了适应楚蛮占多数和稻米为主食的环境，与楚蛮一起把带有诸夏文化特征的红陶锥足罐形鼎略加改造，做成一种新式陶鬲——楚式鬲。毋庸讳言，楚式鬲是中原华夏文化与江汉楚蛮文化高度融合的一个范例。

在广泛吸收和综合利用南北农业文化精华的基础上，楚人将楚蛮、扬越和淮夷的家族性或邻里性的小型单一性农田水利作业加以改进提高，创建了集蓄、灌、排于一体的大型综合性农田水利工程。

而最为楚人引以为荣的，莫过于得扬越和华夏的青铜冶铸技术而兼之。

中原的青铜时代，大约始于夏代晚期。历经商代和西周，下至春秋早期，楚人的青铜冶铸技术主要是师法中原。近年来，在湖北随州、京山、枣阳、当阳以及河南新野等地，出土了一批西周早期至春秋早期的铜器，不仅形制和纹饰都一如中原，而且数量和质量都超过了现已发现的楚国同期铜器。岂止是不及中原，春秋早期以前，在青铜冶铸方面，楚人甚至屈居越人之后。

楚国的青铜冶铸业发轫于熊渠之时，熊渠一度进兵到包括铜绿山在内的东鄂之地，打开了原料的来源，楚国青铜冶铸业才获得了初步发展的机缘。然而，楚国青铜冶铸业的突飞猛进，却始自春秋中期的楚成王之世。成王奋武、文二世威服汉阳诸姬之余烈，北收弦、黄，控制了大别山南北的通道，铜绿山才真正成为楚国的囊中之物。

楚人占领铜绿山以后,把扬越的冶炼技术和中原的铸造技术结合起来,生产出大量优质的青铜器,并在铸造工艺方面超过了诸夏。当时楚国不仅普及了中原大约在春秋中期推广的分铸、焊合技术,而且创造了中原尚无先例的失蜡法或漏铅法铸造工艺;不仅镶嵌红铜工艺的采用不晚于中原,而且镶嵌黑漆工艺的采用更是开风气之先。

对待先进文化,楚人向来不抱偏见,他们满腔热忱地引进、改造,以求为我所用。这时的楚人,对自己的未来充满信心。在铸造青铜器的时候,他们的原则主要是创造而不是模仿,他们所刻意追求的,是根据自己的传统,按照自己的审美情趣,表现自己的风格和气派,由此,楚国的青铜器卓然自成一家了。外求诸人以博采众长,内求诸己而独创一格,这是楚国青铜器发展的道路,大而言之,也是楚文化发展的道路。

不只是青铜冶铸,楚国的典章制度和楚人的风俗习惯,也都介乎夷夏之间。

楚君本称敖,这与诸夏和蛮夷都不同。楚君称王,始于自号为武王的熊通。

楚国的官制,从形式上看,与诸夏同少异多。如以尹名官虽始于商朝,但楚国以尹名官应是向周朝学来的。然而,楚官普遍称尹,则是楚人求独立、求尊严的表现。

县,虽是周朝原有的,但真正作为行政区域的县则始见于楚国。

楚师的主帅称莫敖,后来也设了大司马、左司马、右司马之类。楚人偶尔也征用没有严格建制和没有严密阵法的蛮人入伍。

楚国兵制方面的这些特点，都是因夷夏结合而形成。

在封爵、食邑、礼法等方面，春秋时期的楚制也各具特色。例如：在王与士之间的大夫等级中，没有明确的阶层；有官而无爵；封邑一般传袭不过三世；丧葬列鼎大多为偶数，与诸夏的奇数恰好相反。

在精神文化方面，楚人向华夏学来的，首先是语言文字。据文献记载，无论是折冲樽俎时的唇枪舌剑，还是两军对垒时的彼此问答，楚人都没有借助翻译。看来许多楚人应通夏言，至少楚国贵族是如此。而从相关文献记载来看，楚人应有不同于夏言的本民族语言。至于文字，则是流行于中原而为周代各国各族通用的文字——夏文。

春秋中晚期，楚国的音乐艺术已有初步发展。淅川下寺出土青铜编钟52件，其全部乐音系列可以奏出七声或六声的音阶。

苗长期的楚文化，从鄂西传播到鄂中，从汉西汉南传播到汉东汉北，从江北传播到江南，从淮水上游传播到淮水中下游，从长江中游传播到长江下游，几有席卷江淮之势。仅就江淮地区而言，楚文化如春风化雨，从其浸润之广，不难想见其蕴蓄之深。

楚文化的鼎盛时期始于楚昭王迁都于鄀，止于楚顷襄王十一年秦人白起拔郢，长达两个世纪有余。

楚昭王十一年（前505年），吴师离楚。次年，吴又大举伐楚，楚恐吴师再度入郢，迁都至鄀，而仍称郢。在楚昭王十三年至二十四年（前503—前492年）之间，楚都又南迁到今湖北江陵纪南城，依然称郢，从出土文献来看或称栽郢。昭王九传至顷襄王，顷襄王二十一年（前278年），秦将白起攻陷郢都，楚都东迁。楚国以纪南城为首都，长达220年左右。可以说，纪南城的兴衰，标志着楚文化鼎盛期的始终。

　　这个时期楚国的变化是空前的，可谓经济昌盛，文赋纷华。铜器生产登峰造极的发展，促进了铁器的改进和推广。其他各行各业，如丝织、刺绣、髹漆和城市建设等，也生机盎然。经济结构上，封建领主制的普及与家务奴隶制的延伸并行不悖。政治体制方面，则有断断续续的革故鼎新：旧有的县化大为小，已在全国普设；新设的郡在县之上，而仅限于边陲；官职日多，爵秩渐繁，封君的权势大致与先前的县公相当，其财富却非县公所能比拟。精神文化方面的成就异常突出：老子、庄子、屈子等文化巨星相继升起，熠熠生辉，《老子》《庄子》代表着楚国的哲学，《庄子》《离骚》代表着楚国的文学，它们已跻身于全中国乃至全世界的哲学宝库和文学宝库。先秦的帛画迄今只发现过两幅，都是楚国的，分别于1949年和1973年出土于湖南长沙，前者为人物龙凤帛画，后者为人物御龙帛画，庶几可称为当今所谓国画的先驱，一经发现，举世震惊。1978年出土的曾侯乙编钟，更是以其壮美的阵容和高超的性能令全世界叹为观止。

　　在鼎盛期的楚文化遗存中，有一种造型卓异的木雕，今称虎坐立凤。此凤两肋有鹿角，通体饰彩纹，昂其首，展其翅，双足立于虎背，虎躯体微小而性情驯顺。这种木雕集壮、美、奇于一身，是已迁于乔木的凤，可视之为楚王国和楚文化鼎盛期的象征。

　　楚文化的滞缓期相对较短，只经历了50多个年轮。

　　楚都迁陈（今河南淮阳）之后，国势江河日下，及至迁于寿春（今安徽寿县），已是日薄西山了。楚顷襄王四传至负刍，约历半个世纪，这是楚文化的滞缓期。

楚国将亡之时，它的文化早已超越其国界而传向远方。江西、广东、广西等地楚文物的出土，表明楚文化从湘江流域到赣江流域，从岭北到岭南，已深入百越地区。同时，楚文化溯江而上，已逾巴至蜀。楚人庄蹻率兵入滇，滇楚之间也不无人文相通之处。

从负刍五年（前223年）秦灭楚起，到汉武帝前期止，历一个世纪有余，这是楚文化向汉文化的转化期。

秦灭楚后，楚文化进入了转化期。秦朝求统一心切，对楚文化采取排斥态度。

不过，秦朝对楚文化也并非一概摒弃。李斯《谏逐客书》指出的"所以饰后宫、充下陈、娱心意、说耳目者"，正是秦朝所要从楚国和关东其他各国的文化中接受的。

楚人把半壁河山丢给了秦人，然而，曾几何时，他们却从秦人手里夺来了一统天下，建立了汉朝。秦末农民起义的主力是楚人，他们愤于秦朝对楚文化的恣意摧残，掀起了复楚文化之古的狂潮。设官多从楚制，置历一仍楚法，色尚和坐向悉遵楚俗。然而，楚人毕竟不是秦人，他们对异国甚至异族的文化从来都是兼收并蓄的，汉朝的行政区域和文武百官，多近承秦制，秦末起义的楚人所用的楚式官名，也大半废除。

西汉前期，统治者有鉴于秦朝实行学术专制的覆辙，采取了相当宽松的文化政策。自从汉武帝采纳董仲舒的建议，独尊儒术，文化政策才变得僵化了。太初元年（前104年），汉武帝改历法，以正月为岁首；定服色，以黄为上。正是从这时起，自成体系的楚文化销声匿迹了。当然，这并非意味着楚文化的个性从此消失亡佚，实际情况是，楚文化和其他区域文化一起，已转化成为全国的共性凌驾于区域的个性之上的汉文化。楚文化的某些个性，已成为汉文化至中华文化的一些共性。

楚人在八百年的漫长岁月中，不仅创造了炉火纯青的青铜冶铸、精彩绝伦的丝织刺绣和巧夺天工的竹木髹漆等物质文明成果，而且创造了义理精深的老庄哲学、惊采绝艳的屈宋文学和恢诡谲怪的美术乐舞等精神文明成果，楚文化对中华文化的贡献，足以令世人瞩目。

"屈平辞赋悬日月，楚王台榭空山丘"。"原来姹紫嫣红开遍"的楚文化，"风流总被雨打风吹去"，但深蕴其中的筚路蓝缕的进取精神、大象无形的开放气度、一鸣惊人的创新意识、上善若水的和谐理念、九死未悔的爱国情怀和一诺千金的诚信品格，宛如生生不已的文脉、血脉和根脉。其文脉贯注于文化创造中，血脉激活于生命智慧里，根脉滋长于公序良俗间，历千年而不竭，亘万古而常新，感召和砥砺着一代又一代的荆楚儿女乃至中华儿女攻坚克难、奋勇前行！

讲坛九：2019年3月28日武汉市中华文化学院（武汉市社会主义学院）"陆鸣艺术人生"文化讲座

嘉　宾：陆鸣，男，湖北武汉人，祖籍浙江宁波。湖北省文联副主席，湖北省曲艺家协会主席，国家一级演员。曾获中国相声节金玫瑰奖、中国曲艺节牡丹奖、中央电视台春节联欢晚会"观众最喜爱"的节目二等奖、全国笑星大赛铜奖、湖北省"屈原创作奖、湖北省"楚天明星奖"、湖北省文华表演奖等。享受国务院特殊专家津贴，荣获"全国五一劳动奖章"、武汉市劳动模范、"武汉精神优秀践行者"等称号。师从著名相声表演艺术家姜昆。代表作品有《吹拉弹唱》《多多关照》《归国记》《台上台下》等。

"陆鸣——艺术人生"文化讲座

陆 鸣

今天不是讲课,跟大家一起分享一下我的人生经历,我觉得可能对大家有些帮助。

我是一个文化水平不是很高的人,1975年的高中毕业生,当时正值"文革"后期,没有机会很好地学到什么知识。1975年进武汉说唱团以后,要重新考文凭,先考初中,再考高中。正好湖北大学和市文化局办了一个班,我们就报了那个班,取得了大专文凭。所以今天我没有什么理论的高度,或者是提纲挈领地总结几条,就是个曲艺人讲自己的故事。武汉市中华文化学院、武汉市社会主义学院,大家的水平都比我高,我就讲点自己的经历,希望从中能给大家一点启迪、启发。

每次像这样的交流,一般开头我总会说一句话:我是一个十分内向的人。人家会说陆鸣你侃鬼话吧,一个说唱相声的演员,内向?怎么可能呢?其实真是这样的。首先要从我的出生说起,我出生于公安家庭,我父母亲是新中国第一批公安干警。我妈妈是汉口一家茶厂的女工,我爸爸16岁那年跟着宁波老乡来汉口当学徒,武汉解放后他们作为进步青年被选进干部学校,一年后

也就是1950年，他们就参加了公安工作。

我爸爸在23岁的时候就是江岸区造纸街道（1954年并入球场街道）派出所的所长了，现在要是还在的话，那应该是蛮大的官呢。可惜我父亲去世比较早，中间也受了一些冲击。我母亲是湖北黄陂人，我父亲是浙江宁波人，非常难得的是，他们两个是同年同月同日生。

我出生的时候，就是在现在武汉说唱团所在的兰陵路，兰陵路和珞珈山街交汇的位置，有一栋三层楼的小房子，以前是江岸区公安局的宿舍，我的童年就是在那里度过的。那栋小楼旁边有一个百年的老电线杆，是铁电线杆。大家如果有空到兰陵路，可以吃三狗牛肉面、顶好牛肉面呀，也可以顺便看一眼那个地方，很有历史特色。

这好像就是缘分吧，我出生在兰陵路，后来到球场街50号住了好长一段时间，最后又回到兰陵路来工作，缘分哪！

武汉说唱团到处转，原来一直在民众乐园，后来搬到清芬剧场，最后在兰陵路扎下了根。说唱团是1974年搬到兰陵路，我正好是这年就进了说唱团，又回到了兰陵路，这个生我养我的地方，我又回到这里来工作，这是冥冥之中有一种暗示吧。

我出生于1957年。因为我妈妈生我的时候，我父亲出差不在家。一帮公安局的叔叔伯伯阿姨们蛮高兴，抢着给我取名字。1957年那个时候国家正搞"大鸣大放"，有人说叫陆大鸣，这个好听，也时髦。也有人说，陆大鸣？叫陆鸣是不是好些？那个时候单名很少，20世纪50年代的人都是三个字，两个字的名字还是蛮时髦的哦。

就因为我叫陆鸣，这里还有点坎坷。1957年搞"大鸣大放"，我父亲跟我一样，是个闷坨子——从来不说话，很少言语。你想他23岁就当了派出所所长，肯定是个很能干的人。

当时要求给领导提意见，做我父亲的工作。我父亲说："我能有什么意见呢？我一个当学徒的，从16岁跟着老乡去帮工，不晓得多遭孽，吃不饱穿不暖，受资本家压迫。是共产党让我翻了身，还让我参加了革命工作，我只有忘我地工作来报答党，我哪能有什么意见呢？""提一提，提一提。"就这样七说八说我父亲就提了一点意见。一提意见，乖乖隆滴咚，就绕进去了。当时没有打成右派，只是连降三级！我父亲23岁当所长，是52块钱的工资，那个时候的52块钱是什么概念，相当高啊。就是因为提了这个意见以后，哟！连降三级。后来别人说，还好没有打成右派。平反以后才知道"打成右派还好些"！为什么呢？打成右派的平反后，还会补加了钱。只是降了级没有打成右派的，只是平反。"一分钱有得，白搞的！"

"陆鸣——艺术人生"文化讲座

我父亲受了蛮多冲击,后来从公安局出来,到了江岸区手工业管理局,当保卫科科长。在手工业管理局又被下派到二七棉织厂当厂长,一个街办工厂,全部是姑娘婆婆。恰好那个时候"文化大革命",厂里职工对我父亲非常好,因为我爸爸对人也非常好,再说我爸爸人长得很英俊,一表人才,做事又公道,事事带头,埋头苦干,所以说蛮受拥戴。那个时候各单位当权派,都被当作走资派挨批斗,但大家都非常保护我爸爸。

我爸爸后来又调到武汉钢锯厂,把工作做得很红火。那时候正值开始了大批斗,我爸爸开始挨批斗、挨打,还被关起来,精神和肉体都受到极大的摧残。即使是这样,我父亲仍然对党有着很执着的感情!有时候我们在屋里面,我和妹妹们稍微开个玩笑,说现在形势什么的,我父亲就跟我们发火,真的发火不是假的。那种对党执着的感情,不是作假,是真真地埋藏在骨头里的。父母亲给我们的教育非常深,我就是在这样一个家庭环境下长大的。

我父亲平时的话也很少,特别受了冲击以后呢,话就更少了。屋里如果只剩我和爸爸两个人,等于这个屋里就没有人,一天是没有声音的。我们各忙各的,各搞各的。我父亲只要谈,就是要热爱社会主义,热爱党。一开口就是这,但是我能感受到父亲对党、对社会主义的那种忠诚和炽热的爱。

我大概6岁那年搬进了球场路50号,那个地方是个监狱,江岸区公安分局的看守所,看守所就是关押犯罪分子过渡的地方,还没判刑的都送到那里去。这里是军事管制区,8201城防部队的解放军就成天荷枪实弹地在那里。监狱是个特殊的地方,所以平时我父母绝不让我随便出去,为什么呢,因为50号在铁路外，京汉大道以南叫铁路里，京汉铁路以北就是铁路外。铁路外基本就是棚户区，就是外地逃荒、逃水荒、逃饥荒跑过来的，就在这边修房子，慢慢往后延展。现在年轻人可能对武汉的那段发展历史不了解。当年的京汉大道是一条铁路，京汉铁路，往江汉路那边是武汉城市发展的正中心，铁路这边就是铁路外这一块。

我家里也算干部家庭，家里就不让我跟同学多接触，怕我被别人欺负。后来上学了，学校里成立学习小组。家里不让我出去到别人家里学习，其他同学又不能进我们50号这个军事管制区，于是我总是一个人玩，自己玩，所以我的性格越来越孤僻。我最后到了什么地步呢，我最怕过节。小朋友都喜欢过年过节，我最怕过年过节，为什么呢？因为我外婆住在我们这里，我跟着表姐一起喊她作奶奶。中国有个特点，母亲在就是家。我妈妈有姊妹五个，因为母亲在我们这里住，只要过年，都会来我们家。一过年，就有客人来，客人一来我就要喊人，我张不开嘴，于是就愤恨过年！就是内向到这个地步。一有亲戚来，我奶奶就喊我："鸣鸣，哪里去？哪里去？快过来喊人。"我却早就躲到外面去了。那个时候呢，就想有东西玩，我爸爸喜欢动脑筋，就做了一个矿石收音机，就是最简单的收音机，一根矿石磁棒、套一个线圈、装一个二极管，那个线圈往前挪、往后挪，就可以调台。别看它简单，还可以收到两三个台呢，只是声音非常嘈杂。自打有了这台矿石收音机，我就等于有了一个最好的朋友。我最喜欢听的是什么呢——星期天的相声，然后就是每天中午播放的《每周一歌》，我的少年就是这些陪伴着我。

我有个舅舅，我妈妈那边的老幺，我们叫幺幺，他在西安冶金大学读书。那年放假回来，带了一个二胡，还是一个红木二

胡，非常漂亮，我一下被二胡的声音吸引了。幺幺到同学那边去玩的时候，我自己就在家"割割割割……"他一回来，我就快速放回去，怕搞坏了。有一天我在家拉胡琴的时候，来了一个解放军8201的战士，大家都知道，武汉这边的部队大部分是河南的，那个河南兵是做什么的呢？以前他是在村里经常搞红白喜事，拉过胡琴。他就过来说："小伙子，这是你家的胡琴吗？给我拉一下。"我说好，结果他一拉，哎哟，用现在的话说，非常专业，我一下入了迷。我说叔叔，你经常过来拉吧，教我。他就教了我一些基本的东西，这可能就是我最早的音乐启蒙吧。

有一天，我舅舅从外面回来，我正在拉他的二胡，他看见了，就问："耶，谁教你拉的？"

"就那个解放军叔叔给我说了一下。"

"哟，你一下就能拉成这个样子，那你还有点天赋呢，二胡就留给你吧。"我爸爸吹的口琴和这把二胡就是我最早接触的乐器。

到了小学以后，我就非常羡慕小学红小兵宣传队的同学们，心想什么时候我也能参加宣传队，那多厉害呀！到了大型节日的时候，宣传队就上台给在操场上坐着一排排的同学们演出，哎呀非常风光，我就特别想参加。有一天宣传队的老师来找我："你是不是陆鸣啊，听同学说你会拉二胡？"

"嗯，我学了一点。"

"那你拉我听一下？"

然后我就拉了一段。

"嗯，挺好嘛。这样，你明天到宣传队参加活动。"

我高兴得不得了，终于梦想成真了。结果正准备第二天到宣传队去训练的时候，班主任老师找到了我，她说"陆鸣，谁让你到宣传队去的？"

我说是宣传队的老师让我去的。

"我同意了吗？"

"老师，我没想到还要和您说一声。"

"你是我们班的骨干，你是我们的班长，你应该协助班主任做好你的工作，这是你的任务，宣传队有别的同学。再一个我认为你是一个学习的料子，你应该好好地学习，不应该去搞那些。"

一下我就觉得和现实有点矛盾了，因为我太喜欢音乐了，从那么小的时候，没有人陪我玩，陪我玩的就是收音机，就是二胡。我经常随着收音机里的音乐唱，然后把收音机一关，但嘴里的歌声不停，再打开收音机，我的唱和收音机里放的严丝合缝、无缝连接！哎哟，我觉得自己好聪明。结果我们班主任兜头一瓢冷水，当时把我打蔫了。当天我回去以后，越想越委屈，越想越气,大哭了一场。

上中学了,到了球场路中学。球场路中学在武汉六中旁边,是蛮小的一个学校。我们那个操场只有一个篮球场大,但是连边线都没有,那个边线就是围墙,这边的边线就是教室,很小的学校。我们上体育课都是跑到六中去,在院墙上挖个洞,跑那边去。六中也烦啊,一挖就填起来,他填起来我们又挖,后来六中就架不住,不管了,院墙就一直豁着一个大口子。

就是那么小的一个学校,但是我们学校宣传队和女子篮球队在江岸区非常有名。所以我就特别想进宣传队,宣传队当时在江岸区很有名气,一说我是球场路的,作为喜欢文艺的爱好者,是非常非常荣耀的一件事情。有一天经过我一个同学介绍,我见到了我们宣传队的老师,宣传队的老师就问我,你会做什么呀?

我说:"我会拉二胡。"

"那你试一下。"

我一试,老师说:"还可以呀,这样,那你明天来宣传队活动。"

这回我就学聪明了,我就先给班主任打招呼,我对班主任老师说:"李老师,宣传队的徐老师让我去宣传队参加活动,您看行不行?"我还说我从小就喜欢文艺,我不会耽误班级的工作,也不会耽误学习,我一定好好地搞。老师说,不要紧不要紧,你去吧,你去吧。我心想,哎,这回怎么答应得怎么这么爽快?过一段时间才知道,那位李老师是我们徐老师的老婆。

那个时候是20世纪70年代,正是搞停课闹革命,正常的上课经常会被各种事情无缘无故地打断。从那个时候开始呢,我的眼睛不行了。我这个人特别懒,晚上家里条件不好,又特别喜欢看书，晚上睡在被子里面看书，因为很冷，把被子捂得紧紧的，侧着睡，翻书，手都伸不出来，太冷了，就用舌头舔，长期这样看书，眼睛就不行了。

我当时上中学的时候已经有一米七四了，个子蛮高，班上的同学有点矮，都还没长起来。你想我眼睛不好坐在前头，那多难看啊，觉得蛮丑。我就不想坐前头，就想坐后头，但坐后面看不见，看不见老师在黑板上写什么东西，学习就一下子垮下来了。

我后来总结了一下，内向的人其实就是对自己极端的不信任，就是自卑。

宣传队成了我逃避学习的地方，我去参加宣传毛泽东思想去了，哪个敢说我？去宣传队既可以不上学，还可以不参加考试，还可以名正言顺地玩乐器，多好啊。宣传队在我心目中就是快乐天堂啊！还记得我第一次进宣传队乐器仓库，我都看傻了。从来没有见过这么多乐器。管乐、弦乐、打击乐、民乐、西洋乐，什么都有。后来我在网上发抖音，一些网友留言说："陆鸣你还有什么乐器不会的呢？"其实都是在那个时候瞟学的，一样都没有学好。其实我这个人真的还是蛮聪明的，我要是能好好学一样的话，也应该能学好的。但是，那个时候就知道玩，什么都没搞成。

我们学校音乐老师叫程止禹，程老师是一位40多岁的男老师，白胖胖走路慢条斯理，慢慢地走，别人说他有一点抑郁症。程老师还戴个眼镜，说话也轻声细语的，他说："陆鸣我觉得你在音乐上还有一点天赋！你能不能学一下作曲啊？"

"啊！"

我那个时候13岁，我说："作曲是一门多么深奥的艺术，您让我学作曲？"

程老师说："你别想得那么难，别把作曲搞得那么高深！这样，我给你一个歌词，你试一试。你把这个歌词多读几遍，你会感觉有一个节奏，你顺着这个节奏，慢慢地再来韵一下，就会出来一个旋律，你把那个旋律记下来，那就是作曲！"

"这简单？来来来，我试一下。"

程老师就给了我一个小画报《红小兵画报》，内页都是一首小诗，配一个小插图。我一看就看中了一个《世界地图墙上挂》，我就觉得这个蛮好。照着老师说的，我拿着词念啊念，就真的慢慢感觉到有一个节奏！语言节奏出来了，再来念再来读就慢慢一个小旋律出来了。赶紧把它记下来了，大概花了两个小时，我就把这个歌写出来了。

当时我的记谱能力非常强，强到什么地步呢？那个时候呢，都是红色革命歌曲风格的进行曲，很少有抒情的歌曲，所以朝鲜的歌到我们这里，就不得了，特别流行。那个时候正在放《金姬银姬的命运》《卖花姑娘》等朝鲜电影。外面找不到歌单，怎么办呢？我就看电影，看三遍，银幕上面在唱，我就在观众席摸黑地记谱，看三遍就把这个歌记下来了，然后带到学校就开始流传。

记得我到了武汉说唱团，是1977年的事了，电视里播放了一部香港电影叫《三笑》，全部用的是江南小调，蛮好听！大家都想学唱，但是却没有歌词和曲谱。那个时候说唱团有一台开盘录音机，我就把它全部录下来，然后把它记下来，刻成蜡纸，油印出来，装订成一个小册子，取名"《三笑》歌曲全集"，当时在武汉文艺界的小圈子里蛮流行呢。

大概在 1979 年，我到广州演出，在街上我看见有人在卖歌本，很多小歌本，都是油印的，像什么《流浪者》啊、《冰山上的来客》啊，我一看，其中有一个《三笑》，我把《三笑》拿起来翻开一看，原来竟是我记谱的，有些记错了地方、标点符号全部是按照我的那本来的，我记谱的小歌本，几年后居然在广州的街头出现，还是很高兴的。

回头说作曲的事，第二天上学我把写的歌给程老师看，我说："程老师，歌写好了"。

"哦，这是你写的吗？"

"我就是按照老师说的步骤方法做的。"

程老师说："哦，好的，你听一下，听一下是什么感觉？"

程老师打开钢琴边弹边唱起来。宣传队的同学围拢过来，听说是我写的歌，一个个露出惊诧的表情。因为我在宣传队太不出众了，永远是个不声不响，跟着大家后面混的小孩伢。

有一天，程老师跟我说："陆鸣，我这里有一张演出票，在江岸区委礼堂演出，你去看一看。"江岸区委礼堂在哪里呢？就在现在的健康幼儿园对面，黎黄陂路 6 号，就是原来的江岸区区委礼堂。

一进去，我记得坐在第六排，就听报幕员说，"现在演第六个节目，请听女声独唱《世界地图墙上挂》。"嗯，跟我写的歌一样。小演员一开口，说这就是我写的歌。性格内向的人，一般都非常自卑，什么都放不开，所以这也不行，那也不行，但骨子里是绝不承认自己不行的，我没有跟你比，不见得比你差，就是那种心理。

第二天去见程老师，我就跟程老师说："我一定要成为作曲家。"

程老师早有准备："你要想成为作曲家，就必须学钢琴，来，我把钢琴钥匙给你。"

当我把钢琴钥匙拿在手上的时候，感觉沉甸甸的。为什么这样说呢？我们这个学校非常小，只有程止禹老师一个音乐老师，而且每个班都有音乐课，相当于程老师每天都不闲，早上四节课，下午两节课，一天六节课，他这个肉嗓子怎么受得了？他就说"钢琴是我的半条嗓子"。他不许任何学生碰他的钢琴，怕把钢琴搞坏了。你想我们是铁路外的学校，那里的学生有多调皮呀！有时候程老师弹钢琴的时候，调皮的学生按一下高音键，又跑过来砸一下低音键，程老师拦都拦不过来。程老师把他的钢琴钥匙给我，我当时觉得这个老师对我太信任了，我一定要好好学习来报答老师，这是我学习键盘的开始。

有一天程老师给我一本小画报，邮局寄来的小画报。我打开一看，就是当时的红小兵画报，封三上印着一首歌《世界地图墙上挂》，就是我写的那首歌，这是13岁的一个小同学写的歌，不仅被一个准专业的小兵歌手给演唱了，而且还在红小兵画报上发表了，这是我第一次发表作品，处女作啊！我真的太高兴，太激动了！

我给大家现场演唱："世界地图墙上挂呀墙上挂，红小兵放眼望天下望天下，亚非拉人民一条心，凯歌响彻亚非拉，打倒帝修反打倒帝修反，战鼓隆隆红旗哗啦啦，打倒帝修反打倒帝修反，五洲四海开遍胜利花。"

这是13岁时的我写的歌，我当时蛮大的兴趣，一下写了很多儿歌。后来暑期的时候，老师把我推荐到江岸区文化馆，参加学生音乐创作兴趣班,在那里有一位张老师,张老师是江岸区红小兵宣传队的辅导老师,也是文化馆的音乐老师。听别的同学说,张老师可有名了,没有哪一个是不认识他的,特别是搞西洋乐器的。那天张老师的一个学生来看他,张老师介绍说,这位是他的学生,湖北省艺术学院毕业的长笛手,现在在胜利文工团担任作曲指挥,他叫雷远生,就是后来《再见了大别山》的作者。

1973年我们家搬家了,从球场街50号搬到了要武中学(原江岸区安静街中学)对面的安静小区,我便转学到了对面的学校读高中。学校宣传队有一位教音乐的老师叫李道中,原来是一师的老师,曾经教过何祚欢。1974年的一天,李道中老师接到一通电话,是他曾经的学生何祚欢打来的,说,"李老师,我们武汉说唱团体要招生,招曲唱演员。听说您手里有一个合唱团,能帮我们推荐几位您的得意门生吗?"李道中老师当天就找到我和另外三位同学让我们好好准备一下,第二天到说唱团考试。

第二天李老师就带着我们到了武汉说唱团,一进考场那里有许多来应考的学生,好热闹。我们四人一进考场,张嘴演唱,立刻在考场引起轰动。因为这几天来考试的学生,没有太优秀的,令招考老师有点失望。我们四个人的出现,令老师眼前一亮。我们四个形象不错,身高在那里摆着,而且嗓子又亮,招考老师如获至宝。当时,说唱团的演员都到蔡甸县李集镇学农劳动去了,去接受贫下中农的再教育,团里只剩下刘汉家、茅贵贤来招生。两位老师经过商量,通知我和周谨留了下来。当时让我太兴奋太激动了,每天就早早地来到团里,把排练场打扫干净,等待考生的到来。当时说唱团条件很差,学生来考试很多是没有带伴奏的,我看见墙角放着一把二胡,便拿起来给学生们伴奏。这一下为考生们解决了大问题，也为两位考官解决了大问题。比如说除了给考生伴奏，还可以用乐器试一试学生们的音域、音高等。

进入说唱团，团里安排我和杨鸣秋，一起随邹远宏老师学唱湖北道情。前面说了我性格内向，不爱运动，所以身体协调能力特别差。以前在学校宣传队，只是躲在台边演奏一下乐器，从来没有上过舞台。到了专业剧团，却要从台边走到台正中了，这对我来说难度太大了。记得邹远宏老师带我们第一次排练出场，我一出场走向舞台就一顺拐，两只手不听使唤，浑身僵硬。邹老师和杨鸣秋，看到我那滑稽样，都笑得趴在地上了。内向的人性子是比较倔的，不行我就练，练身段，练组合。很快就迎来了第一次上场的机会。说唱团赶排了一个连场曲艺多好，有许多曲艺形式串联起来，我和另外三位老师担任其中的一段渔鼓的演唱。说是演唱其实就是句台词，因为是第一次上台，我早早地就把妆化好了。上场时，我精力充沛，精神饱满，自己觉得完成得很好。没想到一下场，走进化妆间的那一刹那，听见老师们在哄笑。其中一位老师说："陆鸣这个孩子太差了，那双手长得像猪爪子！"又有人说："这个孩子一定是开后门进来的，根本不是那家人，赶紧让他哪里来哪里去，别耽误了他的前程。"我偷听到了这些话，心里遭受了巨大的打击，沮丧至极。我找到了团里的支部书记陈彬，对他说："陈书记，我听到老师们对我的议论，很伤心。我要求改行，你让我参加乐队吧。"陈书记语重心长地对我说："陆鸣啊，你的形象好，嗓子不错，又有那么好的乐理，我们很希望你能在曲唱方面做出成绩。团里对你是抱有极大的希望的。我觉得你还没有尽到力。这样，过半年时间，如果你还是这样，我就让你转乐队。"陈书记的话激励了我，我更是没白天没黑夜地练习，休几天也不回家，节假日也不休息。把自己关在排练场里，对着团里唯一的那块穿衣镜练习身段。1979年，武汉市文化局举办"专业剧团中青年优秀演员基本功考核"，这实际上是一次比赛。我报名参加了，而且演唱了一段湖北大鼓，一段快板绕口令，还用手风琴给几位老师伴奏。最后结果出来了，在和许多老师们一起同台竞技的比赛中，评委们居然把唯一的一等奖给了我。我为什么没有拿湖北道情参赛呢？当时邹远宏老师刚刚编创他的湖北铜板书，用山东快书的梨花板、湖北荆州方言表演，当时非常受欢迎，所以道情节目基本没有演。当时张明智的师父陈谦闻老师在团里当门卫兼食堂管理员，我总喜欢跑到他那里和他聊天，他也愿意给我说。他给我讲了许多曲坛轶事，介绍了许多传统节目，使我受益匪浅。团里领导看我总在和陈谦闻老师聊天、学唱大鼓，就安排我去陈谦闻老师的师父王鸣乐老师家里学习湖北大鼓。王老师身体不是太好，基本不上台，在家休养。我每个星期去他家两次，正式开始学习湖北大鼓。王老师非常喜欢我，王老师还把他的师父留给他的一套鼓板送给了我："陆鸣啊，这个我哪个都没有给的，几多人想要，几多人想借我都不借的，我现在把它传给你，你好好地给我保存着！"我说："好的好的！"后来张明智回团里来了，我就把这个鼓给了张明智老师用了。

张老师的湖北大鼓，真是到了登峰造极的地步。张明智艺术感非常好，善于融会贯通，表演极富娱乐性，很受观众欢迎。而且他这个人与时俱进，最先开始主动上电台的，是他的湖北大鼓。因为那个时候胡必达老师是不上电台的，为什么呢？因为曲艺写一段好节目好难啊！上电台一播，再上台演出，别人就没有新鲜感了。每次电台来剧团录现场，胡老师的节目都是不允许录的。可是张明智老师就主动要求上电台，今天录这，明天录那，通过电台就扩大了宣传，他的名声就是从电台开始的。然后磁带开始流行，他开始录磁带，他录了大量的磁带，在流行歌曲大行其道的年代，他的湖北大鼓可算异军突起，在磁带市场风光了一把。他的盒带基本上是张水生给他出的，张水生是一家音像店的经理，很喜欢戏曲，他投资录制出版了大批的戏曲、曲艺节目。因为他有销售网，这些磁带卖得很好。接着VCD的出现，张明智又把磁带音频拿来音配像，又录制VCD，影响非常大。

说起湖北大鼓有一段子，说张明智唱湖北大鼓有一个习惯，头一句唱是"有一个"。

"有一个县官叫审不清"，"有一个姑娘叫韩蔚冰"，"有一个同志叫乌拉稀"……

开口第一句都是"有一个"。有一天何祚欢老师和他开玩笑说："明智，你能不能改一下？一唱就是有一个，一唱就是有一个，显得我们曲艺冇得文化，你变一下换个开场方式行不行咧？"张老师说："换个么开场啊？'有一个'是我的特点，他们喜欢听我唱有一个！"

何老师："哎呀，你莫说这个话咧，变一下一定效果更好。"

张老师："祚欢呢，我又不是不能变，嘴巴长在我身上，随时都可以变，那不是问题！'有一个'是我的特点。"

何老师说："么事特点哦？你就是唱习惯了。这样好吧，今天晚上你演出时如果你能不唱'有一个'，我请你宵夜！"

张老师说："可以啊！有人请宵夜多好啊，那今天我不唱'有一个'！"

何老师："别慌，你要唱了'有一个'呢？"

张老师："我要唱'有一个'？我说不唱绝对不会唱的唦！"

何老师："你要是唱了么办咧？"

张老师："我今天要是唱了'有一个'，随你么样办！"

何老师："好啊，你如果今天晚上唱了'有一个'，你请全团同事吃一个月！"那时候我们都在化妆室里跟起哄："一个月，一个月，输了请宵夜一个月哦！"

张老师："冇得问题，我今天只要唱了'有一个'就请大家一个月！"晚上演出开始了，就在民众乐园。只见他端着那个鼓准备上台，我们一排演员都围在台口等着，等着一个月的宵夜！

他心里说，"哼，想得美！我今天绝对不唱'有一个'！"

报幕员来了："请看湖北大鼓表演者张明智。"下面掌声雷动还有喝彩。张老师，什么都好，有一点不好，就是蛮爱兴奋！观众一个碰头彩情绪就来了。鼓板拿起来，前奏一敲打，又是一顿满堂彩！湖北大鼓在全国鼓书来说它的鼓板别具一格。侯宝林老师说过："湖北大鼓的鼓板值得所有鼓书艺人学习！"湖北大鼓的鼓板节奏，轻快跳跃，变化多样，轻重缓急，各种各样的节奏，这种感觉非常棒！张明智老师鼓板打得非常好。鼓板一敲观众一起彩，他更兴奋了，一兴奋把打赌这事给忘了。开口就唱"有"——"有"这个字一唱出来，我们在台侧："呃，有饭吃了！"我们一欢呼被他听见了。他突然想起来：完了，我和祚欢打赌说了，不能唱"有一个"的啊！艺术家就是艺术家，马上改口："又——该我唱湖北大鼓了啊！"他一下子挽回来了。我们一听就泄气了啊，"哟……夜宵冇得了！"他瞟眼一看我们沮丧的神情越发兴奋了:"怎么样?我没唱吧!"观众又是一阵掌声。这一鼓掌,完了,鼓得他是热血沸腾,他心想今天不仅不唱有一个,我还要玩出花来:"又该我来唱湖北大鼓了啊!我唱的是黄陂县滠口镇向阳公社三大队四小队第五村的小组,有一个……"还是唱了!习惯这种东西啊,他很难改。

张明智老师回来了,他唱湖北大鼓了,我发觉唱大鼓我和他比不了。张明智老师原来是说唱团20世纪60年代的学员,很早他就唱出了名。"文革"期间离开剧团一段时间,但是一直没有离开演大鼓,而且创作表演了《找家家》《如此媳妇》等优秀节目。后来,经过很多周折,夏雨田老师出面,才得以重回说唱团。

他回来唱大鼓了,我想我做什么呢?正好有一个契机,粉碎"四人帮",说唱团准备恢复演出相声大会,但是演出相声大会至少要有五对相声才够,要不然时间都不够。我当时进说唱团,对我最大的吸引是说唱团就是说相声的,那我要去。因为从小都听相声,对相声有非常特殊的感情,像侯宝林啊,郭全宝啊,马季啊,常宝华啊,都是从蛮小的时候听矿石收音机认识的,都是心中的偶像!可是进了说唱团却分配我学唱湖北道情,心里其实是很不开心的。虽然我是个听话的好孩子,党叫干啥就干啥,但是"相声"之心不死。当时找不到相声学习资料,我就求单弦拉戏的顾耀宗老师带我去图书馆,因为是一个系统的,有些当时不公开的相声创作集和相声作品集,拿出来给我看,但是绝不能带回去。那个时候没有复印机,所以只能拿着本子抄,抄也没有什么别的东西,抄的都是一些相声段子。笔记本抄了有6本,真的下了点功夫。通过抄也是个学习理解的过程。现在机会来了,我就找到团里的领导说,我能不能参加相声大会?团里领导问:"你有节目吗?"我说"有",当时为了参加相声大会,我和何祚欢老师的徒弟孙仲江排了一个相声。孙仲江虽然是学演湖北评书的,但他是北方人,说普通话没有问题,何祚欢老师每场演出必须参加,所以孙仲江很少有机会上场演出。我和他一说排相声参加相声大会,他当然求之不得了。当时我们就想,如果我们说相声肯定不行,虽然我们是说唱团的,但是都没有学过相声。我们就想,我们俩的音乐能力比较强,我们就扬长避短,搞了一段《爱情歌曲》。在20世纪70年代,爱情歌曲那时候叫靡靡之音,那是不允许唱的,特别是港台歌曲,更是不能唱。我们以批评的态度来唱,实际上是迎合观众。那个时候,曲艺舞台上还没有唱流行歌的,所以我们一唱特别受欢迎。我们很顺利地参加了武汉说唱团的"相声大会",上台说相声了。有一天,夏雨田老师就跟我说:"我看了你们的相声,因为你们一直在练习、学习曲艺表演,现在已经有一定演出基础了,但是相声你们还没有入门,之所以在台上受到欢迎,不是你们演得多好,而是你们节目选择正确,扬长避短,唱歌是你们的长处亮出来了。作为一个演员,在台上要亮自己的特长,在台下要练自己的特短,你把特短练成了特长,你就成熟了。"这句话,对于我来说受益终身。

团领导看我那么喜欢相声,团里当时有这种需要,就正式通知我改行说相声了。并明确指示:表演由胡必达老师教,创作跟夏雨田老师学,从此我开始了我的相声生涯。

1982年,团里一个贺征老师,南下的一个老干部,本来可以当科长、处长的,但他说:"我哪里都不去!我就去说唱团说相声!"酷爱相声的一个老干部,资历很老待遇很高,但是没有任何职务。一天他对我说:"我在天津看了一场演出,杨振华老师，他把吉他搬上了舞台，效果很好，你会这么多种乐器，我觉得完全可以创作出一个属于你自己特点的节目，这是别人没法比的。我把现场的录音带回来了，你先听一听。"我一听录音，现场效果非常火爆！炸了！杨振华老师的演出非常火爆。杨振华老师最火的时候，他们有11个人，演出相声晚会，坐着飞机全国各地赶场，今天这个城市，明天那个城市场场爆满！杨振华老师有深厚的创作表演功力，再加上吉他的伴奏，演出必然火爆。因为那个时候，吉他属于流氓乐器，哪个弹吉他就是个二溜子，正经人没人弹吉他的，把吉他这个乐器搬到舞台上演出，唱的都是流行歌曲，这个形式就一下火了，邪了门。

我对贺征老师说："可以啊，我来试试！"我很快就搞了一个节目《吹拉弹唱》，吹笛子拉手风琴弹吉他，唱歌唱曲艺唱戏曲，形式非常新颖。我把这个本子给夏老师看，他说："嗯，还不错噢！"夏老师把作品当中所有的错别字帮我改过来了，打得不对的标点符号也改过来了，就像老师在批改学生的作业，我非常感动！排这个节目不容易，需要吉他啊。我们就先用自己的吉他排，上台必须要用电吉他，我们自己的木吉他音量太小，上台根本没有声音。夏雨田老师当时是我们团长，我找到他说："《吹拉弹唱》遇到问题了，上台的时候木吉他不行，必须用电吉他，我们借不到电吉他。"

他说："借个什么呢？买呀，需要买多少钱打听一下！"

我们在江汉路的星火乐器店问到了，一把电吉他180元钱。当时1981年，说唱团刚在星火乐器店买一台钢琴，900元钱。900元钱，当时我们的工资18.65元。

问了以后回去告诉夏老师说，"180"，"好，买！"

我说："需要买两把"，"买！"

吉他是实心的，它是不出音的，必须经过传输线传到音箱里面才发音。有了电吉他，你没有音箱也不行啊，还要买音箱。一问音箱多少钱："180？""买！"又是180。两把电吉他，一个电吉他音箱都买了，又来问题了。这个节目我们穿什么服装呢？1981年，那个时候大褂是"四旧"，平时演出全部穿的中山装，但是这个节目，我们背一个电吉他，穿着中山装，那多滑稽啊！我在想，穿西服就好了。因为那个时候西服在市面上根本买不到，需要定做。

问了一下："定做一套西服多少钱？"

"180！"

五个180！两把吉他，一个音箱，两套西服，等于一台钢琴的钱，就为了排一个相声节目？说唱团排节目是不花钱的，哪有要花钱的啊？当时票价大概几毛钱一张票，晚上一场劳务费只五毛钱，排一个节目居然要花900元钱，好吓人。我们自己都犹豫了，可夏雨田老师说："买！"《吹拉弹唱》的第一场演出，在十堰汽车装配总厂。一个露天舞台，一个大场子。那天是1982年2月20日，星期六，一个周末。十堰二汽全是年轻工人，我的天，山崩地裂的效果，想象不到的好！观众都疯狂了！第二天走到哪里都会有人说，这个说唱团的节目好过瘾！那两个青年演员的电吉他相声太棒了！听到的都是一片赞扬声。

在十堰的演出，是我们全国巡演的第一站。巡演一直从节目开场，第一个节目，第二个，第三个，……第六个，第八个，最后到西安的时候，夏雨田老师召集全团开会，说，"我有个建议，今天西安的首演，陆鸣的《吹拉弹唱》放最后一个攒底，大家说怎么样？"这个"攒底"呀，在曲艺界有个不成文的规定，不是你的效果有多好放在最后面，那得是德高望重的、公认最扎实、最有影响的人的演出才能放在最后。当时夏雨田老师提出来由《吹拉弹唱》攒底，几个老先生都显得不以为然。那是1982年，正是流行歌曲盛行之时，西北的观众狂热得很，他们就是要听流行歌曲，一听说下个节目是相声他们就反感了，一上去两个人他们就"哈且，哈且"地喊，要你下去。相声开始演了，他们还是听，不过效果就打折扣了，曲艺的演出就非常艰难了。夏雨田老师正视这个现实，提出吉他相声攒底，就是顺应潮流，随机而变。结果在西安，把我们攒底，放在最后一个节目，效果非常好！

第二天我们和西安曲艺团一起，开一个座谈会，陕北笑星石国庆老师，就是那个演唱《王木犊之歌》、演独角戏《秦腔、歌舞与离婚》的，田克兢的独角戏就是学的石国庆老师这个形式。石老师说，"武汉说唱团一直是我心目中的标杆，贵在一个新字。昨天从演出的排兵布阵来看，让陆鸣他们一对年轻人攒底，这在全国任何一个曲艺团是不可能的事情，这体现出这个团的'新'，没有论资排辈，没有条条框框。观众的需求就是这样的，你硬要拧着观众来做，一定没有好处！现在打破常规把一对年轻人放到攒底的位置，整场效果有张有弛，循序渐进，最后发展到达高潮。这个太好了，我们西安团也有吉他相声，就没有这样做！这说明说唱团的领导、夏雨田老师非常开明，同时具有开拓创新精神。"其实《吹拉弹唱》的演出，在全国都引起了轩然大波，我们团的老先生都说："相声是两个人在台上站着说的，陆鸣他们抱着吉他在台上又唱又弹，那叫相声吗？那是歪门邪道，旁门左道，那不是相声该有的东西！"我们在全国巡演，得到了许多支持。比如说《福州日报》这样说："昨天看了武汉市说唱团的演出，非常新颖。像陆鸣这样的青年演员，能够熟练地在台上演奏乐器，他的节目又能够如此富有知识性和趣味性，我们觉得在全国太难得了！"正好那个时候，夏雨田老师刚刚担任说唱团团长，《光明日报》派了一位记者，到说唱团来，做了一个"专业业务人员要不要从政"的调研。

夏雨田老师问《光明日报》的记者："你认为陆鸣这个相声怎么样？"《光明日报》的记者说："我认为很好！我不懂曲艺，也不知道你们曲艺有什么规矩，但是作为一种艺术观众喜欢，这是最重要的！如果观众不看你，你再好有什么用？至少我看了这个节目我开心了，我很高兴！而且我从他的相声当中学到了很多乐器上的知识，比方说曲笛、邦笛，我以前只知道笛子，没想到笛子里面还有分类，而且还知道了曲笛、邦笛的特点，演员在台上给我们示范了，我就得到了知识。我听了一段相声，开心了，快乐了，还得到了这样的知识，一段相声能给我这么多收获，我觉得很满足了，很好！"夏老师说："我也是这样想的，要不然我也不会坚持顶着这么大的压力来支持这个节目。"

我一直在研究相声的多种表演形态，艺术在于出新，吉他相声也不可能一直像现在这样火下去。吉他是一个拐杖，让我很快在相声舞台上站住。好在夏雨田老师给了我很多教诲，"台上亮自己的特长，台下练自己的特短"，所以我一直在不断地练习，练习相声的基本功，练习相声的传统段子，练习相声的写作……毕竟我是专业剧团的，专业的就要有专业的水准和专业的精神。

有一天，夏雨田老师对我说："陆鸣你们应该有自己的代表

"陆鸣——艺术人生"文化讲座

性作品了,《吹拉弹唱》是你的一个代表,它只是相声的一种表演方式,你看看这个节目。"夏老师给我一个相声脚本《归国记》。这是夏雨田老师根据海湾战争中国撤侨的经历编写的。当时海湾战争刚刚结束,中国撤侨,与电影《战狼2》反映的是一个故事。当时中国对我们的侨胞,就像对自己的儿女一样保护,在战乱状态下冒着枪林弹雨,四处找车、包机。在准备撤离的过程中,一个台湾公司的经理,找到我们的负责人,希望能带他们一起走,原来一听到打起来了,台湾公司的老板就跑了,剩下一帮员工没地方去,员工跑到我们大使馆来,希望带他们一起走。大使馆带着撤离的上千名侨民还有这个台湾公司的员工,历经千辛万苦,冲破重重关卡,终于回到了北京。我看后非常受感动,相声能写出这样场景、这样的故事,这样的情感,让人含着泪而笑,真的是太难得了,这绝对是一篇上乘佳作!夏老师把这样一篇佳作给了我,是对我的信任,更是我的幸运。我开始非常认真地准备,根据自己的理解做了一些删改,并和夏雨田老师一起交流心得。夏老师说:"陆鸣啊,通过你对这个作品的修改,我感到你的进步,你成熟了。这是一篇歌颂型、讲述体的相声,包袱不是那么多。你没有只顾追求效果,而是把那些和内容关系不大的'包袱'(我们叫外插画),把这些都去掉了,可能会对演出的效果有一些影响,但是我觉得这样主题更加鲜明突出了。"六天后这个节目就上演了,第一场在江岸区区委礼堂就是我看我创作的《世界地图墙上挂》的那个地方。那场是江岸区的税法宣传专场,我们演出了《归国记》,当时那个效果难以言表,观众完全随着演员的讲述和故事的进展呼吸,该笑的笑、该鼓掌的鼓掌、该流泪的流泪,全场共鸣!

中国文联知道我们演出《归国记》这个节目，把我们调到北京去演出，其中有一场是到中南海的小礼堂为在京的人大常委演出。下午走台时，一个管音响的师傅问我，"你们是哪儿的?"我说："我们是武汉的相声演员。"他听后哈哈大笑，说："你们敢到这儿来说相声？我在这儿工作了十年，没有一个大腕、一段相声在这儿火过。你们胆子也忒大了。"我们一听更紧张了，没想到《归国记》演出开始，笑声、掌声，此起彼伏，演出结束，掌声一直延续半分钟！那个搞音响的师傅都愣了，"你们演的是什么呀？这么火？在我们这个小剧场演出从来都是非常冷静的，没有这么鼓掌的，真是了不起！"

通过这个细节主要是想告诉大家《归国记》这个作品有多棒，夏雨田老师是歌颂型相声扛大旗的，相声难写，歌颂型相声更难写。歌颂型相声把社会效益放在第一位，又要有高超的艺术性吸引观众，这才能取得最好的宣传效果。武汉说唱团在夏雨田、胡必达、何祚欢等老师的带领下，一直坚持这样做。

夏雨田老师的节目从来都是作为相声创作的教科书的。20世纪60年代马季老师就是因为演夏雨田老师的《女队长》红遍大江南北。"四人帮"倒台以后，夏雨田老师写的《农老九翻身记》《老实人》《瞧这一家子》等同样被作为教科书。80年代末期，在北京学相声的青年演员，没有哪一个没学过夏雨田老师的《瞧这一家子》的。

我是2004年担任武汉说唱团团长的，那个时候正是曲艺不景气，演出越来越少，收入越来越低。有些演员就坚持不住了，或出去做生意，或找机会转行，都不愿意在剧团待了。剧团没演出就没消息了，很多人都以为武汉说唱团不在了。为什么会这样子呢？一个是宣传不够，一个是没有出什么新东西。2000年前后，曲艺的发展到了一个瓶颈期，基本上很少看到说唱团在演出，演出上座也不是太好，基本上也就是演一些包场。但是像我和许勇这对相声，还有田克兢的独角戏，张明智的湖北大鼓却有接不完的活！为什么呢？那个时候的演出，特别是到了过年前后，每个单位都要组织演出。年轻朋友肯定没有经过，稍微年长一点的同志都知道，过年单位肯定要搞一个晚会。现在的新年晚会都是自娱自乐，自己演自己看。那个时候都是请专业演员过来演，演出形式基本是综艺节目，什么都有一点。湖北省武汉市就我们一家专业曲艺团，大家知道这几个人：陆鸣、张明智、田克兢，就这两三个。所以我们今天接这，明天接那，应接不暇。个别演员有大把的演出，但是说唱团没有演出，大多数演员没有演出，这个恶性循环越来越严重，怎么办？

经过思考，我和大家一起商量，我们想个办法，让那些想看陆鸣、田克兢的，就必须看说唱团的演出。我们现在这种演出形式，就是小农经济的生产方式，单打独斗，一个人两个人就干了。比如说我一个人说评书，我自己把本子写出来以后自己背一背，背完就可以上去演出了。相声两个人，找个办公室，或在家里把词儿一对，晚上去就可以演出了，特别方便。我们定了两个方针，一个目标是方言剧，我们是武汉的剧团，当时全国各地电视台的方言剧特别热闹，从北京的《我爱我家》开始，到上海《上海一家人》、广东《外来媳妇本地郎》、湖南《一家老小向前冲》。湖南台的这个戏很别致，湖北经视把它的那视频拿回来，用武汉话配音，结果收视率全省第一，大家就这么喜欢方言剧。很多人都说："陆团长，你们武汉说唱团怎么不搞个方言剧呢？"2003年，我们就动了这个念头,当时我提出来,我们要演方言剧,其实武汉说唱团早在 1978 年就开始演方言剧。当时我在《剧本》期刊上看到了一个剧本,著名剧作家沙叶新写的一个独幕话剧《约会》,当时我推荐给夏雨田老师:"我们能不能排这个节目?我觉得挺有趣的!"

夏老师觉得这是个好剧本,但是为投排这个戏,说唱团还引起了轩然大波。党支部召集全团的同志开会讨论,陆鸣推荐的这个剧本能不能够排?大多数人都说,"说唱团演什么戏啊!"大会上书记问我:"这个剧本是你推荐的,你说说想法。"当时我没一点思想准备。我说:"现在说唱团的演出不像之前那么火爆了,演出陷入困境,我们不妨试试新的形式。"后来全团统一了意见,经过夏老师的改编,胡必达、陈尚忠、贺征、王淑敏、任玲玲出演。在人民剧场演的第一场,口口是肉,一炮而红。后来又排演了《死去活来》《巧斗母老虎》大型相声剧,我们演方言剧是有经验的,而且是走在前面的。

2003 年,我们找夏雨田老师汇报了想做方言剧的想法。夏老师说:"行,你这个想法是对的,我们应该想方法突破一下!"当时夏雨田老师已经是中共武汉市委宣传部副部长,照理说他在这个职位上,是绝没有时间给我们写本子的,但他那个时候患病在身,一直在住院,所以还有时间给我们写剧本。过了一年,夏老师给我打电话:"陆鸣,你过来拿本子吧!"我过去一看,这么厚一摞稿纸,全部是手写的,有的一页纸只歪歪扭扭写了几行字,有的写得蛮满,但从字体上看得出来夏老师写字非常艰难。茅贵娴老师也就是夏老师的夫人,她告诉我说:"夏老师经常写着写着就睡着了!"后来医生跟我们说,那不是睡着了,那是肝昏迷（又称肝性脑病），如果一下没缓过来，就麻烦了。夏老师肝病特别严重，发作了就疼，他就顶着这个部位继续写。我们还看到汗水滴在墨水笔写的字上，被沁开了的痕迹都在。拿着这么厚一摞稿子一个剧本《活到就要活快活》，当时我心里是沉甸甸的。夏老师2004年去世了，那年我当了武汉说唱团的团长，我决定：一定排好这出戏，告慰夏老师！

2005年，我们花了很大的力气，集中了武汉的优秀力量，把它搬上了舞台。这个戏是走市场的，我们既然要走市场，就要做出一个走市场的姿态。我们开始做广告，严格地说，那个时候专业剧团还没有一家做商业广告的，一般都是在报纸上面登一个小豆腐块，那是演出公司集体刊登的演出信息。比如"武汉说唱团在武汉剧院演出两场几号几号"这样的演出预告，还没有谁专门写文章来推介这个戏的，没有。

我们当时联系了销量最大的《楚天都市报》，它对我们非常支持。《楚天都市报》的总编辑曹山旭是我球场路中学的同学，很给力。以两天一篇报道的宣传力度，并选择各种角度来写，派了他们最好的娱乐记者参与策划。比如说星期六到报社接热线电话，然后星期日发我们接电话的内容，星期六出预告，星期日出报道，多种形式的宣传。因为戏好看、宣传到位，最后一炮走红。

《活到就要活快活》给说唱团的名声和经济效益，带来了极大的效应和收益。第二年有朋友问："陆团长你们今年排什么戏啊？"我们排这个戏是纪念夏雨田老师的。同时也完成一个我们排方言剧的夙愿，没想到还有续集，还有下集。我赶紧召集大家一起来开会，继续做贺岁剧，不能放弃这个市场。

2006年，我们创作了《杠上开花》，请余笑予老师执导，余笑予老师是京剧《徐九经升官记》的导演。余老师是大牌导演，号称获奖专业户。任何戏只要经过他的手一点拨，一定是好戏。我们在黄鹤楼下的黄鹤楼剧场排练，充满了欢乐。

11月份我们完成了排练，等我们去联系剧场时傻眼了，没剧场了。当时只有武汉剧院、湖北剧院两家场子，武汉琴台大剧院、中南剧场都还没有建起来，就这两家场子可以演出，很多单位早早都包了，档期早就没有了。剧场进不去了，我们在哪里演呢？我们打听到武汉田汉大剧院还有档期，他这个场子是个由剧场改装的演艺厅。我就找到剧场经理，我们能不能在您这里演出？经理说："可以，如果要签约，就签约一个月，我们演艺厅和演员一个月一签约，现在你们要包我的场，这一个月我就不跟其他演员签约，我就跟你们签约了，一天付2万元钱，不管你们演不演。"我说："好！我们签！"我把前一个星期的票，一大摞拿回来了，全放在我的包里面，背着一包重重的票，我简直是冷汗直冒啊！戏排好了，场子有了，票做好了，可我去找谁看呢？怎么办呢？我就一家一家地敲门，找我的朋友帮忙，因为贺岁期间各单位本身都有需求，去年的戏口碑很好，加上我人缘还不错，大家愿意帮我。这样很快把一个月的场租费收回来了。我个人做了极大的牺牲，大家知道，那时演员的工资并不高，就靠过年期间挣点。我放弃了个人利益，一门心思为团里的贺岁剧奔波，发动全团的力量，我们的戏好看，《杠上开花》又是一个满堂红。我们的贺岁剧一年一台，演一台火一台，被称作"武汉说唱团现象"。从2005年至今，我们创作演出了12台大型方言贺岁喜剧，台台盈利。我上过三次央视春晚，第一次是1993

年，那年武汉说唱团和中国建设银行湖北省分行，联合创作了一台宣传住房公积金的晚会。夏雨田老师专门为我和孙仲江创作了一个相声小品《多多关照》，这个小品描写了一个公园的早上，一个练乐器和一个练气功的人发生冲突，互不相让，互相捣乱，导致谁也练不好，最后二人明白一个道理，不能相互拆台，只有相互合作，才能奏出美妙的生活交响曲，这台晚会取得了很好的效果。我们在全省建设银行系统（分行、支行）巡回演出，所到之处，住房公积金部门的观众都到建设银行这边观看。1992年底，中国建设银行总行听说湖北省分行有这样一台晚会，宣传效果较好，便调我们到北京京西宾馆为全国行长会议演出。演出当天，茅贵娴团长对我们说，"今天还有中央电视台春节联欢晚会的导演来看节目"。演出结束后，茅团长带来消息，《多多关照》被央视春晚导演相中，这么简单就上春晚了？就因为导演看上了就选上了？我们既高兴又惊讶，上春晚不难嘛！茅团长说："明天上午9点钟到中央电视台接受审查。"我们第二天9点准时到达中央电视台接受审查，看到等候审查的队伍，我们心里凉了半截，大约有几十对演员在接受审查，一打听才知道这是初审，离上春晚还早得很。小演播厅里3个语言类导演坐着看节目："好好好！可以了、可以了！下一个……下一个。"审查节目的速度快得惊人，轮到我们了，导演头都没抬地问："你们是哪儿的？""我们是湖北的。""你们表演什么节目？""相声小品《多多关照》。""好吧，你们开始吧。"

我们刚刚开始一会。"好，行了，行了！"

这就行了？我们心里嘀咕："这哪里是选节目啊？这哪叫选中了。"

孙老师说："说是可能是全国各地都找了节目的，看武汉说唱团来北京演出，都找了的，一看节目不行！"做个姿态罢了。我们完全没把这事放在心里了，随团一起回到了武汉。

一个月以后，中央电视台打电话来武汉，"欢迎《多多关照》剧组进入梅地亚宾馆，参加今年的央视春晚。"这一下湖北省所有的媒体轰炸式地宣传报道。为什么呢？因为在这之前说唱团还没有一个语言节目上过春晚。我们不敢怠慢，打点行装，立即赶赴中央电视台梅地亚宾馆，到剧组报到。当天就参加了一次联排审查，审查结束后，导演组传达领导的意见：节目不错，就是长了一点，要从现在的15分钟压缩到12分钟。我们立即行动，把节目压了3分钟，压到了12分钟。

两天以后导演又说："你们的节目还有压缩的余地，压到11分钟怎么样？"中央电视台春节晚会的时间都是按秒算的，我们还带了个小摄像机，天天排排拍拍，把时间精确地掐在11分钟。

一天中午，我们跟孙仲江老师说："孙老师，我们去吃个烤鸭吧！"我们天天在楼下吃自助餐，梅地亚宾馆那时是三星级，那个时候我们还没有住过这么好的宾馆，梅地亚的自助餐也蛮好吃，特别是红烧肉、咕咾肉都蛮好吃。我说，"我们今天改个口味，吃个烤鸭吧。"他说，可以。正准备出门，我们把门一推，对门出来了曲艺界长者。他说"你们干嘛去啊？"我说"我们准备去吃烤鸭。"他赶紧把我们拉到他的房间："你们看看，现在哪一个出门了？都关门闭户排练呢！我们一直在排练啊。你们来得最晚，现在又要出去吃饭，一出门，领导看见了，导演看着了，说你们不认真，那就让你们回去了啊！你们以为参加了联排你们就定下来啦？没有，还远得很，有的腊月二十九也被叫回去了。"

"还有这种事？"

"可不是嘛，剧组的演员最怕导演半夜一点钟敲门，一敲门，一定是让你第二天买票回家。因为什么呢？明天排练审查完了，导演组必定开会，一般一点钟散会，散完会就会有副导演过来敲门，通知你明天你走。还有的是直播（腊月三十的时候是直播）的前一天早上或晚上把节目拿下了，你们还出去吃烤鸭？"

"不吃了！谢谢您，我们这就老老实实回屋里排练。"

到了腊月二十九，最后一次彩排，也是终审。大领导来了，而且下午演员的合影相都照了，参加春晚的演员一起合影。我们心想，这会应该没有什么问题吧？再去吃烤鸭，也是庆祝一下我们成功上春晚，就这样，我们满心欢喜美美地吃了一顿全聚德烤鸭。

除夕大年三十的晚上，直播开始了，前面的气氛很好，节目效果也很棒，结果一下超时了。大概还离我们节目出场近十分钟的时候，语言类导演王志军把我叫过去了："陆鸣，你来一下。"

我说："导演有什么事？"

"现在前面的节目时间超了，现在是毛阿敏演唱《风》4分钟，结束以后还差7分多钟到12点，如果说我们上一个歌舞，就还有3分钟，我们主持人上去得说3分钟啊！如果换一个小品，最短的小品也得10来分钟，现在是你们是10分钟，你们能不能在这个地方演？"

我说："导演，那还有什么能不能的呢？您来说就是让我们上呀，我们保证完成任务！""是这样啊，这是主舞台，你们不能在中间正面演，而要在右半边舞台上侧对观众演。你们的节目一定要在12点钟差15秒的时候结束，如果你不结束，你们的声音就要被拉掉，这时候主持人就上去了，'新年到啦！'你们那个节目就不完整了，为什么把你们放在台侧呢？就怕你们万一那个时候完不了！主持人就直接上场迎接新年钟声了。你们一定要把握这个时间，行不行？"

我说，"没有什么行不行，我们上！"我的天，十分钟的节目，我们掐到 7 分钟，还要提前 15 秒要完，我这个压力太大了，加上演播厅里暖气又好，当时穿了一件衬衫，加一个马甲，很薄的衣服，全身都透了。舞台对面斜上角有一个钟，数字钟，正好与我们面对，我们就盯着那个钟演，一边看钟一边演。你想，整个节奏都变形了。不过现场还有效果，但是与排练时的效果完全不能比，已经不是在表演了，就是在现场拼时间了！

那个时候呢，还有一个问题，11 点半开始华人世界都开始放鞭炮了，那个时候电视机前什么也听不见，满耳朵"噼里啪啦，噼里啪啦"的声音，都在放鞭炮，现场当然没有，还能看到有一点效果，我们只有一个信念，就是一定要把时间给掐准了。就这样演，过了一会儿慢慢越演效果越好了，演到最后结束，12 点差 15 秒！这时主持人赵忠祥上场："新年到了……"我们俩下来，都瘫了！来了两个人就把我们一架，把我们架出去的。一架出去，没想到一进过道，一帮大腕，一帮演员，都在那里给我们鼓掌，说你们太不容易了，你们应该得一个最佳掐时奖。要不然真是很麻烦，排节目一般很难做成这个样子。这是我第一次参加春节晚会，惊心动魄的一次体验，确实把人吓个半死，节目下来以后，整个人虚脱了，流汗太多。

2002 年，冯巩老师要上春晚，他给我打电话说："陆鸣，春晚我准备演个节目，想和你合作一下。"我说："冯老师，北京有那么多演员，怎么来找我呢？"他说，"其实 1993 年的那个节目给我很深的印象，我当时想曲艺界还有这样的人才啊！玩乐器玩得这么溜。我当时就想，如果以后有关音乐的相声我一定会找你合作，所以我这个节目一写出来，马上想的就是你。"

那次我们合作非常的愉快，冯巩是个非常认真的人，当时他把开场唱的《永远是朋友》，找专业的作曲写了个三声部，但是对于不是搞音乐的我们根本搞不了。然后我跟他们一起，按照我的想法把歌曲重新简单地做了编排，然后把后面的几首歌都换成与朋友相关的歌，使主题更突出。

因为冯巩老师非常忙，他是全国的大腕，到处演出、开会，但是每次排练，他都是准时准点到达影视之家，当时我住在中央电视台影视之家。排练中间休息的时候，他自己抱着吉他还在练习，还经常半夜三更给我打电话："陆鸣，我又有一个想法，你看怎么样？"真的是梅花香自苦寒来呀。

后来我又发现了一个平台，那就是网络，在2016年认识了一个"80后"的才女高妞，她是交通运输部长江航务管理局的一个宣传干部，文字功底了得，而且古典诗词写得非常好，令我很惊奇。我问她："你写过歌词没有？"她说没有。"我们试着合作一下怎么样？"她满口答应。

这个契机来了。2016年的一天下着大暴雨，我们正准备到恩施，去参加一个茶文化节的演出，我们一出门全部淹水了，到汉口火车站的几条路都淹了，去不了火车站，我们就走不了，怎么办？有人提出到江汉路去坐地铁，等我们坐上地铁，传来消息，我们上车的江汉路地铁站也被淹了。武汉严重滞水，城市瘫痪了！网络上到处都在做湖北灾情的报道，我问高妞："能不能写个东西？"高妞说："我已经写了一首歌词《湖北挺住》，您提提意见。"她把歌词发给我，歌词写得很有感觉，我很快就把曲子谱好了，录好音做好视频。第二天，就在网上一发，哎哟，那个点击量真的是看着吓人，看着涨，一下到了300万人次浏览量，这说明网络需要正能量。

这一次的成功，鼓舞了我们。我们就此开始了歌曲创作的合作，我们写了几十首歌。2016年12月28日中山大道开街的前不久，武汉市文化局局长何伟，现在的武汉广播电视台台长，跟我说："你在网络上发表了那么多接地气的歌，现在我们文化局也需要把中山大道开街在网络上宣传，你们能不能创作一首歌？中山大道的歌。"我说："好啊。"我就跟高妞开始了歌曲的创作。高妞是一个山东的姑娘，考入湖北大学到武汉来的，毕业以后考入交通运输部长江航务管理局新闻中心。她是个路盲，除了家里到单位，再换一条路，就找不到地方了。虽然中山大道离长航局不远，但是她对中山大道没什么概念。那时中山大道路还没修好，到处都围着。高妞为了找到感觉，下班后一个人打着手电筒去中山大道，转转找找感觉。我找了一帮老武汉人，来讲老武汉的故事。说着说着，我就想起了一首武汉童谣来，"紧走慢走，走不出汉口"。有这样一首儿歌，这样大家你补充一句，我补充一句，高妞把它整理成，"左看右看，看不完武汉；紧走慢走，走不出汉口；七绕八绕，绕不出中山大道……"哎，蛮好，把这个做引子，后面的词就出来了。高妞发给我一看，这就是我想要的东西！我的旋律也随之流淌而出。我把刚谱好的歌唱给何祚欢老师听，何老师说："蛮好啊！就是这个感觉，就用这个！"12月28日开街，我们做了一个简单的MV，然后就发到网上去了，点击量有500万人次，还是蛮不错的。时间也差不多了，就把这首歌作为结尾,放给大家听一下《汉口老街》。

(童白):左看右看,看不完武汉;
紧走慢走,走不出汉口;
七绕八绕,绕不出中山大道。

江汉朝宗向东流天际识归舟,
黄鹤起舞月如钩银光照西楼,
一条老街细碎了流年脚步慢悠悠,
不长不短不远不近,
穿过汉口等你寻着脚印来邂逅。

一轮江月随风悠潇洒写春秋,
日暮乡关烟波渺从今再无愁,
漫步老街楚风汉韵怎么也听不够,
有声有色有板有眼,
穿过汉口为你存着记忆在守候。

(说唱):中山大道,它一直都很独特,
武汉伢、外地客,
都能找到自己喜欢的颜色。
老里份香味飘,
哪个屋里在煨排骨藕汤,
老字号老招牌,
看得人心里咪咪甜觉得胃里温温热。

老建筑老房子,
充满各种老故事,
新街道新感觉,
更具新时代的新风格。
高高的水塔,怎么觉得突然一下变矮了,
六渡桥叫做桥,其实它干崩了一滴水都冇得。
书店图书馆飘书香(有品位),
民众乐园剧场真快活(好火热),
悠悠荡荡转转逛逛瞄瞄望望说说唱唱,
这条大道不寻常,
您家要不来真就会错过很多,
欢迎您家快到这里来做客。

都说天下总共有十八口,
数来数去还要数那大汉口,
一条大长江描绘山河的锦绣,
一条中山大道唤醒那沉睡的温柔。

(童白):矮的变高了,
小的变大了,
旧的变新了,
冇得的回来了。
TO YOUR CITY。

讲坛十：2021年4月13日武汉市中华文化学院（武汉市社会主义学院）"党的三大法宝在武汉淬炼"专题讲座

嘉　宾：杨学文，法学博士，十八大、十九大精神中共武汉市委宣讲团成员。现任中共武汉市第十三届委员会委员、武汉市社会主义学院党组副书记、副院长（分管日常工作）。曾任中共武汉市委办公厅副主任、中共武汉市青山区委副书记、中共武汉市委党校常务副校长、武汉市行政学院常务副院长等职务。主要从事武汉市情与发展战略、领导力与执行力、公共危机管理与突发事件应对、中国特色社会主义与党的建设、统一战线理论和参政党建设等问题研究，并在武汉市委党校市管局级干部班、处级中青年干部班和武汉市社会主义学院主体班授课，深受学员欢迎。受邀出席各类报告、讲座近300余场。近几年来，在《学习与实践》《党政干部论坛》《特区实践与理论》《武汉宣传》《长江论坛》《长江日报》等核心、省部级刊物发表文章30多篇。其博士论文《中国现代化进程中城市信息化研究》获得全国行政学院系统科研成果奖、全省党校系统优秀科研成果一等奖。主要著作和编著有：《中国现代化进程中城市信息化研究》(武汉出版社2007年版)、《永不褪色的记忆：武汉城市足迹调研寻访资料汇集》(主编，武汉出版社2020年版)、《政府治理创新理论与实践相关问题研究》(合编，国家行政学院出版社2018年版)、《新时代领导干部法治思维》(合编，国家行政学院出版社2018年版)、《走基层 明市情》(合编，湖北人民出版社2018年版)、《回顾与展望》(合编，湖北人民出版社2018年版)、《新时代 新思考》(合编，湖北人民出版社2018年版)、《现代社区治理基本知识与武汉实践》(合编，国家行政学院出版社2018年版)、《迈向长江时代武汉城市圈"两型"社会研究》(合编，湖北人民出版社2018年版)、《武汉城市圈党代会报告解读2017》(主编，武汉出版社2017年版)、《五大发展理念与"两型社会"建设研究》(合编，湖北人民出版社2016年版)、《武汉城市圈"十三五"规划解读》(主编，湖北人民出版社2016年版)、《创新驱动与"两型社会"建设研究》(合编，湖北人民出版社2015年版)、《新型城镇化与"两型社会"建设研究》(合编，湖北人民出版社2014年版)、《武汉市情研究2007武汉市及各区党代会和政府工作报告解读》(合编，武汉出版社2007年版)等。

党的三大法宝在武汉淬炼

杨学文

从 1921 年 7 月建党到 1949 年 10 月建立中华人民共和国，中国共产党历经 28 年艰苦卓绝的奋斗取得革命成功、建立红色政权，靠的是什么？毛泽东同志曾高度概括为党的"三大法宝"：统一战线、武装斗争和党的建设。而在党的历史上，武汉这座英雄城市曾为这三大法宝的淬炼发挥了重要作用，作出了不可替代的重大贡献！

一、统一战线：两次国共合作的经验和教训，促使共产党人政治上更加成熟

自 1921 年 7 月成立开始，中国共产党即以"为中国人民谋幸福，为中华民族谋复兴"为初心和使命，因其与孙中山先生倡导的"民族主义、民权主义、民生主义"（即旧三民主义）有一定程度的一致性，特别是孙先生后来更加鲜明地提出了"联俄、联共、扶助农工"的新三民主义，为国共合作奠定了思想理论和政治组织基础。

1923年，中国共产党领导的京汉铁路工人大罢工遭军阀血腥镇压，在二七惨案中，共产党员、京汉铁路江岸分工会委员长林祥谦和京汉铁路总工会法律顾问施洋等52人英勇牺牲。武汉地区党和工会组织受到严重摧残。惨痛的教训让中国共产党懂得为了战胜强大敌人，光靠无产阶级孤军奋战是不够的，必须争取一切可能的同盟者，建立革命统一战线。在苏共和共产国际的推动和指导下，中共中央决定，中共党员可以以个人身份加入中国国民党，随后陈独秀、李大钊、林伯渠、毛泽东等带头参加和改组国民党，周恩来、恽代英、萧楚女、熊雄、聂荣臻等参与举办黄埔军校，彭湃、毛泽东创办农民运动讲习所，林伟民、李立三、王荷波、项英、许白昊、刘少奇等开展工人运动。

中共一大代表、武汉共产党早期组织创办人董必武，一度既是湖北省、武汉市中共党组织执行委员，也是辛亥革命元老、国民党湖北省党部负责人，是第一次国共合作的代表人物之一。

国民革命军中的共产党员积极开展政治工作，支持和投身北伐战争。共产党领导的且以共产党员为主体的叶挺独立团勇当北伐先锋，从广州一直打到武昌城下，并攻占武昌城，成为第一次国共合作及大革命的标志性战果，掀起北伐战争高潮。

1927年，大革命浪潮由珠江流域推进到长江流域，国民党中央和国民政府由广州迁至武汉，国共两党要员齐聚江城，武汉继1911年发动辛亥首义之后，又一次成为革命中心，也是第一次国共合作的中枢。在国共两党密切合作下，中国人民取得了收回汉口、九江英租界等反帝斗争的胜利。同时，以湘鄂赣为中心的全国各地工农运动浪潮风起云涌。

由于以蒋介石为代表的国民党右派凭借窃取的军事指挥权和

政权，背叛孙中山先生的三民主义和革命理想，破坏革命统一战线，导致革命阵营内部分化和分裂。

随着蒋介石控制上海、盘踞南京，制造系列惨案并发动反革命政变，汪精卫集团在武汉也日益右倾动摇，最终背叛革命，宁汉合流，沆瀣一气，疯狂屠杀共产党人和革命群众，镇压工农运动，甚至公开叫嚣对共产党人"宁可枉杀千人，不使一人漏网"，成千上万的共产党人惨遭屠杀。

大革命失败，第一次国共合作破裂，是中国共产党成立以来面临的一次重大挫折，有人形容"天崩地裂"。

血的教训给党的领导人带来震撼和警醒。他们认识到要想取得革命的胜利，不仅要建立广泛的革命统一战线，还必须始终保持党自身的独立性，争取无产阶级在革命运动中的领导权；必须实行土地革命，解决农民的土地问题，结成巩固的工农联盟；必须建立党直接领导和掌握的革命军队，开展武装斗争；必须加强党的自身建设，发展巩固党的组织，提高党员质量；坚持必须制定和实行正确的政治路线和政策策略等。

中共中央在武汉期间，经历了大革命由高潮到失败，再到土地革命战争兴起的历史性转折，党的领导人在武汉维护革命统一战线，领导反帝反封建斗争，探索革命道路，寻找制胜法宝。中共五大、八七会议以及中央政治局一系列会议在武汉的召开，正是党的领导人在错综复杂的形势下探索革命道路，凝聚共识淬炼法宝的尝试，标志着党在领导伟大社会革命的同时，不断进行着自我革命，在危机中不断总结经验教训，成长壮大。

在土地革命战争中，红军经过长征，冲破国民党军围追堵截到达陕北。1935年12月，中共中央在陕北子长县瓦窑堡召开政治局扩大会议（史称"瓦窑堡会议"），会议通过了《中共中央关于目前政治形势与党的任务的决议》（以下简称《决议》）。《决议》指出，目前形势的基本特点，就是日本帝国主义要变中国为它的殖民地。这种形势给中国一切阶级和一切政治派别提出了该怎么办的问题。因此，党的策略任务就在于发动、团结和组织全中国和全民族一切革命力量去反对当前的主要敌人——日本帝国主义。这次会议，是遵义会议后中共中央召开的又一次重要会议。它科学地总结了两次国内革命战争的基本经验，解决了遵义会议没有来得及解决的政治策略问题，确定了建立抗日民族统一战线的政策。

1936年，中国共产党积极主张，并力排众议，促成西安事变和平解决。七七事变后，日本悍然发动全面侵华战争，在国难当头之时，中国共产党以国家民族利益为重，经过与国民党当局谈判，开始了第二次国共合作。红军主力改编为国民革命军第八路军，为便于军事联络、政治协调、后勤保障和兵力补充，中共中央决定1937年12月在武汉设立八路军办事处，并在武汉成立中共中央长江局，由王明、周恩来、秦邦宪、项英、叶剑英、董必武、林伯渠等人组成，负责长江沿线和南方各省党的工作。

上海、南京沦陷后，国民党中央、国民党军政机关及国民政府主要机构迁至武汉。继辛亥首义、北伐战争之后，武汉又成为全国抗日运动中心和国共第二次合作的中枢。由于民族矛盾取代阶级矛盾上升为主要矛盾，中国共产党高举团结抗战、救亡图存的旗帜，在武汉不断巩固、发展最广泛的抗日民族统一战线，武汉事实上成为战时首都和全国抗日救亡运动中心。

中共中央长江局驻汉期间，致力于巩固和扩大抗日民族统一战线。国共两党在武汉开展了系列谈判，建立了两党关系委员会，国民党当局承认陕甘宁边区的合法地位，还设立了国民政府军事委员会政治部，邀请周恩来、黄琪翔任副部长，郭沫若任政治部下掌管宣传工作的第三厅厅长。在中共推动下，1938年4月7日，国民党五届四中全会通过《国民参政会组织条例》，随即邀请毛泽东、王明、博古、董必武、林伯渠、吴玉章、邓颖超等7人为参政员。

1938年7月6日至15日，国民参政会第一届第一次会议在武汉召开，董必武、博古、王明等6名中共参政员出席。毛泽东在会前发来《致国民参政会的贺电》，提出"最切"希望的三句话：一曰坚持抗战，二曰坚持统一战线，三曰坚持持久战。

中国军民合力在武汉及周边展开武汉保卫战，城内市民高唱《义勇军进行曲》等抗日歌曲，开展义演义捐，并在七七献金运动中掀起救亡高潮。中国空军和苏联援华志愿航空队在武汉三镇上空与日军激战，大批知名欧美记者和世界各国进步人士汇聚武汉，一起唱响和传递"保卫大武汉"、抗击法西斯的最强音。白求恩大夫率领医疗队辗转来到武汉，经八路军武汉办事处安排奔赴华北抗日前线。国际反法西斯统一战线工作在武汉初步开展。

周恩来、郭沫若等组织文艺界和社会各界开展抗日救亡运动，组织义演义捐、支援前线等救亡工作，建立了10个抗敌演剧队、4个抗敌宣传队和1个儿童剧团，编写抗日剧本，谱写抗日歌曲，分赴各战区前线劳军。还在武汉成立了中华全国戏剧界抗敌协会、中华全国电影界抗敌协会、中华全国文艺界抗敌协会、全国歌咏协会和全国战时教育协会等各种救亡团体，在汉口中心区和武昌县华林、珞珈山等地奔走呼号。随着世界反法西斯战争的正义声浪掀起，大武汉"英雄城市"声名鹊起，成为国内外瞩目的反法西斯前哨和焦点。

1937年12月25日,叶挺、项英在汉口主持召开新四军军部机关干部大会,标志着党领导的由南方八省十四个地区红军游击队组成的新四军正式成立,军部设在距八路军办事处不远的汉口大和街26号。八路军、新四军既是中国共产党实施统一战线、倡导国共合作的产物,也是党领导开展持久抗战、夺取革命胜利的人民军队主力。1937年底到1938年初,中国共产党还在武汉公开创办国统区党的机关报《新华日报》和机关刊物《群众周刊》。这一切都是统一战线工作结出的硕果。

抗战时期中国共产党的统一战线政策更加成熟、更加成功。党的领导人汲取了大革命失败的惨痛教训,克服了只讲合作、不讲斗争的妥协投降主义,在团结合作的前提下保持共产党的独立性和原则性,保持党对八路军、新四军等抗日武装和抗日根据地的独立领导权,在维护团结抗日大局的同时发展壮大抗日民族统一战线,为争取抗战胜利、促进民族复兴积蓄了力量、积累了经验。

武汉沦陷后,李先念等领导的新四军第五师所属各部在武汉周边和市内开展军事斗争和统战工作,一度在黄陂姚家山建立指挥机关,在党中央直接领导下,在黄陂木兰山、蔡甸侏儒山和新洲涨渡湖等地区开展敌后抗日游击战争,开辟了鄂豫皖湘赣抗日民主根据地,对武汉形成战略包围。抗战胜利后,党领导中原军区和军事调处小组又在汉口、大悟宣化店与国民党当局及美国代表谈判周旋,扩大中国共产党和人民军队的军事和政治影响力。在解放战争中,党的各级地下组织在武汉广泛开展统战策反工作,为兵不血刃解放大武汉奠定了坚实的政治、经济、军事和民意基础。

二、武装斗争：大革命失败促使共产党人作出革命道路正确抉择，拉开党领导土地革命、独立开展武装斗争夺取政权赢得革命胜利的序幕

中国共产党成立初期尽管参与领导了一些工人、农民、妇女、青年学生运动，但党当时缺乏武装斗争经验，对掌握革命武装力量的重要性认识不足，党的主要领导人忽视甚至放弃革命领导权，将发展革命武装、开展武装斗争的领导权拱手让给国民党。大革命的失败，留下了血的沉痛教训。

此时，熟悉中国国情、了解中国社会各阶层特别是占绝大多数的农民状况，有研究并领导农民运动经验，曾参与主持广州、武昌两地农民运动讲习所工作，撰写和发表《湖南农民运动考察报告》的毛泽东的主张，引起中央决策层的重视。他在武汉率先提出了"上山"保存革命武装的思想，极力主张党独立领导武装斗争，获得许多党的领导人认同。

随着汪精卫集团在武汉公开"分共"，轰轰烈烈的大革命宣告失败。由李维汉、周恩来、李立三、张太雷等组成的中共中央政治局临时常务委员会受命于危难之际，在武汉发表《中国共产党中央委员会对时局宣言》，宣布退出国民政府。7月24日发表《对于武汉反动时局之通告》，进一步谴责国民党反动派。7月中下旬，中央政治局临时常委会在武汉作出实行土地革命、举行秋收暴动，举行南昌起义，召开中央紧急会议三大重要决策。

1927年8月7日在武汉召开的八七会议，是中国共产党独立领导土地革命和武装斗争的重要起点和历史转折点。

八七会议是党中央在武汉秘密召开的一次紧急会议。这次会议总结了大革命失败的经验教训,批评了大革命后期党内以陈独秀为代表的右倾机会主义错误,确定了实行土地革命和武装起义的方针,选出了新的临时中央政治局。毛泽东在会上提出著名论断"须知政权是由枪杆子中取得的",指明了中国革命的出路和方向。

中共中央在武汉不仅作出了举行南昌起义、秋收起义的决策,起义主力也是在武汉形成并出发的,党领导武装斗争的大量军事干部也是在武汉培养起来的。南昌起义纪念日,后来成为中国人民解放军建军节。南昌起义发生于8月1日,早于八七会议,但邓小平同志1980年7月参观武汉八七会议会址时认为,南昌起义"是体现八七会议方针的"。南昌起义及秋收暴动等中国共产党独立领导开展革命武装斗争的一系列决策,正是大革命失败后党对中国革命道路的正确抉择,也是决定党和国家前途命运的一次重大转折。农村包围城市,以武装斗争夺取全国政权,最终被历史实践证明为中国革命道路的唯一正确选择。经过南昌起义、秋收起义、广州起义等一系列武装起义,以及反"围剿"斗争、红军长征、抗日战争、解放战争……三湾改编、古田会议、遵义会议……游击战、地道战、阵地战……党领导的武装斗争虽然历尽艰辛,但星火燎原,持续不断,最终赢得中国新民主主义革命的胜利。

人们说武汉是座英雄城市,是因为党在这里经历了血与火的残酷洗礼,经受了生与死的严峻考验。在这里,中国共产党第一次自己纠正了党内右倾机会主义错误,力挽狂澜,化危为机,主要依靠自身和集体力量挽救了党和革命事业。在这里,党中央总结历史经验教训,确立武装斗争的重要法宝地位和作用,开创了新民主主义革命新局面。南昌起义、秋收起义在武汉酝酿、谋划和决策，三大起义领导者及共和国十大元帅和起义军主力，都在武汉留下革命足迹和奋斗历程。

抗日战争时期，毛泽东《论持久战》英文版和单行本在汉出版发行。从八路军办事处设立到新四军组建，中国共产党及其领导的人民军队的两大主力，从这里启程，在武汉周边、在全国各地纵横驰骋，一步步走向胜利。

三、党的建设：严峻复杂的形势和严酷激烈的斗争，促使共产党人在伟大社会革命中更加重视党的自身革命和建设

武汉为党的一大召开和党的成立作出了突出贡献，与北京、上海、广州、济南、长沙一起，是国内最早成立共产党早期组织的6个城市之一。

1920年8月，在上海陈独秀、李汉俊等人的影响下，刘伯垂、董必武、陈潭秋、包惠僧、张国恩、郑凯卿、赵子健7人在武昌抚院街（今民主路）97号秘密举行会议，成立了武汉共产党早期组织，并在多公祠5号建立党的秘密机关，挂出"刘芬律师事务所"的牌子作为掩护。武汉早期党组织注重从思想上建党，成立了马克思学说研究会，组织学习宣传研究马克思主义，并将进步刊物《武汉星期评论》作为党的机关刊物和传播马克思主义的阵地。注重组织建设，采用个别发展的方式吸收赵子俊等人入党，并以武汉中学为基地，发展社会主义青年团组织。恽代英、林育南等则在武昌以利群书社为阵地，传播马克思主义和进步思想，并于中国共产党建党前夕在黄冈成立了具有共产主义性质的

革命组织共存社。1921年7月，董必武、陈潭秋代表武汉共产党早期组织赴上海参加党的一大。此外，与湖北、武汉关系密切从事过建党活动的李达、李汉俊、刘仁静、包惠僧也参加了一大。从湖南长沙走出的毛泽东和湖北武汉走出的董必武成为13位党的一大代表中最终见证党领导的革命成功并成为党和国家重要领导人的党史书写者和见证人。

上海一大会址是李汉俊之兄、长期在武汉工作的李书城提供。更重要的是武汉人为建党贡献了智慧。董必武因具法学专业修养和律师职业经验，参与一大党纲、工作报告和向共产国际汇报材料等党内重要法规和文件的起草。在会上，一些代表对孙中山先生不了解、不信任，而董必武凭着自己对孙先生的了解，认为可以与之合作，共同革命，并与陈潭秋一起据理力争，得到与会代表认同，这是武汉对我党统一战线理论和实践的最早贡献。

此后，特别是在大革命、抗日战争和解放战争时期，董必武和周恩来、叶剑英等一起，在井冈山、延安、武汉、重庆、南京、北京等地开展国共合作与和平谈判。其后董必武担任中央党校校长，担任华北人民政府主席，为党的组织、宣传、统战、党校教育、纪律、边区政府和法制建设做了大量开创性工作。1945年4月抗战胜利前夕，董必武还作为中国代表团正式代表赴美国旧金山出席联合国国际组织会议，会议历时62天，他代表中国共产党和解放区在《联合国宪章》上签字。此次在美7个月，他在旧金山、纽约等地参加活动，用英文印发了《中国解放区实录》，向华侨发表《中国共产党的基本政策》长篇演讲，宣传中国共产党的方针、政策、主张和中国的情况，产生了积极影响。

武汉党组织为早期党的建设做了积极探索，积累了宝贵经验。早期武汉党组织创始人刘伯垂、董必武开办律师事务所，董必武、陈潭秋等创办私立武汉中学，包惠僧等创办报刊，恽代英等开办利群书社、工人夜校等，利用多种形式和渠道在学习传播马克思主义理论、宣传党的革命主张政策等方面，做了大量开创性工作，在青年学生、产业工人、知识阶层和农民运动中产生了积极影响，京汉铁路工人大罢工、黄麻起义、鄂豫皖边区创立等即是其产生的具有全国影响的成果。

武汉还涌现了林祥谦、施洋等一批知名烈士，同时为党组织、军队和新中国建设培养和输送了一大批领导骨干和青年人才。

武汉是与上海、广州齐名的早期中共中央机关所在地。1926年底至1927年夏，中共中央机关由上海迁至武汉，秘书厅设于汉口四民街61、62号（今胜利街165—169号），武汉成为红色之都。陈独秀、蔡和森、瞿秋白、周恩来、毛泽东等在此领导党的工作，从事全国革命活动，召开了中共五大和八七会议，作出了发动南昌起义和秋收暴动等一系列影响历史进程的重大决策，实现了由大革命失败到土地革命战争兴起的历史性转折。

中共五大在武汉召开，成为党的建设史上的一个重要里程碑。

北伐军占领武汉后，随着国内革命蓬勃发展，党组织建设也迅速扩展，共产党员人数由一大时50多人、三大时420人、四大时994人，猛增到五大时57967人，青年团员也发展到3.5万人。党员人数增加本身就是一个时期党的建设加强的重要标志，但党员人数增加也导致泥沙俱下、鱼龙混杂。一些素质不高、动机不纯的人混进党的队伍，一些对党的本质、初心和使命不了解和不认同，对重大理论原则问题一知半解的教条主义者占据党的领导地位，给党的建设和革命事业造成负面作用和消极影响，这都给党的建设提出了新的更高要求。

在武汉召开中共第五次全国代表大会前，国共合作在党内外面临很多新情况新问题。中共五大针对党的建设面临的严峻形势和重大问题，建立了关于党的领导和党的建设的一些重大机制体制，创造了中国共产党探索中国革命道路和党的建设艰难历程中的多个第一：第一次将"民主集中制"原则写入党章；第一次在党的文件中出现"政治纪律"，第一次完整设立中共中央政治局及其常委会等机构；第一次设立和选举产生了中央监察委员会；第一次明确设立中共中央党校，加强党员干部理想信念教育……一些重大决策和制度设计成为党的建设治标治本的重大举措，而且沿用至今，发挥着越来越重要的作用。

八七会议在武汉召开，中国革命进入新民主主义革命新阶段，党的中心工作实现重大转折，党的集体领导机制初步形成，党的领导方式发生一些重大变化。

此前，大革命失败，国共关系破裂，共产党内也面临严重分歧和严峻考验。尽管此后党的历史还会出现反复、挫折和失误，但在八七会议上，毛泽东作为候补中央委员参加会议并发表重要观点，邓希贤正式改名邓小平，作为中央政治秘书参与会务和中央机关工作，中央领导层中一些先进分子开始迎难而上，勇担重任，独立思考和探索。

在长期斗争中磨砺，逐步形成中国共产党领导集体及其核心，承前启后、接续奋斗，党的建设和党领导的事业逐渐走向独立、自主、理性、成熟，一条与众不同的通往现代化的中国特色政党制度和中国特色社会主义道路，更加明晰地展示在国人面前，并令世人瞩目。

讲坛十一：2021年5月13日武汉市中华文化学院（武汉市社会主义学院）"百年党史上的英雄城市——品读武汉重要党史人物和事件"专题讲座

嘉　宾：杨学文，法学博士，十八大、十九大精神中共武汉市委宣讲团成员。现任中共武汉市第十三届委员会委员、武汉市社会主义学院党组副书记、副院长（分管日常工作）。曾任中共武汉市委办公厅副主任、中共武汉市青山区委副书记、中共武汉市委党校常务副校长、武汉市行政学院常务副院长等职务。主要从事武汉市情与发展战略、领导力与执行力、公共危机管理与突发事件应对、中国特色社会主义与党的建设、统一战线理论和参政党建设等问题研究，并在武汉市委党校市管局级干部班、处级中青年干部班和武汉市社会主义学院主体班授课，深受学员欢迎。受邀出席各类报告、讲座近300余场。近几年来，在《学习与实践》《党政干部论坛》《特区实践与理论》《武汉宣传》《长江论坛》《长江日报》等核心、省部级刊物发表文章30多篇。其博士论文《中国现代化进程中城市信息化研究》获得全国行政学院系统科研成果奖、全省党校系统优秀科研成果一等奖。主要著作和编著有：《中国现代化进程中城市信息化研究》（武汉出版社2007年版）、《永不褪色的记忆：武汉城市足迹调研寻访资料汇集》（主编，武汉出版社2020年版）、《政府治理创新理论与实践相关问题研究》（合编，国家行政学院出版社2018年版）、《新时代领导干部法治思维》（合编，国家行政学院出版社2018年版）、《走基层 明市情》（合编，湖北人民出版社2018年版）、《回顾与展望》（合编，湖北人民出版社2018年版）、《新时代 新思考》（合编，湖北人民出版社2018年版）、《现代社区治理基本知识与武汉实践》（合编，国家行政学院出版社2018年版）、《迈向长江时代武汉城市圈"两型"社会研究》（合编，湖北人民出版社2018年版）、《武汉城市圈党代会报告解读2017》（主编，武汉出版社2017年版）、《五大发展理念与"两型社会"建设研究》（合编，湖北人民出版社2016年版）、《武汉城市圈"十三五"规划解读》（主编，湖北人民出版社2016年版）、《创新驱动与"两型社会"建设研究》（合编，湖北人民出版社2015年版）、《新型城镇化与"两型社会"建设研究》（合编，湖北人民出版社2014年版）、《武汉市情研究2007武汉市及各区党代会和政府工作报告解读》（合编，武汉出版社2007年版）等。

百年党史上的英雄城市

——品读武汉重要党史人物和事件

杨学文

对武汉党史上一些重要的人物和事件,以及武汉在党史上独特的贡献,我相信大家都会有所了解。这几年,特别是我在中共武汉市委党校工作期间分管教学的时候,按照时任中央党校校长习近平同志的要求,讲党史、新中国史、改革开放史、社会主义发展史,组织备课。党的十八大以来,每一年习近平总书记都会抓住一个重要历史节点,回顾历史,目的是让全党不忘初心、牢记使命,了解我们从哪里来、要到哪里去。2021年利用建党100周年这么一个重大契机,组织全党学习党史,回顾我们建党100年、新中国成立70多年、改革开放40多年以及世界社会主义运动500年。这段时间,我们按照要求,备课宣讲,应该说还是有很多新的感悟。

今天我想通过品读一些武汉党史上的重要人物和事件,以及回眸武汉100年来在党史上的一些重要贡献,再结合我们统战,讲武汉的统战史。我最近在《武汉宣传》上发表了一篇稿子,标题是《党的三大法宝在武汉淬炼》。我们知道,新民主主义革命胜利，毛泽东主席在总结的时候讲到我们党的"三大法宝"，首当其冲的就是统一战线，第二是武装斗争，第三是党的建设。在这三个方面，武汉都作出了突出贡献。我后面要着重讲一讲，让我们统战系统的同志感到自豪，同时增强做好下一步工作的信心。

首先，我们一起看看，这是上个月我们武汉市社会主义学院的两个班，到杭州，到浙江嘉兴，实际上是结合党史学习教育，到嘉兴去参观了一大会址，看了南湖红船。然后，也到了民盟创始人和民主党派领袖人物之一的沈钧儒先生故居，很有收获。那天也是阴天，有一点回顾历史的感觉。很有意思的是，这个红船的对面，就是靠岸的地方，回头看，就是烟雨楼，题字的人是董必武，湖北人，一大代表。董必武和武汉、和党史特别是和统一战线有着重要关系。昨天上午，国防大学的金一南教授受省委邀请，到湖北给我们省、市、县三级领导干部上了一堂党史课。金一南将军是军史党史专家，讲得非常精彩。他昨天讲到13个一大代表，其中只有2个走到了底，成为党和国家领导人并见证了革命的成功。一个是党的主席毛泽东，另一个是国家的代主席董必武。董必武在南湖烟雨楼题字，很有意义。南湖红船的前方，有一个访踪亭，亭子里石碑上面有一首诗，是董必武1964年4月5日视察南湖所题"七绝"："革命声传画舫中，诞生共党庆工农。重来正值清明节，烟雨迷蒙访旧踪。"在嘉兴南湖一大会址这个地方，湖北人留下了深深的烙印，实际上在党的历史上，武汉人、湖北人，也是做了很大贡献的，特别是在建党上做了重要贡献。

今天下午主要讲五个部分的内容。

第一部分：学习党史的重要性

习近平总书记一直高度重视党史学习，发表了很多关于学党史的重要论述。"历史就是我们的一切"，这是恩格斯的原话。习近平总书记在党史学习教育动员大会上引用了革命导师关于党史学习重要性的论述，做了一个完整的学习党史的动员，他讲到毛泽东、邓小平、江泽民、胡锦涛等，每一个党的领导人都非常重视学习党史。

我们中华民族有漫长的历史，一直非常注重从历史中汲取经验教训，我们武汉市社会主义学院还挂了一个牌子叫武汉市中华文化学院，我们也经常讲五千年的优秀文化，以史资政、以史育人。中国人自古以来重视学历史，以此来获取人生智慧。习近平同志在担任中央党校校长时，就非常重视学历史，担任总书记后利用各种历史节点、场合、机会讲历史，目的就是不忘初心，增强自信，推动传承和创新。

习近平总书记讲到了学习党史的几个方面，包括学习党史的方法、正确的党史观，都值得我们好好地回味，深刻理解和把握，认真贯彻落实。

第二部分：了解几位武汉重要党史人物

我这里先给大家重点讲一讲党的一大，我们说党史100年，从什么时候算起，从这个时候算起。学百年党史就要从这个时候学起，特别关注这个时期，看看武汉有些什么历史人物，在里面起了什么作用？12个一大代表，加上陈独秀的私人代表，其中有6个人，董必武、陈潭秋和上海小组的李达、李汉俊、北京小组的刘仁静以及包惠僧跟武汉、湖北有关系。李达后来长期担任武大校长，李汉俊是上海的代表，但他是湖北人，早期在上海和武汉传播马克思主义，他的哥哥李书城，解放前、解放后一直在武汉、湖北工作。上海的一大会址，就是李书城的公寓。北京小组的刘仁静，湖北应城人，曾在武昌博文书院和私立中华大学中学部就学，结识了恽代英，加入了互助社，后考入北大，参与五四运动，加入李大钊创办的共产党早期组织。包惠僧，黄冈人，曾是武汉共产党早期组织的主要负责人。

党的一大，武汉的贡献一是参会代表中与武汉相关的人数最多，对于马克思主义传播和早期党组织建立作出了重要贡献；二是提供了一大上海会场；三是倡导与孙中山合作的统战思想。在一大上研究了很多问题，其中讨论最激烈的一个问题是：我们要不要和孙中山合作？孙中山可不可以跟我们合作？关于这个问题，有些代表持反对意见，而我们武汉的代表董必武和陈潭秋，坚决主张和孙中山一起革命。董必武在一大上主张建立统一战线，为什么？因为看他的简历就知道，他是红安人，清末的秀才，到黄冈，到省城武昌，然后留学日本。就在留学日本期间，他认识了孙中山，加入了孙中山领导的革命党，按了手印，做了承诺，还奉命回湖北武汉参与革命工作。所以他在湖北、在武汉实际上有一个很重要的身份——国民党的元老。当然，他也是湖北武汉共产党组织的创始人，所以他个人就是统一战线的集中体现，很长一段时间他既是国民党的领导，又是共产党的领导，所以他的双重身份就体现了统一战线。在党的一大上，他出于对孙中山的了解，对孙中山的人格魅力和革命思想的了解，认为孙中山与我党有很多相同之处，是可以合作的。

陈潭秋跟董必武是黄冈老乡，一起教书当老师、一起创办武汉中学、一起成立武汉早期党组织、一起代表武汉参加了一大，这是建党初期和一大时期武汉的重要历史人物和贡献。

我们知道，董必武、陈潭秋是武汉早期的共产党人，也是作出突出贡献的两位一大代表，但是实际上在当年武汉早期党组织中，还有好几个重要人物值得关注。

刘伯垂，湖北鄂州人，是武汉早期党组织创始人，也可以说是武汉地区第一个共产党员。他在上海和日本与陈独秀结识，然后被陈独秀、李汉俊从上海派到武汉来建党，但他非常不幸，于1936年9月病逝。学党史可以得到很多启示，刘伯垂给我们的启示是：再优秀的人也要有好身体，身体是革命的本钱。学党史的收获，应该是多元的。刘伯垂这个人是非常了不得的，曾经东渡日本，就学于明治大学法科，并加入同盟会。他跟董必武学的是一样的科。他们后来在武汉从事党的活动，公开的身份就是以刘伯垂的另外一个名字在武昌民主路成立刘芬律师事务所作掩护，做了很多工作。

李汉俊是日本东京帝国大学毕业的，刘伯垂与他同时在日本留学，在上海从事革命活动，结下友谊。刘伯垂后来在广东孙中山的护法军政府司法部任职，办过报刊，组建支部，参加过国民党一大、二大，而且是国民党汉口市党部筹备处主任、湖北省党部筹备委员，又是中共汉口区委委员、地委委员，他实际上也是国共合作的一个统一体。后来对他的评价是，老成持重、很有学问、立场坚定、爱憎分明，还称他为革命家。

包惠僧，湖北黄冈人，曾是武汉早期党组织主要负责人，一大时是陈独秀的私人代表，除了参加一大以外，还担任过中国劳动组合书记部长江支部主任，中共武汉区委员会委员长，黄埔军校政治部主任（注意，周恩来也曾任此职）。他后来脱党，在国民党任职，解放后从澳门回到北京，任国务院参事，1979年在北京病逝。

郑凯卿，湖北武汉人，中国共产党第一个工人党员，他当时在我们现在华中师大的前身——武昌文华书院，是校工，陈独秀派刘伯垂从上海到武汉创建党组织，让他找郑凯卿，因为陈独秀当年到武汉文华书院讲学，跟郑凯卿认识，对他比较信任，刘伯垂找到郑凯卿，然后找到了董必武等人，一起创办了武汉共产党早期组织。

赵子健是红安人，董必武的老乡，也是董必武创办的武汉中学的教师，组织参加工人运动、学生运动，是京汉铁路工人大罢工领导者之一，曾任武汉中学教师、武昌中央农民运动讲习所教员，但是后来因病回家当老师，1950年去世。

赵子俊，湖北武昌人，武汉早期党组织发展的工人党员，曾作为代表赴莫斯科参加远东各国共产党和民主革命团体一大，参与发动京汉铁路工人大罢工，是黄埔一期入党最早，年龄最大的学员，任第二分队长，参加了北伐一、二次东征，后任连长，牺牲时年仅37岁。

我之所以比较详细地讲这段历史和简介这几个人物，是因为实际上武汉的党史应该从这几个人开始，他们走了什么样的路，后来是怎么度过人生的，我们从中可以得到一些历史经验教训和宝贵启示。人生道路选择，包括我们现在讲的理想、信仰、信念、信心、坚持、定力等，都可以从中得到一些启示。

武汉党史人物，我觉得更值得我们牢记的，应该是一些革命烈士。尽管他们不是建党初期的元老，有些也不是土生土长的武汉人，但是他们在武汉，在中共党史上洒下了热血，留下了不可磨灭的历史印迹。

第一个叫林祥谦，第二个是施洋，都是二七惨案中牺牲的烈士。汉口有二七烈士纪念馆，我们青山人过江到汉口，现在有二七长江大桥，桥名与此有关，就是为了纪念烈士。我们湖北省、武汉市这几年在每年国庆节前的一天，即烈士纪念日，都要举行悼念烈士仪式，都是在二七烈士纪念馆。林祥谦，伟大在什么地方？他就是一个工人领袖，受陈潭秋等人的影响，参加夜校，加入党组织，然后领导罢工。北洋军阀吴佩孚手下的人把他抓了以后，威胁利诱，架在火上、绑在电线杆上，说只要你下令复工，就不让你死。他说，上工要总工会下令的！我的头可断，血可流，工不可上，最后英勇牺牲。

施洋是个律师，跟董必武、刘伯垂一样，都是同情劳工，为工会、为工人伸张正义维护权益的，对工人运动热心参与，为工人阶级英勇就义，我们武汉人民永远都不能忘。

夏明翰，我们从小背烈士诗都知道："砍头不要紧，只要主义真，杀了夏明翰，还有后来人。"只要会背烈士诗句的人，几乎都会背这四句，这也是在武汉留下来的党史人物故事。

向警予，武汉现在有一所中学，命名为"警予中学"。她是1927年大革命失败以后，在武汉被国民党反动派屠杀的。她的遗体后来是汉阳钢厂一个工人党员冒着生命危险，用船运到汉阳，葬在龟山脚下。

武汉党史人物，既有群星璀璨，也有大浪淘沙。虽然我很不愿意讲，但觉得还有必要讲一讲的是，在武汉也出了好几个党内的大叛徒，为人不齿的人，而且这几个人在历史上有"身份"、有"地位"，可以提供教训和警示。

向忠发，党的六大选的中央政治局主席兼政治局常委会主席，他是汉阳钢厂工人，而且早期表现得很有能力，革命精神很强，但是后来他不遵守党的地下工作纪律，自由行动在上海被捕，随即叛变。党史上对于这个人的情况没有过多挖掘，但是作为武汉人，要从他身上得到一些关于他个人和党的历史的一些教训。比如说，为什么他当了党的最高领导人？因为国共合作破裂后，我们党转入地下，党的领导集体和领导核心没有完全形成，所以苏联和共产国际的指导在党内影响较大。苏联和共产国际认为知识分子、青年学生缺乏实际工作经验，革命斗争坚定性不够，因而倾向于用工人阶级出身的干部作为党的领导人，结果事与愿违，这种偏见最终给党的事业造成损失。

我要讲的第二个人，就是叛徒顾顺章。顾顺章是上海浦东人，也是工人，他当时的身份是中央特科的负责人，受党中央派遣从上海到武汉执行任务，护送张国焘到鄂豫皖苏区。他完成任务后没有及时回上海，滞留在武汉。因为他作风不端，不守党纪，执意要去武汉新市场（解放后叫民众乐园）表演魔术赚钱，结果被叛徒出卖遭国民党特务逮捕，被抓的当天晚上，他就叛变投敌，幸亏我们党有很多秘密战线的同志潜伏敌营，"龙潭三杰"之一的钱壮飞把有关的信息报告给了上海的中共党组织，周恩来等人及时组织转移应变，才避免了更大的损失。顾顺章不是武汉人，但他在武汉被捕叛变，给党带来几乎是毁灭性的损失，教训十分深刻。

张国焘，也是1938年4月17日在武汉叛逃的。他五四运动时是北大学生领袖，中共一大时主持会议并当选中央局委员分管组织工作，长期担任党的重要职务。但他自视甚高，野心膨胀，后来发展到分裂党、分裂红军，甚至另立中央。中央再三挽救他，但他一意孤行，最后私自离开延安，到了西安，然后到了武汉，周恩来及八路军武汉办事处同志反复地做工作挽救他，他最后还是叛逃，成为国民党特务。

从以上这些人物身上，我们也可以得到一些人生的启示。这些人曾经在党的历史上是很有地位的，为什么会变？因为初心变了，因为信仰丧失。

在武汉党史上，董必武和陈潭秋是两位极有影响的人物。

陈潭秋，在2009年国庆的时候，被评为"100位为新中国成立作出突出贡献的英雄模范人物"之一，但是非常可惜的是，他和毛泽东弟弟毛泽民一起，1943年被新疆军阀盛世才杀害，时年47岁。由于消息隔绝，1945年中共七大上，他仍然当选为中央委员。

董必武，1949年在天安门城楼上出席建国大典，他站在毛主席的身边。到武汉市社会主义学院以后，我研究统战史，发现董必武本人就是一部党史和统战史的缩影。他经历了我们党新民主主义革命时期，甚至从清末、民国一直贯穿到新中国成立。所以，今天我们学党史的时候，我觉得回顾一下这个人一生和他的贡献很重要。

他是清末秀才，是国民党元老，孙中山的好朋友，也是国共两党在湖北和武汉的重要领导人，他在统一战线理论和实践上作出重要贡献。他曾经当过中央党校的校长，解放前任华北人民政府主席，后来新中国的宪法和很多法律都是由华北人民政府起草的文件扩大到全国使用，后来当了最高人民法院院长，长期分管政法战线，他是我们党依法治国的奠基人。从统一战线角度看，第一、第二次国共合作，特别是抗战时期保卫大武汉，他和周恩来等人一起在中共中央长江局（后来到重庆南方局）工作，先后在武汉、重庆、南京多地开展国统区的统战工作。董必武还把统战工作做到了国外，做到了美国和联合国。他到旧金山出席联合国成立大会，代表中国最早在联合国宪章上签字，还在美国多地演讲发文，宣传中国和中共的主张，在联合国维护世界和平正义。

第三部分：回顾一些武汉重要党史事件

前不久，市里要开党史学习教育动员会，市委领导交给市委党史研究室一个任务，要大家收集提炼一下武汉在党史上到底有哪些有影响的大事件，做了什么贡献？市委党史研究室主任请了4位省市专家在一起切磋，我从党校开始学党史讲党史，作了一些梳理，认为武汉在百年党史上至少有以下25件大事值得铭记。

第一件大事，早期成立党组织和建党。我刚才讲了武汉对党的一大的几个贡献。在一大召开前，国内北京、上海、广州、武汉、济南、长沙6个城市有党的早期组织，然后国外有欧洲、日本两个地方组织。武汉除了共产党早期组织以外，还有利群书社，当时跟毛泽东在湖南的新民学会一样著名且相互影响，利群书社成员后来在黄冈成立共存社,对建党也是有贡献的。其负责人恽代英是早期党的领导人,在武汉传播五四运动和苏联共产党的信息,特别是他和李汉俊也有交集,他还翻译出版了著作《阶级争斗》。金一南昨天在讲课的时候还讲到,毛泽东在长沙时和武汉的恽代英及利群书社相互之间有业务往来,有学术交流,而且毛泽东深受恽代英的影响。恽代英给他推荐的两本书对毛泽东影响非常深。金一南教授讲到毛泽东早年在《湘江评论》上发表文章,是不主张武装斗争、流血牺牲的,受到恽代英《阶级争斗》的影响,加上在工人运动、农民运动以及1927年、1928年国民党反动派蒋介石、汪精卫屠杀共产党人以后,血的教训让毛泽东改变了思想,所以才有了武汉的八七会议上,毛泽东发表"枪杆子里面出政权"的主张。这也说明了武汉早期共产党人的贡献。

第二件大事,京汉铁路工人大罢工,刚才讲林祥谦和施洋烈士的时候讲到,被称为国内第一次工人运动"高潮的顶点"。

第三件大事,中共中央机关在武汉。中共中央在汉开过党代会,中共中央机关办公地,除了延安、井冈山以外,具有代表性的大城市有北京、上海、广州、武汉。武汉一线城市的历史地位、政治地位,红色之都早已奠定。

中共中央机关在武汉,发生了两件大事:中共五大和八七会议召开。

第四件大事,中共五大。因为种种原因,我们以前宣传研究得不够。前几年反腐倡廉,追根溯源发现,中纪(监)委是在中共五大上成立的,后来深入研究发现,"政治纪律""民主集中制""中共中央政治局""中共中央政治局常委会""中央党校"等,我们建党的重要原则和组织机构框架都是在武汉召开的五大上确立的,这是一个非常重要的党的建设规范化、科学化的标志。中共五大对党的政治、思想、组织、作风、纪律等建设的影响、贡献和意义,我们研究宣传得还不够。

第五件大事,武昌中央农民运动讲习所。在武昌中央农民运动讲习所工作期间,毛泽东撰写了《湖南农民运动考察报告》,他的"农村包围城市""武装夺取政权""枪杆子里面出政权"等重要论述、观点,最早可以追溯到在讲习所工作期间。他个人的思想,通过宣讲、研究,不断地提炼,最终成为党的决策。

第六件大事,八七会议。国共分裂,蒋介石、汪精卫屠杀共产党人,中央在武汉召开八七会议,总结血的教训。很多老人回忆,讲"天崩地裂",大量共产党员被屠杀,这是我们党在历史上遭受损失最惨重的第一次。邓小平同志20世纪80年代回到武汉八七会址说,八一南昌起义实际上是按照八七会议精神进行的。南昌起义,决策在武汉,所以我们建军、武装斗争,第二大法宝跟武汉的关系就在这里。昨天金一南将军讲到党史军史,讲到了武装起义决策在武汉,当年十大元帅、十大将都汇聚在武汉,很多都是从武汉带兵出发,成为南昌、秋收、广州起义的指挥者。三大起义的队伍也都是从武汉出发的。加上后来的八路军设武汉办事处,新四军军部在武汉成立,武汉对武装斗争,对建军、对新民主主义革命胜利的贡献非常大。

第七件大事,保卫大武汉。共产党人在历史上四次保卫大武汉,第一次就是1937年南京沦陷后,国共第二次合作保卫大武汉。国共两党1927年在武汉分裂,土地革命战争时期国民党对共产党和中央红军五次"围剿",一路围追堵截到陕北。共产党和国民党经过十年土地革命战争结怨颇深，但是为了民族大义，瓦窑堡会议上共产党决定建立抗日民族统一战线，后来国共合作、共同抗日，所以说建立统一战线是不容易的，是我们抛弃了党际和个人恩怨，保卫大武汉，就是为了保卫大中华。八路军武汉办事处就是中共中央长江局驻地，长江局负责人其中有周恩来、董必武，他们战斗在哪里？战斗在汉口、战斗在昙华林、战斗在武大珞珈山。当时抗日气氛非常浓，国共两党合作，特别是共产党发动群众，文艺界、戏曲界、妇女儿童都上街唱《义勇军进行曲》，唱抗日救亡歌曲，唱响保卫大中华、保卫大武汉，大武汉是那个时候叫响的。最早的大武汉，是与抗日救亡、保卫大中华联系在一起的，所以2020年习近平总书记讲武汉不愧为英雄的城市。英雄城市不是从2020年开始英雄起来的，是辛亥革命、是抗日战争，一直到解放战争时期、社会主义革命和建设与改革开放时期，几十年上百年的英雄城市。说中国共产党四次保卫大武汉，没有辜负武汉，还有三次，我们武汉人都知道，1954年抗洪，1998年抗洪，2020年抗击新冠疫情。2020年抗疫以后我说，最应该感谢中国共产党的城市是武汉，因为党的历史上100年4次保卫大武汉。没有中国共产党就没有大武汉，可以这样说。当然，武汉也没有辜负党，为党作出了很多贡献，做了很多牺牲，特别是党的三大法宝在武汉淬炼，为新民主主义革命胜利作出重要贡献。

第八件大事，中共中央长江局以及八路军办事处和新四军第一个军部在武汉。周恩来、董必武等为长江局、南方党组织建设和全国抗日统一战线做了大量工作和重要贡献。新四军在武汉建军后，迅速集中、改编挺进敌后，开展游击战争开辟抗日根据地。李先念领导新四军五师在武汉周边战斗,侏儒山战役威震敌胆,奇袭青山机场振奋人心。姚家山、涨渡湖、后湖、建设乡、保福祠一带都有新四军五师的活动足迹,五师的干部后来长期在武汉、湖北工作,为武汉的解放,以及解放后湖北省、武汉市和国家建设发展作出了突出贡献。

第九件大事,抗日胜利,接受日军投降。新四军五师开辟鄂豫皖湘赣抗日根据地,对武汉形成战略包围,牵制了华中日军主力。抗战胜利时,国民党军抢占武汉夺取胜利果实举行受降,中山公园有一个受降堂。从1937年保卫大武汉,到1945年受降,胜利与和平来之不易,值得我们珍惜。

第十件大事,武汉解放。武汉解放意味着什么?国家统一,打过长江去,解放全中国。从汉口协议被国民党破坏,中原突围拉开人民解放战争序幕,到刘邓大军挺进大别山进军武汉黄陂、新洲,再到武汉和平解放,大城重生,江城变化翻天覆地。解放战争后期包括美国、苏联都试图说服中国共产党接受划江而治,所以武汉和平解放意义重大,为解放军向华南、大西南进军打开了通道,提供了后方基地。

第十一件大事,武汉人民政权建立。武汉新生的人民政权,不仅为本市人民带来新的生活,而且为国家很多城市的解放、建设、管理创造了经验。以后几十年,武汉市在全国城市建设和经济社会发展方面探索了很多行之有效的经验,"大武汉"的工业基地建设和经济发展成就与"大上海"并提,在党史上也是功不可没的。

第十二件大事,中共中央中南局驻汉。这件事很多党史专家没有提到。但是,武汉的国家中心城市地位、政治地位、经济地位之所以不同于一般城市,就是因为我们是中共中央中南局、中南军政委员会和中南军区当年的所在地。武汉解放后成为中南大行政区辖市,1953年3月改为中央直辖市,1955年、1962年两度作为中央计划单列市,这奠定武汉在国内各大城市中的政治地位、经济地位,成为重点建设城市。所以,现在我市"十四五"规划提出打造现代化大武汉,建设"五个中心",从哪里来?从中南局开始,这个我们不能忘记。当时的这个布局,在解放初期就奠定了武汉后来的城市格局和国家中心城市地位。

第十三件大事,1954年防汛。就是我说的中国共产党第二次保卫大武汉。1954年防汛,避免了1931年国民党统治时期城市"一片泽国"和人民流离失所的灾难,毛主席亲自题词祝贺,后来我们江滩公园建防汛纪念碑。我国历朝历代,治水是很重要的事,战胜天灾,保护民生,国共对比,天壤之别。

第十四件大事,万里长江第一桥。长江大桥是武汉标志性建筑,建桥是一个惊天动地的历史性事件。孙中山《建国方略》关于武汉、湖北有三个构想,一桥飞架实现了,三峡大坝后来也建了,还有一个就是建设武汉"略如纽约、伦敦之大",我们还在努力实现中。以长江大桥为标志,武汉三镇一体的格局奠定了。通过多年努力,长江武汉段建起11座桥,汉江也有十多座桥,前不久,青山长江大桥也通了,城市四环形成。

第十五件大事,"武字头"企业的兴建。苏联援建的156个项目,其中武钢、武重、青山热电厂落定武汉,掀起轰轰烈烈的社会主义建设新高潮,形成武汉工业基地和制造业体系,这都是大事。"武字头"大厂,就是当年新中国的开发区。

第十六件大事,重修黄鹤楼。盛世修楼,武汉20世纪80年代就重视文化传承、发展旅游休闲产业，在国内较早打造标志性建筑和城市文化符号，对后来城市文化影响力和吸引力产生了长期积极影响。

第十七件大事，黄孝河治理。有了黄孝河治理，才有了建设大道，才有了后来的武汉金融街和现代服务业集中发展。

第十八件大事，汉正街；第十九件大事，聘用洋厂长。

全国改革开放40周年纪念大会公布，国家评选出有影响的100件大事，武汉有这两件大事：开放汉正街、聘用洋厂长。1979年武汉在汉正街恢复开放小商品批发市场，率先在全国将个体私营经济推上中国市场经济舞台，拉开了全国商业流通体制改革序幕，一度成为全国个体私营经济发展的排头兵和风向标，被誉为"天下第一街"。1984年，武汉柴油机厂聘请德国人格里希为厂长，首开厂长负责制下外国人担任国有企业厂长的先例。这两件事被作为国家经济体制改革和武汉城市综合改革的亮点。

第二十件大事，邓小平南方谈话第一站。小平同志讲话有很多重要内容，如"发展是硬道理""三个有利于""基本路线一百年不动摇"等。邓小平的南方谈话，实际上是老人家政治嘱托，是邓小平理论的重要组成部分，涉及建立社会主义市场经济和中国特色社会主义一系列重大理论、现实和战略问题，在关键时刻，为十四大召开，特别是苏联解体、东欧剧变后的中国和中国共产党指明了方向，我们都要反复认真学。

第二十一件大事，武汉对外开放。1992年邓小平南方谈话后，武汉等沿江城市对外开放，武汉有了又一次快速发展的机遇。

第二十二件大事，1998年防汛。我们都是亲历者，抗洪精神对后来全国公共危机处理和政府应急管理有重要的转折意义，也为2020年抗疫积累了成功经验和人才。

第二十三件大事，科学发展观落实、中部崛起和城市综合配套改革。胡锦涛担任总书记时期武汉高速发展的贡献、武汉的担当作为，我将其归纳为一件事，实际上是一系列大事。

第二十四件大事，抗击新冠武汉保卫战。武汉抗疫期间，十九届四中、五中全会论述的中国特色社会主义制度13个方面优势个个都有充分体现。党政军民齐动员，集中力量办大事，一方有难，八方支援，等等，伟大抗疫精神，武汉既是创造者、贡献者，也是受益者。疫情期间，武汉被抹黑、被甩锅，我们应该恢复事实本来面貌。武汉有武大、有华科，有同济、有协和、有人民、有中南、有金银潭等医院和中科院病毒所等科研机构和力量，所以我们的应对，我们的诊治一、二、三、四、五、六、七个方案，方舱医院、雷神山、火神山医院等，一套规范、科学、完整的诊治应对，包括疫苗，都是世界级的。我于2020年下半年请金银潭医院的张定宇院长到院里来讲第一课，讲得非常生动。一个市级医院，而且是在市里面以前排不上号的一个医院，在疫情期间产生了一系列世界级的科技成果、医学成果，后来英国、美国等很多杂志都发布了他们的成果，为什么？因为武汉有科研实力、科研基础，为人类做了很多贡献。我们在社区治理、干部下沉、复工、复产、复学等方面，为世界各地都提供了很好的社会治理和应对疫情的方案和经验，所以我们武汉人应该自豪。

第二十五件大事，概括地讲，党的十八大以后中国特色社会主义进入新时代，特别是"十四五"规划和2035远景目标的制定。

明确了"五个中心"建设目标,而且公开提出建设"现代化大武汉"。我们市委正式文件里一直不敢提"大武汉",2021年我们看到市委扩大会议的报告里面就有"大武汉"。为什么?习近平总书记2020年来武汉,就明确要求要探索超大城市治理现代化建设之路,建设现代化大武汉。所以市委决定,把"现代化大武汉"作为我们未来武汉发展的目标,在建党百年历史节点上,建设社会主义现代化国家新发展阶段,我们武汉这个宏伟蓝图是非常鼓舞人心的,当然使命很光荣,责任也重大。

第四部分:武汉在党史上的重大贡献

主要体现在建党、建军、新中国成立三个方面。

我2021年发表的《党的三大法宝在武汉淬炼》一文中,全面总结了武汉为党的历史所做贡献。党的三大法宝:统一战线、武装斗争、党的建设。我们中国共产党夺取政权成立新中国,靠的就是三大法宝,而这三大法宝都曾经在武汉淬炼,因此武汉在建党、建军、新中国成立方面都作出了重要贡献。

我们看,国共两党两次合作,第一次合作办黄埔军校、北伐,以占领武昌城为标志,北伐成功,饮马长江,剑指中原。当然后来国共分裂,国共第一次合作破裂。第二次国共合作,抗战时期保卫大武汉,有经验、有教训。后来我们党为什么越来越成熟?国共两次合作期间武汉的经验和教训起了很大的作用,特别是我刚才讲到了董必武,他既是一大代表、创党元老、武汉早期党组织创始人,同时也是国民党元老、国民党湖北省党部负责人。在统一战线方面,武汉也有突出贡献,武汉党史人物的突出贡献，前面已经讲了。新四军从武汉成立东进敌后，新四军的前身可以追溯到叶挺领导的第四军独立团，这支在武昌获得"铁军"称号的部队，是党领导的第一支革命武装力量。所以，统一战线、武装斗争，因这些历史事件连在一起，武汉的贡献可以从中看得出来。演唱《义勇军进行曲》，合唱抗日歌曲，抗敌演剧队，抗日宣传队，编抗日剧本，等等，都是当年国共合作的中央军事委员会政治部副主任周恩来和第三厅厅长郭沫若等领导、策划、组织的，影响非常大。在武汉成立了很多以"中华"冠名的抗日团体和全国性机构，如中华全国文艺界抗敌协会、中华全国电影界抗敌协会、中华全国戏剧界抗敌协会、全国战时教育协会等，目的就是"保卫大武汉，保卫大中华"，所以，大武汉这座英雄城市那个时候的爱国救国气氛非常浓。后来的八路军办事处，包括《新华日报》《群众》周刊在汉创办、新四军在武汉建军等，这既是统一战线，也是武装斗争的内容。党的早期武装斗争主要是在武汉领导罢工、起义、收回英租界。后来贯彻八七会议精神、举行秋收起义、广州起义，包括之前的受八七会议精神影响的南昌起义，为后来党领导武装斗争、军队建设以至于夺取政权，起了决定性的作用，这是统一战线、武装斗争方面武汉做出的历史贡献。

党的建设，我刚才说到武汉在党的一大召开、武汉共产党早期组织成立，以及利群书社对建党和传播马克思主义的一些历史贡献等情况，还有就是中共五大会上一些机构、制度、机制，如党的集体领导、民主集中制等，对思想、政治、组织、作风、纪律和制度等方面党的建设起到了重要的历史作用，至今仍在发挥、以后还会长期发挥重要作用。

第五部分：学习历史 弘扬传统

我们学习党史，按照习近平总书记讲的，就是要弘扬传统，不忘初心，牢记使命。特别是在我们2021年贯彻党的十九届五中全会精神过程中，把握"四个全面"战略布局，在全面建成小康社会后，进入全面建设社会主义现代化国家新的发展阶段，武汉要承担什么样的使命，要发挥什么样的作用，这是我们每一个武汉人学党史要解决的、要思考的一个重大问题。

市委全会明确提出，按照习近平总书记要求"建设现代化大武汉"，而且细化为"五个中心"：国家经济中心、国家科技创新中心、国家商贸物流中心、国际交往中心、区域金融中心。最近，市委市政府成立了13个专班，研究落实关系武汉建设发展的核心问题，都是市委常委、副市长带队。

学历史，关键是为了以史鉴今。特别做统一战线工作的同志可以发挥优势，献计出力。我们青山人过去发挥了很重要的作用，未来在"五个中心"建设过程中也希望青山人当仁不让，担当起我们的责任，发挥我们的作用，冲在前列。

讲坛十二：2021年5月25日武汉市中华文化学院（武汉市社会主义学院）"学习党的历史 传承烈士精神——我演向警予"红色主题讲座

嘉　宾： 夏青玲，武汉楚剧院副院长、国家一级演员，中国戏剧家协会会员，武汉戏剧家协会理事，曾获湖北省楚剧艺术节"演员一等奖"、湖北省"牡丹花"戏剧奖、武汉市"江花大奖"、中国艺术节"文华表演奖"、中国戏剧"梅花奖"。湖北省级非物质文化代表性传承人，享受国务院专家津贴。武汉市劳动模范，湖北省和武汉市"三八"红旗手、"武汉五一劳动奖章"、"市优秀文艺家"、"市第九届职工职业道德建设十佳标兵"等称号。入选湖北省舞台表演艺术青年英才培养计划、湖北省文联中青年优秀文艺人才库以及省、市"黄鹤英才（专项）计划"。她将楚剧唱进人民大会堂，唱响大洋彼岸。成立"夏青玲工作室"以来，对青年演员开展"一对一"传承，教授唱腔，传承经典折子戏《推车赶会》《夜梦冠带》《访友》等。出版了《夏青玲楚剧经典唱段精选》《潇湘夜雨》《双玉蝉》《鸳鸯谱》《哑女告状》等光碟，在《擂响中华》第三届十大青年戏曲等比赛担任专业评委，带领余维刚（2021年中国戏剧"梅花奖"

获得者）获湖北卫视《戏码头》栏目"戏码头·中国好搭档"称号。代表剧目有：《推车赶会》《夜梦冠带》《断桥》《双玉蝉》《潇湘夜雨》《哑女告状》《三月茶香》《万里茶道》《向警予》等。

学习党的历史　传承烈士精神
——"我演向警予"红色主题讲座

夏青玲

今天很荣幸，在全党上下开展党史学习教育的同时，能够在这里以"学习党的历史 传承烈士精神"这样一个主题来讲述我们革命先烈的故事。对于我个人来讲，我还是觉得，我还不是那么的专业。"我演向警予"作为我来说，作为一名专业演员，要去演绎这样一个角色，是要做很多功课的，要走入人物的内心，要了解人物的成长过程，了解她是一个什么样的原生心态走向革命道路的，她是怎么一步步、慢慢成长的。

所以，这样一来，我在排练楚剧《向警予》之前，到过武汉市警予中学，也去过汉阳龟山向警予烈士陵园，去做更详细的了解。那么向警予呢，我想大家并不陌生。她是我们中国共产党创始人及早期领导人之一、中国妇女运动的先驱和领袖，党中央妇女部第一任部长，从党的二大至四大，连续担任中央妇女部部长。毛泽东主席曾评价她是中国共产党"唯一的一个女创始人"。1928年5月1日，由于叛徒出卖，向警予被国民党反动派残忍杀害，英勇就义。她的丈夫就是中国共产党早期的重要领导人蔡和森。2009年，向警予、蔡和森分别被评为100位为新中国成立作出杰出贡献的英雄模范人物之一。

楚剧《向警予》用两个多小时把向警予革命的一生最精彩的13年展现出来，一共有6场戏。第一场戏：兴办女学抗逆流。展现的是向警予怀着"妇女解放"和"教育救国"的抱负，创办溆浦小学堂，目的是宣传新思想，发展爱国进步青年人士。如果看演出的话，可能要了解得更直观一些。刚才我听到主持人把向警予的生平、经历和贡献做了介绍。我觉得，我也是这样，简单介绍点让大家知道。向警予追求理想、忠于信仰，她作为我们党早期倡导女性解放和妇女运动的杰出代表，用马克思主义理论阐述中国妇女问题，领导了中国最早的无产阶级妇女运动，培养了一大批为共产主义理想奋斗的妇女干部，成为当时中国共产党反帝反封建斗争中的一支重要的力量。她捍卫中国社会女权利益和至死不渝的革命精神，永远值得我们学习。她那时候就有坚定的信仰，影响进步女青年，救国救民，所以在她21岁的时候，就办了女子学校，并担任校长，为学校女学生放脚，亲自为她们解开裹脚布，还为她们剪发……冲破传统封建思想对妇女的束缚，宣传妇女解放、无产阶级运动先进思想。大家试想，当时我们旧社会封建思想是多么严重，"男尊女卑"思想沿袭千年，如古代社会的"三从四德"、汉代的"三纲"，以及宋代社会对妇女的束缚，这种封建、腐朽、落后的思想对中国旧社会女性的束缚、毒害至深。只有旧社会女性认识到自己地位不平等、受压迫现状的原因，才可能真正觉醒，走上无产阶级妇女寻求真理、寻求解放的道路。回想向警予创办女子学校，她作为一个向往共产主义的女性来说，是非常艰难的。她由一个班几十个学生发展到8个班

300多人，培养了不少妇女干部和革命人才，传播了无产阶级革命思想。后来学校没有办下去，确实是因为方方面面的原因，她的学校被反动派砸了，对她进行打压，她感觉到很迷茫。

这个时候就进入第二场戏：留学法国寻真理。1919年，向警予在长沙参加了毛泽东、蔡和森等创办的革命团体新民学会，认识了毛泽东、蔡和森。应该说就在这个时候，她遇到了她的人生伴侣——蔡和森，两个人有共同的志向，决定去法国勤工俭学。1920年，向警予来到法国勤工俭学，她一边广泛地阅读马克思主义著作书籍，还广泛地接触法国工人阶级，深受法国巴黎公社工人无产阶级革命斗争的影响，进一步坚定了共产主义信念。同年5月，向警予和蔡和森在法国蒙达尼结婚，他们的结合被称作"向蔡同盟"。1920年7月6日至10日，两人在法国蒙达尼召开留法新民学会会员会议，向警予和蔡和森提出要效法俄国的做法，运用马克思主义改造中国旧社会。她支持蔡和森提出中国要建立"中国共产党"这一名称和计划。1920年8月，蔡和森致信给毛泽东："我以为先要组织党——共产党。因为它是革命运动的发动者、宣传者、先锋队、作战部。"9月，蔡和森再次致信毛泽东，提议"中国正式成立一个中国共产党"。后来，毛泽东于1920年12月和1921年1月给蔡和森写了两封回信，对和森、警予同志的主张表示"深切的赞同"和充分的肯定。蔡和森是第一个提出"中国共产党"名称的人，这也是"向蔡同盟"的共识。后来，向警予协助周恩来在法国成立旅欧中国少年共产党，后来改组为中国共产主义青年团旅欧支部。向警予积极参加创建中国共产党的活动，对建党是有贡献的。在此期间，向警予找到了能够改变旧中国的思想和力量。1921年底她回国后，又投身于妇女解放运动。

这个时候就进入第三场戏：舌战"女权"举大旗。1921年底，向警予回国。1922年初加入中国共产党，成为中国共产党最早的女性党员之一。同年7月，在党的二大上，她作为第一个当选进入中央执行委员会的女性，担任党中央第一任妇女部部长，开始领导中国最早的无产阶级妇女运动。那个时候的妇女部部长，即使在高层，也要亲自到一些社会活动中去呼吁、去呐喊、去演讲。所以我们的整个戏，包括到了后来被叛徒出卖，非常注重每一个细节的刻画，人物的表情、语言、情节安排、人物上场先后顺序，都作了精心设计，从而使我们整个剧情更加真实、更富感染力，更好地走向大众，融于观众，让大家真真实实地看到向警予光辉革命生涯的13年，一直走到她33岁的人生尽头。她的精神、她的信仰，让我们观众受到启发、受到影响。当然，后面还有第四场戏：白色恐怖砥砺行；第五场戏：监委重任勇担当；第六场戏：一腔热血洒江城。后面的故事，大家可能知道，这里我就不再赘述了。

戏曲舞台源于生活，也要高于生活。我们怎么样去打动观众，让我们的观众更能深入地了解向警予这个人物形象呢？我们做了这样一个安排，向警予她有一个母亲的角色，也有一个妻子的角色，所以我们在楚剧《向警予》中，安排了一个场景，她为了革命，牺牲了她做母亲的很多的时间。另一个是她在牢房看到她的一双儿女的照片，非常不舍。从这两个细节，体现剧情冲突，细致刻画人物的内心。那么结合演向警予这样的一个人物，我就在想，今天要我来讲这个课，我想我怎么切入，因为毕竟我是做演员的，不是专业研究党史和政治这一块的。所以我只能够肤浅地谈一下，那么，我就结合向警予她这样的一种信仰，来谈一下自己是如何进入到楚剧《向警予》的。《向警予》演了很多次，每一次我都有不一样的感觉，我一直走到现在，坚守到现在。我想说，就是要向向警予学习，要坚守人生的信仰。当年向警予为了把她关于妇女解放的这种思想传播得更广，到处演讲、做宣传工作，鼓舞妇女们从思想上解放。那么作为我来说，作为楚剧人，对于我们传承中华优秀传统文化和传播革命先进文化方面，我觉得我身上也有一份责任。那就是要坚定对共产主义、社会主义的信仰，弘扬中华优秀传统文化和革命先进文化，将这些文化用楚剧的形式、以老百姓喜闻乐见的方式展现出来，讲好党的故事、中国的故事，弘扬社会主旋律和社会正能量，用社会主义核心价值观去筑牢我的人生理想和信仰之基，传承红色基因，赓续红色血脉，为"砥砺新征程，奋进新时代"凝聚精神力量。

　　作为传统戏曲，在座的知道，是要走进剧场去看的。我估计，在座的，去看的不是很多。因为我知道，不论是楚剧，还是国剧京剧，或者是我们的鼻祖昆曲，真正的观众真的不多。那么作为我们一个剧种的家人，我觉得，我们很有责任，把我们这个剧种的事业发扬光大，既要传播，也要坚守。那么我个人是因为戏曲这个行业，它不同于别的艺术门类，戏曲门类它的要求是非常高的，对演员的要求非常苛刻。比如说一个歌手，他的所有综合条件是最好的。唱歌的，可以不要个子高，也可以不要身材非常好，也可以不要长得很漂亮，只要你的声音很美，就OK了，但戏曲演员不一样，很多人在下面，你看着还可以，但是只要把戏曲的行头一摆在身上，就比较困难了。戏曲对演员的要求是非常高的，他可能说话没有很美妙的声音，但他的舞蹈语言和肢体语言，可以把你带入到那个剧情中。你可能说，我的唱腔非常好，但是在台上你的形体表演，在这里我们说是程式化的表演，如果在这方面表现不好，这个演员是不合格的。会唱只是一方面，身体上的协调性没做好，也是致命的，所以戏曲舞台上是有"技"的，正所谓"无技不信"，技巧掌握得不好，也很难感染观众，无法让观众产生共鸣。所以戏曲演员从小要练功，最晚到12岁，到了14岁、15岁的时候，骨头都硬了，就不好练功了。戏曲演员基本上专业毕业就要6年，要练功，传承老师的传统。另外还要学程式化的东西，因为特别讲究。再比如说，中国戏曲的兰花指，是非常讲究的，如京剧中的兰花指，主要是旦角，在"钩、柔、白、瘦"四个方面都有很高的要求，就是"钩似圆月，柔若无骨，白如玉石，瘦胜麻秆"，配合不同的角度和动作快慢，指法是相当有讲究的，看似一个小小的动作，需要演员经过无数次练习，经历千锤百炼，所以戏曲对演员的要求是非常高的。

那么我们再来谈一下我们楚剧的声腔，在楚剧《向警予》的创作中，我们的作曲周淑莲老师已经是80多岁了，我们创作《向警予》的时候，她非常激动，也非常愿意。包括我们过去的经典剧《江姐》也是周老师创作的，她有革命情结，那么这次创作楚剧《向警予》，周老师要求一句一风格，就是我们的题材都是革命、红色的，我们对革命先烈要有敬仰之情，所以不同的人物、经历，所展现的音乐是不一样的。在《向警予》的剧里面，我们的老艺术家们在音乐上非常有创新，在剧里面安放了我们很少用的高腔，很多是民间的这种有影响力的腔调，借过来为我所用，但是又能配合自如，还增加了很多舞美，第一次将交响乐融入楚剧艺术里面，对整个戏剧有很大的提升。那么，这次楚剧《向警予》的音乐创作手法，是以板腔为主，兼用小调、高腔，同时采用高腔歌曲化、悲腔小调化的手法，做到雅俗共赏。其实，这也是我们目前要探索的一个课题，因为基本上我们日常演出中用得很少。

楚剧《向警予》用到了高腔，因为今天我没有带《向警予》的伴奏带，那么我现在就把我这一段的高腔，以清唱的形式给大家唱一下，好不好？（观众鼓掌）谢谢！（……唱完）这一段就是记录向警予当时的情景，因为她已经被叛徒出卖了，出卖了以后，身边有一个湘妹，她说我假装你的身影，你逃出去，但向警予当时说，"我不躲"。她坚决不躲，所以当时湘妹子劝她的时候，她就唱了一段她心里的话，高腔唱道："我何曾不想脱离险境回故乡，我何曾不想怀抱儿女侍奉高堂，但我的生命不属于我，党员的使命是担当！"那么这一段我用的就是高腔，能把向警予内心所表达的情感都表现出来。尽管词不多，但高腔对人物内心的体现是能走到人心里去的。所以，高腔的特点就是表演质朴、曲词通俗、唱腔高亢，没有管弦乐伴奏，有着渲染戏剧气氛、表现人物内心情感等作用。我们楚剧非常传统经典的原汁原味的唱腔也在里面，所以我在排练楚剧《向警予》的时候，我对于她的理解，也结合到了我们现代社会。我觉得，我们虽然不是革命者，但我们坚守共产主义、社会主义的信仰不能变，要有坚持、要有方向、要有无悔的人生。每一次表演，我对人物的理解都会更深一些，细微之处的处理也会不一样。从始至终，我都是用心牵动着动作，将戏曲的程式化与人物相融合，用"信仰"两个字支撑人物、支撑表演，所以这一点一直是我演楚剧走到现在的地方。大家刚才应该听到唱的声音，也是不一样的，是吧？不是大家原来想象的那种楚剧，可能这种创作融入了其他的元素，在发声上是有点区别的。

那么，对于传统的东西，我怎么去发挥，或者说是习近平总书记讲的"创造性转化、创新性发展"。刚才，大家听了一下，高腔能很直白地说明我过去的心境，你听到的心境是什么样的，怎么样用你的声音，去唱我们最传统的、最原始的楚剧。再听一下原始的楚剧，我唱完了以后，可以比较它的区别、它的美感。为什么人生要追求美感？人生追求了美感其实是一件好的东西，我为什么要把这段唱出来，其实我是给楚剧澄清认识的，因为在很多的人的印象中，包括到公园去听到的都是业余的。再一个就是唱楚剧的普及度也不够，它不是全国性的一个剧，是一个地方剧，中间缺失了很多年，人们对于一个传统戏曲的认识，基本上还是那种公园式的，包括很多业余出唱片的，很多老人拿给我们看，他们感觉的楚剧就是那样唱的。

所以，我觉得，我们对楚剧的宣传力度还是不够的，也有很多演员，就是艺术感觉没到这一块。比如说同样的腔，我最后唱的那一句，这个需要我的控制把握力，需要技巧。如果要从专业来讲，包括我们在座的也肯定唱过卡拉OK，那么也跟大家交流一下。我们在唱卡拉OK的时候，千万不要用劲地喊，这是一个不太正确的方法，你用最小的劲，就能够把它唱出来，用气息唱。你看我唱的时候，这应该也是一个艺术交流，就是在大家在唱或者是在说话的感觉之间，上半身不要呼吸，要气沉丹田，对身体是非常有好处的，确实声乐在唱的时候，不能有喊的这样一种方式，这种收放自如，也是要练功的，所以我在这一块唱腔上，动了很多脑筋，后来我的看法被一些同仁所认可，现在我们剧院的年轻演员，包括周边地区的孝感、黄陂、新洲、蔡甸这些地方，还有比较多的楚剧团，他们现在也在学习我提倡的这种声乐唱法。所以我是希望通过这次交流，能够让大家重新认识一下楚剧、了解一下楚剧，也希望能够更多地关注我们楚剧。

7月，我们楚剧《向警予》会有一场演出，是在我们小剧场，剧场不大，所以整个舞美灯光，它给人呈现的冲击力，还是不够的，人员也比较少。那么我是希望，能够让大家看到一个更好的地方。10月，第十七届中国戏剧节将在武汉举办。10月19日晚，楚剧《向警予》将作为第十七届中国戏剧节展演剧目，在洪山礼堂演出。我希望到时候大家去看看这场戏，看一下我们的革命先驱向警予，希望大家对于向警予革命的一生有更深入的了解。

谈到创作又回到楚剧，楚剧是一个综合性的戏曲，楚剧《向警予》是一个现代剧，我们传统戏曲讲究"四功五法"，讲究"唱、做、念、打"、讲究"程式化"，那么我们是如何展现向警予的舞台形象呢？如何用我们戏曲程式化方式来展现她的"手、眼、身、法、步"呢？对于她这个革命英雄人物，我不光是从唱腔上对她理解，更重要的是将楚剧程式化融入自然地表演，与角色人物结合起来，所有程式化的东西，都是由心而走，心带动我所有的动作，而不是动作先来，而"心"，则源于对人物内心关于"信仰"二字的牢牢把握。

其实，我在排练楚剧《向警予》之前，我到了龟山，我相信在座的有很多人去爬过龟山。在她的墓前，我看到向警予雕塑的时候，给了我很大的启发，汉白玉全身雕像，她坐在那里，给我的就是"视死如归"的感觉，脸上的表情非常淡定。回来我想说，她的这种淡定、坦然不惧一切的这种气度，是怎么样形成的？那么这个剧共有 6 场戏，她的淡定，绝对不是在她 11 岁、12 岁的时候，办学堂时候就有这样的感觉，而是在经历了革命生涯，逐渐慢慢成长、沉淀形成的。所以我在演这部剧的时候，向警予每一场的人物造型、人物的舞台设计，都是有精心安排的。我们的导演也是非常有经验的，在此也非常感谢编剧赵瑞泰、导演何艺光、作曲周淑莲及武汉楚剧院领导的大力支持，我今天交流的时间应该也差不多了。今天我是结合"学习党的历史 传承烈士精神"为题谈了一些我作为主演的一些感悟。在演了向警予这个角色以后，我更能体会到，我们的先烈是那么顽强、那么坚毅，对革命的忠贞，对共产主义的信仰，对人民对亲人的深情大爱，都值得我们学习，值得我们敬仰。我们今天能有这么美好的生活，确确实实都是我们这些先烈给我们创造下来的，我们生活在和平年代，要坚定对共产主义、社会主义的信仰，坚定理想信念，用社会主义核心价值观去筑牢我们的人生理想和信仰之基，用一生去践行，用一辈子坚守。这是我对于演向警予或者我的人生经历、艺术经历、艺术感悟来说要跟大家分享的。

  我希望大家能够给我多提宝贵意见建议，以后多相互学习交流，谢谢大家！

后　记

2018年以来，武汉市中华文化学院联合地方高校资源，先后多次举办港澳台侨代表人士中华文化电视嘉宾高端中华文化论坛和辅导报告会，较好地丰富了港澳台统战和海外统战工作的内容、方法和手段，探索实现了"文化统战"与"统战文化"工作的有机统一。学院先后与地方高校、统战部门、文化机构、社团组织、主流媒体合作，在推进港澳台侨代表人士文化共识、文化自信、文化自觉，传承和弘扬中华优秀传统文化，提升市中华文化学院影响力等方面，探索出了一条"可持续、有影响、可借鉴"的发展新路，形成了多边合作，互利共赢的良性机制。各位名家大师先后登台述学，各主流媒体相继报道，在全国、省、市形成了较强的影响力和知名度。

武汉市中华文化学院取得如此成绩，要感谢为学院倾力奉献的各位领导和同仁。中共武汉市委常委、市委统战部部长、武汉市社会主义学院（武汉市中华文化学院）党组书记杨玲，市政协副主席、九三学社市委会主委、院长梁鸣，学院党组副书记、副院长杨学文，党组成员、副院长徐辉，二级巡视员吴永保和学院历届领导班子成员高度重视，为学院港澳台侨代表人士中华文化交流活动给予了大力支持。武汉大学党政办、港澳台办、国学院、文学院、台湾研究所，华中师范大学党委学工部、港澳台办，中南财经政法大学国际教育学院、国际交流部（港澳台办）、法学院，湖北大学历史文化学院、社会科学处，湖北广播电视台，湖北日报传媒集团，中共武汉市委统战部、中共武汉市委台办、市侨联、武汉海峡两岸台湾青年创业基地（国家级）、武汉台湾青年创业就业服务中心、武汉海外联谊会、武汉欧美同学会、武汉广播电视台、长江日报报业集团等先后给予了积极支持和配合。特别是各位名家大师、专家教授、表演艺术家们，因为有了诸位的支持付出，才有了今天市中华文化学院发展的良好态势。全书稿得益于武汉市社会主义学院（武汉市中华文化学院）高灯明老师协调联系收集整理；中共武汉市委党史研究室专家、一级调研员宋健对后三篇党史文稿逐一认真进行了审读，提出了很好的修改意见；人民出版社法律编辑部主任洪琼先生为全书出版付出大量心血，在此一并表示感谢和敬意！

  文化自信是一个国家、一个民族发展中最基本、最深沉、最持久的力量，中国共产党始终是中华优秀传统文化的忠实继承者和弘扬者，中华文化的传承与弘扬始终是我们这一代人的责任。路虽远，行则将至；事虽难，做则必成。

编　者

2022 年 4 月